# 新时代图书馆管理

阿炳 ◎ 著

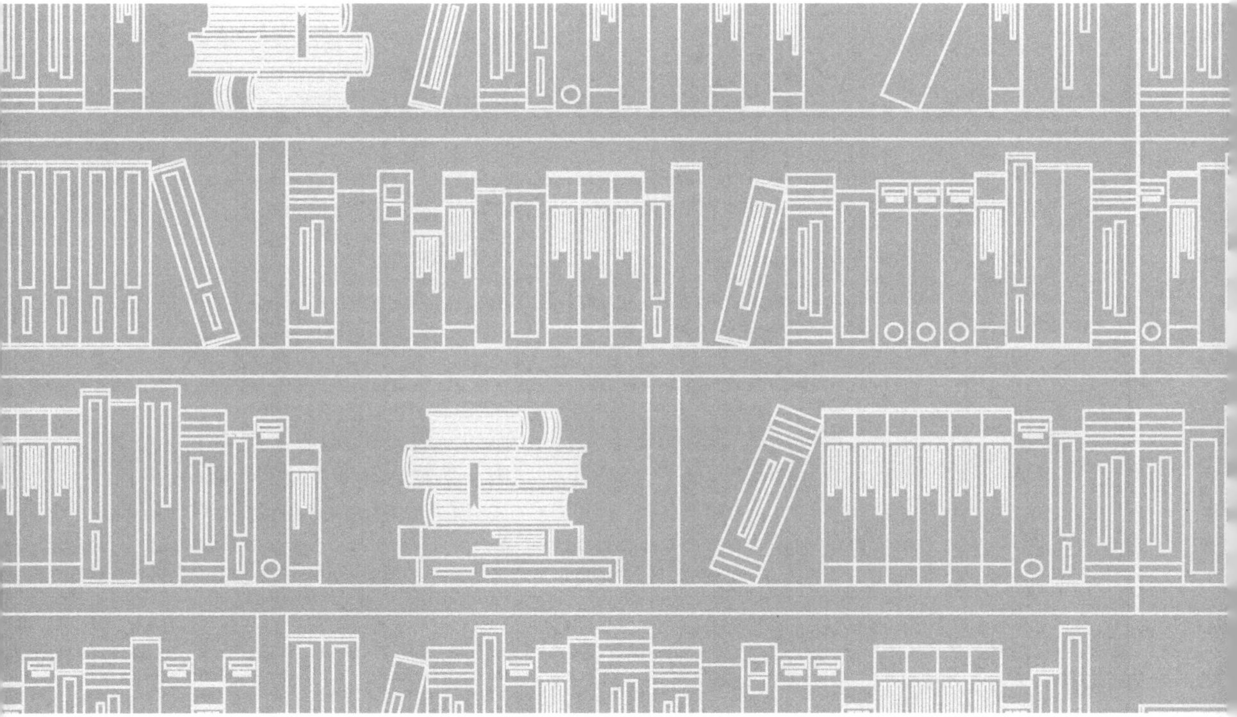

企业管理出版社
EMPH ENTERPRISE MANAGEMENT PUBLISHING HOUSE

**图书在版编目（CIP）数据**

新时代图书馆管理 / 阿炳著. -- 北京 : 企业管理出版社, 2023.11

ISBN 978-7-5164-2900-6

Ⅰ. ①新… Ⅱ. ①阿… Ⅲ. ①图书馆管理—研究 Ⅳ. ①G251

中国国家版本馆CIP数据核字(2023)第180994号

**书　　名**：新时代图书馆管理
**书　　号**：ISBN 978-7-5164-2900-6
**作　　者**：阿　炳
**策划编辑**：周灵均
**责任编辑**：陈　戈　周灵均
**出版发行**：企业管理出版社
**经　　销**：新华书店
**地　　址**：北京市海淀区紫竹院南路17号　　**邮　　编**：100048
**网　　址**：http://www.emph.cn　　**电子信箱**：2508978735@qq.com
**电　　话**：编辑部（010）68456991　　发行部（010）68701816
**印　　刷**：北京厚诚则铭印刷科技有限公司
**版　　次**：2023年11月第1版
**印　　次**：2023年11月第1次印刷
**开　　本**：710mm×1000mm　1/16
**印　　张**：19
**字　　数**：220千字
**定　　价**：86.00元

# PREFACE 前言

人类社会与文明的进步和发展是建立在对人类既有的经济、文化、科学技术等成果的继承基础之上的，没有继承，就谈不上发展，而图书馆正是这样一种人类文明在时间和空间中得以传承的不可或缺的中介性机构。

图书馆通过收集、整理和保存文献信息，实现思想、知识和信息的交流，从而提高社会成员的文化教育水平，提高社会的科技实力和创新能力，促进社会经济发展与社会进步。图书馆在人类历史和信息交流史上发挥过极其重要的作用。

在知识经济时代，知识、信息成为社会发展所需的重要资源，知识管理、信息资源管理具有重要的意义，作为社会信息资源管理机制重要组成部分之一的图书馆将继续发挥其不可替代的作用。图书馆将在信息社会中长期存在并为社会信息资源管理做出巨大贡献，但同时，图书馆在服务手段、

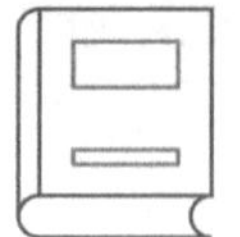



空间环境、存在形态、社会功能等方面也将发生显著变化。

在图书馆事业的发展进程中，相继出现了多种形式的图书馆，这些图书馆由于所处的时代不同，技术发展程度不同，所属领域、具体任务和服务对象不同，其搜集、整理、保管和传播书刊文献资料的内容、形式和方法也各有不同。发展各种类型的图书馆，组成为科学研究、经济建设及社会成员服务的社会图书馆体系，是一个国家图书馆事业建设的重要任务之一。

本书遵循兼容并包的原则，深入研究了高校图书馆、公共图书馆、数字图书馆、云图书馆等不同类型图书馆的特点和活动内容，从全局上、宏观上分析与把握图书馆发展的大趋势，以为图书馆建设和发展提供参考与借鉴，从而促进图书馆事业均衡、协调地发展。

本书在写作过程中参阅了大量国内外著作、论文、研究报告等文献资料，在此谨向相关作者表示衷心的感谢。在写作过程中虽然力争使内容翔实、科学，但掌握的资料依然有限，书中难免有不足之处，恳请专家、同人和广大读者提出宝贵意见。

阿炳

2023年5月

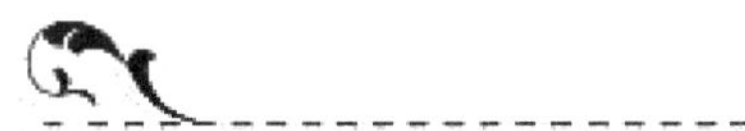

# 目录 CONTENTS

# 1

## 第一章

# 图书馆概述

# 第一节　图书馆的基本概念

## 一、什么是图书馆

什么是图书馆？这似乎是一个非常简单的问题。许多人认为，图书馆就是借书的地方。这种理解不能算错，因为图书借阅是图书馆工作的一个重要方面，但这并不是对图书馆的科学定义。也有人这样描述图书馆："图书馆有馆舍，还有藏书，人们在图书馆里阅览和借阅图书。"这样的描述也是表面化的，没有揭示出图书馆的本质。随着信息技术的快速发展，未来图书馆的形态可能会发生重大变化，届时上述描述将不再适用于未来图书馆。要想准确、科学地回答"什么是图书馆"这个问题，必须揭示图书馆概念的内涵，看到图书馆的本质——对图书馆质的全面而系统的规定。只有这样，我们才能真正地理解图书馆活动的全部内容及其意义，才能真正从理性认识的高度历史地把握图书馆、认识图书馆。

基于科学进步的理念，我们认识到，由于图书馆及其环境发展的程度不同，认识问题的角度不同，不同时期人们对图书馆的表述也不相同。在对"什么是图书馆"这一问题的理性思考中，近现代具有代表性的观点是由美国图书馆学家巴特勒提出来的。他认为，"图书馆是将人类记忆移植于现在人们的意识中去的一种社会装置"。在这一表述中，他揭示出两点内涵：一是图书馆是一种社会装置，二是图书馆的功能是移植

人类记忆。巴特勒是从哲学和心理学的角度来概括图书馆的本质的。

美国图书馆学家谢拉认为，图书馆是这样一种社会机关，它用书面记录的形式积累知识，并通过图书馆馆员将知识传递给团体和个人，进行书面交流。因此，图书馆是社会文化交流体系中的一个重要机关。谢拉是根据其“社会认识论”思想，即从图书馆与知识之间联系的角度来认识图书馆的。他指出，图书馆的功能在于交流知识，图书馆是实现知识交流的社会机关。

与谢拉同时期的德国图书馆学家卡尔施泰特则认为，图书是客观精神的容器，图书馆是把客观精神传递给个人的场所。实际上，客观精神主要指的是人类创造的文化。从这个意义上来说，图书馆就是使文化的创造和继承成为可能的社会机构。卡尔施泰特是从文化的创造和继承这个角度来认识图书馆的作用和性质的。人类的文化正是通过图书馆才得以继承和发展，图书馆在其中起到了纽带作用。

吴慰慈等在《图书馆学概论》（1985）中提出：“图书馆是搜集、整理、保管和利用书刊资料，为一定社会的政治、经济服务的文化教育机构。”这一定义反映了20世纪90年代以前人们对图书馆的认识，它是对传统图书馆本质的概括。该定义可以回答有关传统图书馆的四个问题：一是图书馆的工作程序——对书刊资料进行搜集、整理、保管和利用，二是图书馆的工作对象——书刊资料，三是图书馆活动的目的——为一定社会的政治、经济服务，四是图书馆的性质——文化教育机构。

随着信息技术与信息社会的发展，图书馆的功能和社会作用有了新的特质，图书馆概念也有了新的发展，如有人提出：“图书馆是针对特定用户群的信息需求而动态发展的信息资源体系。”

给某一学科的基本事物下定义，应考虑其历史发展过程，且应具有较强的适应性。因此，在对图书馆下定义时，应该考虑提出一个普适的定义，即适用于传统图书馆和未来图书馆的定义。新定义应能涵盖图书馆的传统定义。由于信息技术与图书馆发展已达到相当高的水平，给图书馆下一个普适定义的时机也已经成熟。我们认为应为图书馆做出如下定义。

图书馆是社会记忆（通常表现为书面和其他形式的记录信息）的外存和选择传递机制。换句话说，图书馆是社会知识、信息、文化的记忆和扩散装置。

无论其形态如何，各个历史阶段的图书馆都承担着知识、信息的存储、整序、传递乃至增值服务的社会职能。

图书馆系统地收集信息，完整地储存信息，系统开发信息资源并提供服务，使信息增值。

由于传统图书馆是以实体形态存在的，人们习惯性地把图书馆看作一种机构，但从历史发展的角度来看，我们应该把图书馆看作一种社会机制。

未来的图书馆可能不会以一种我们熟知的实体形态存在，但只要存在一种能充当社会知识、信息的记忆和扩散装置的机制，我们就可以将其视为传统图书馆的未来形态。

随着现代科学技术的发展，科技信息机构与图书馆分离，这是近现代科学技术发展专门化、细分化的结果。然而，从社会信息事业的发展趋势来看，图书馆与各类信息机构有趋同的势头。可以认为，由于工作技术和工作内容趋同，未来它们之间的界限将会再次消失，新型网络信息和数据机构不断涌现，图书馆将与各种信息、数据机构一同承担社会知识、信息、文化的记忆和扩散功能。

## 二、图书馆的构成要素

图书馆的定义揭示了图书馆概念的内涵，明确指出了图书馆与其他

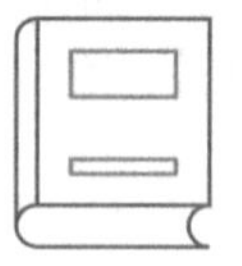



社会文化教育机构的不同。要想进一步认识图书馆，还需要对它的构成要素进行剖析。

图书馆的构成要素主要有文献信息资源、用户、工作人员、技术方法、建筑与设备等，这些基本构成要素之间的相互结合和相互作用，构成了图书馆这个发展着的有机体。

### （一）文献信息资源

文献信息资源是图书馆赖以生存和发展的基础，是图书馆服务于社会的物质基础。

传统的图书馆馆藏主要是以纸为介质的图书、期刊等文献，而现代图书馆的工作对象则包括计算机可读信息、各种类型的数据库、多媒体信息、网络信息、物联网传感器等搜集的信息等。

#### 1. 信息、知识

信息是再现的差异，是事物（包括客观事物和主观思维）的运动状态和过程以及关于这种状态和过程的知识；信息是用来消除不确定性的东西，是生物、人以及具有自动控制系统的机器，通过感官和相应设备与外界进行交换的全部内容。信息可以以信号、消息、数据、符号等形式来表达、存储、传输、处理、感知和使用。

知识、符号、传播（交流）、情报等概念与信息具有极强的同一性，而信息是一个更加宽泛的概念。其中，在知识与信息的关系问题上，人们的理解和认知存在较大的分歧。

知识是认知主体以其认知图式适应、同化被认知客体的信息内容，经过整合重构再现的观念化、符号化的有序信息集合。

对于知识与信息的关系，目前学术界主要有以下几种不同的看法。

（1）并列关系。为强调知识的重要作用，把知识从信息中分离出来，与信息并列。

（2）转化关系。信息经过加工转化为知识。

（3）包含关系。有观点认为，知识包含信息；相反的观点则认为，信息包含知识。

（4）分立关系。持这一观点的学者主张把知识从信息中分离出来，认为信息仅仅是知识的“原料”或“燃料”，以突出知识的重要性。

（5）替代关系。由于信息与知识有很多共同的属性，两者在一定场合相互替代是可能的。

法国著名信息论学者布里渊认为，“信息是原材料，是由纯粹的数据集合构成的，而知识意味着一种确定程度的思想，它通过比较和分类讨论、组织这些数据”。布里渊将信息看作知识的原材料，这一思想在知识经济及其研究领域具有普遍性。

20世纪80年代末，美国信息系统专家A·德本斯等人提出从人的整个认知过程的动态连续体中理解信息的重要观点。他们对认知过程做了如下表述：事件→符号→数据→信息→知识→智慧。

这个连续统一体中的每个组成部分都从它的前一过程产生。例如，“信息”源于“数据”，又是“知识”的来源。

1993年，IBM公司高级商业学院的斯蒂芬·赫克尔进一步分析了信息的结构，并描述了信息结构的一般等级划分。斯蒂芬·赫克尔认为，不同层次的信息其数量和完整性随着信息价值的主观性的增长而下降。从“事实”上升为“智慧”的过程是这样的：①事实（fact），即在一种真理价值观下得到的观察资料；②关联（context），即关于事实的事实；③信息（information），即关联中的事实；④推理（inference），即运用思考、理解能力的过程；⑤智力（intelligence），即对信息进行的推理；⑥确证（certitude），是指既建立在主观基础上又建立在客观基础上的判断；⑦知识（knowledge），即对智力的确证；⑧综合（synthesis），是各种不同类型的知识的合成；⑨智慧（wisdom），

即综合后的知识。

上述几种观点，多将信息视作与数据同等的概念。

从广义信息概念出发，对于信息与知识的关系，我们倾向于这样的观点：知识是一种信息，是一种具有普遍性和概括性的高层次的信息，是信息的一个特殊的子集。它是人的主观世界对客观世界的概括和反映，是人类通过信息对自然界、人类社会、思维方式及运动规律的认识与掌握，是人的大脑通过思维重新组合的、系统化的信息集合。丹尼尔·贝尔指出，“知识是对事实或思想的一套系统的阐述，提出合理的判断或者得到经验性的结果，它通过某种交流手段，以某种系统的方式传播给其他人”。

知识是信息的一部分，是一种特定的信息。在人类的生活环境中，普遍存在的信息是构成知识的“原材料”，这些“原材料”只有经过人类的接收、选择和处理才能结合成知识。卡西尔认为，知识是客体的符号；而这进一步表明，知识是信息的一部分。因此，信息的范畴比知识要大得多，知识是进入人们认知视野的信息，是已经被人们感知和确认的信息。还有许多原始信息没有被人们识别，不能划入知识的领域（从广义信息角度来看）。至于知识作为信息传递，这里的“信息”指的是数据、资料等（从狭义信息角度来看）。

2. 文献

文献是记录在物质载体上的信息。文献是图书馆生存和发展的物质基础，图书馆的文献集合形成图书馆馆藏文献。根据图书馆的类型、任务和读者的需要，进行采选、整理、加工、典藏等工作，将分散的、无组织的各类文献（记录和传播知识或信息的载体）集中组织形成有重点、有层次的文献体系。传统图书馆馆藏文献（旧称“藏书”）是指由某个图书馆收藏和管理的纸介质图书、期刊等文献，以及缩微资料、机读文献、音像资料等。现在则突破了一馆馆藏的限制，包括整个社会图书馆体系所收藏的文献，甚至将网络上的虚拟信息资源也作为图书馆馆藏文献信息的补充。

3. 图书馆文献信息资源

图书馆文献信息资源是图书馆收集和链接的各类文献信息的集合，可以帮助人们克服空间和时间上的障碍，记录、存储和传递人类已有的知识和经验，从而促进人类知识的增长，推动科技与经济的进步。图书馆文献信息资源中所承载的知识和信息内容可以被无数人同时使用，也可以在不同的时间、地点重复使用和共享，还可以通过复制（如复印、转录、缩微、数字化等方式）保持其原始内容。合理有效地开发图书馆文献信息资源，可以给人类社会带来巨大的社会效益和经济效益。图书馆文献信息系统应当是一个向社会开放、组织有序的知识系统。随着社会和科学的发展，提高图书馆文献信息资源体系的输出功能应当成为现代图书馆的重要特质之一。

4. 图书馆文献信息资源建设

在互联网时代，图书馆文献信息资源建设应当注重促进实体馆藏与虚拟馆藏的协调发展，在采购纸质资源的同时，也要增加对数字资源的采购。在文献信息建设中，借助新一代“互联网+”技术，以移动互联网为媒介，通过高速高效的电子文献传递方式，积极开展馆际合作，共建共享图书馆文献信息资源。

随着分布式存储与处理信息的云计算技术的发展，信息资源社会化、专业化、服务化成为趋势。图书馆要在充分考虑现有数字信息资源配置和管理状况的前提下，与社会各类机构和网站展开合作，建立跨学科、跨机构的数据中心，打造云计算平台，建设专题数据库、事实型数据库和领域知识组织系统，对海量的分散异构信息资源系统进行无缝整合，实现资源共享。图书馆应充分利用自身在信息整序、数字信息资源长期保存等方面的优势，整合和利用网络信息资源；而各信息服务机构

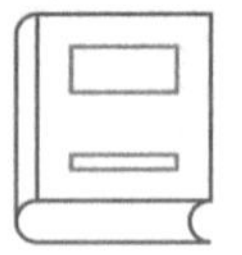


或部门应更加注重自身业务优化，并大幅提高其知识服务能力。

### （二）用户

用户，也称“读者”，是图书馆的服务对象。

具备利用图书馆资源的条件的一切社会成员，包括个人和集体，都可以称为图书馆的用户。图书馆用户是多种多样的，他们有不同的职业特点、知识结构、文献需求、心理特征和行为方式等。

开发用户、研究用户、服务用户是图书馆用户工作的主要内容。用户的存在和需求决定了图书馆服务工作的价值，用户对图书馆的依赖程度决定了图书馆工作的发展水平。用户快速、准确、全面获取文献信息的需求推动着图书馆自动化技术的发展。用户不仅是图书馆服务工作的受益者，也是推动图书馆服务工作不断前进的动力，更是检验图书馆服务质量的标尺。可以说，用户的文献信息需求是图书馆赖以生存和发展的根基，用户工作就是图书馆的中心工作，也是图书馆提高管理水平和技术条件、改善服务质量的目的所在。

早期，具有阅读能力的社会成员较少，图书馆工作人员享有知识话语权和图书馆事务的决定权，图书馆以藏书为中心，图书馆及其工作的主要评价标准是馆藏规模和质量。彼时，读者的权利是受限制的，读者的意见和建议对图书馆的影响不大。

到了近现代，随着社会成员知识文化水平的不断提高，他们对图书馆事业发展提出的要求越来越多样化。在这种情况下，图书馆工作由以藏书为中心转变为以服务为中心，更加关注服务的提供及其效果，用户行为研究成为图书馆学的重要研究内容。在本阶段，图书馆鼓励读者参与图书馆的管理和决策，并从文献采购、报刊订阅、资金分配、空间利用等方面征求和采纳读者的合理建议。

进入大数据时代以来，用户的目录查询及书刊借阅、搜索引擎和社交网络使用、其他图书馆使用行为，甚至是网络购物、交通出行、在线学习等行为均形成了与用户使用图书馆有关的行为数据，对这些行为数据进行分析和挖掘，就能够精准掌握用户的阅读偏好和阅读习惯，进而有针对性地为用户提供个别化的、精细化的服务。另外，随着新媒体和社交网络的崛起，社会信息生产传播机制发生了根本性的转变，个体的社会成员成为信息生产（包括社会出版）的重要组成部分，与此同时，图书馆面临的社会信息环境和技术装备条件日益复杂。在这种情况下，用户成为图书馆系统中一个重要的主体因素，并参与到图书馆信息资源的共建、共享、共管之中。

### （三）工作人员

工作人员是图书馆活动的管理者和组织者，是使馆内文献信息与用户发生联系的中介和枢纽，是使文献和信息的价值变成现实的关键。图书馆工作的质量和图书馆的社会作用取决于图书馆工作人员的专业水平、服务精神和道德素质。

现代信息技术的发展从根本上改变了图书馆的面貌，从而对图书馆人力资源的知识结构和能力结构提出了新的要求。图书馆应根据新的要求设立新的职位，招聘新的图书馆馆员，馆员必须接受新知识和新兴技术的培训，强化数字素养技能和创新领域内的专业化核心技能，提升其服务水平。

为了提高图书馆工作人员的素质和能力，有必要开展多层次、多类型的图书馆馆员教育和培训，这也促进了多层次、多类型的图书馆学教育体系的形成。社会图书馆学的教育结构和内容随着技术转型发生变革。例如，信息技术影响了当前图书馆学教育的内容、组织形式和教育手段，信息技术成为图书馆学教育中必不可少的内容，网络教育、远程教育、慕课（MOOC，大规模在线开放课程）等新型教学形态应运而生。

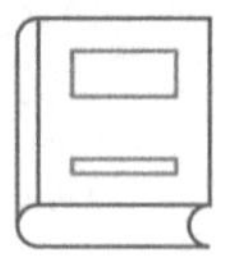



现代图书馆由于业务类型的变化及技术水平的提高，图书馆馆员队伍的组成结构也发生了变化。除自有团队外，现代图书馆也在其工作的许多方面采取业务外包的形式，引入非自有的图书馆管理人员，让其参与到借阅、分编、参考咨询、管理等环节中。

### （四）技术方法

技术方法是做好图书馆工作的重要手段。图书馆能否发挥作用，主要取决于图书馆工作人员能否掌握先进的技术方法。作为社会知识信息交流工具，现代图书馆必须以各种物质技术手段、工具和方法作为自身存在的基础。

文献信息的收集整理和开发利用的技术方法、用户服务的技术方法、图书馆组织管理的技术方法，以及利用信息技术、自动化技术对图书馆进行集成管理，构成了图书馆技术的方法系统。

技术方法的发展是图书馆不断进步的重要保障，尤其是信息技术的不断发展，为图书馆在今后更好地发挥信息中介作用提供了重要的技术保障。

随着信息技术的深入发展和移动技术的快速兴起，许多新媒体技术逐渐渗透到图书馆领域并对其产生影响，现代图书馆在文献信息生产、存储、传递、利用及图书馆管理等方面广泛使用信息技术，同时，新技术也促进了数字图书馆、移动图书馆、智慧图书馆、复合图书馆、融合图书馆等新形态图书馆的出现。电子数据的安全存储技术、信息的开放存取技术、数据挖掘技术、机器学习等，已成为新的技术热点。

### （五）建筑与设备

建筑与设备是图书馆存在的物质条件。建筑与设备应满足图书馆文献信息资源的现状及服务功能的要求。图书馆馆舍建筑不当、设备不合标准，都会阻碍图书馆工作的开展，妨碍图书馆社会功能的发挥。

物联网技术、大数据、云计算等智慧图书馆技术为图书馆提供了新的服务设备，提高了图书馆的服务效能。

在全球范围内，由于读者到馆率普遍下降，图书馆界形成了一种反思图书馆建筑空间的趋势，其重点在于重构图书馆空间，如更加重视空间的舒适性、开放性和环境友好性，在图书馆中融合了创客空间等功能，以吸引用户使用实体图书馆。

上述五个要素相互依存、相辅相成，共同构成了统一的图书馆体系。在这个体系中，起决定性作用的要素是图书馆工作人员，因为图书馆工作人员是图书馆一切活动的组织者和管理者，图书馆的工作与服务方式、文献信息资源的组织形式与结构、图书馆的社会效益与价值都取决于图书馆工作人员的工作。充分发挥图书馆工作人员的管理和组织作用，以各类用户为服务对象，以科学实用的文献信息为物质基础，以先进的技术为服务手段，为用户提供舒适宜读的空间、必要的物质设施、良好的文献信息检索和使用条件，构成了现代图书馆理想的结构模式。

## 第二节　图书馆的起源与发展

图书馆是人类社会发展到一定阶段的产物，人类信息交流的需要以及克服人脑记忆功能局限性的需要是图书馆产生的必要前提，文字和文献的出现是图书馆产生的直接动力，社会生产力的发展是图书馆产生的根本保证。在上述因素的综合作用下，图书馆应运而生，这是人类历史上的一件大事。图书馆自诞生以来就与人类文明紧密相连，其发展与演变一直是人类文明程度不断提高的标志。

### 一、图书馆的产生

#### （一）人类信息交流的形式及特点

人类信息交流主要是指人与人之间的信息交流，即社会信息的交流。社会信息内容庞杂，凡是人类社会活动所产生的信息都可以称为社会信息。人类社会信息交流是人类社会赖以存在和发展的根基。

一般来说，人类的信息交流主要有两种形式：一种是直接交流，即人与人直接接触所产生的信息交流；另一种是间接交流，即人们通过辅助工具间接接触所产生的信息交流。

直接交流的优势在于生动、直观，感受性强。直接交流的媒介主要是语言。此外，还包括动作、表情等体态语言。直接交流的过程是人体感觉器官和运动器官综合作用的结果。在直接交流时，人们获得的信息也是综合性的，许多“只可意会，不可言传”的信息也只能通过直接交流获得，而且直接交流无须借助任何工具就可以进行，因此更加方便、迅速，反馈及时。

当然，直接交流的局限性也是非常明显的。首先，它受时间和空间的限制。在异时、异地，如果没有工具的帮助，直接交流是不可能进行的。其次，它的信息存储受限制。人与人之间的直接交流是大量存在的，但对它的信息存储是有限的。没有存储起来的直接交流信息，随着时空的变化而稍纵即逝，无法重现。最后，直接交流也受到语言本身的限制。由于民族地域不同，语言的类型和发音也不尽相同。因此，使用不同语言的人和使用同种语言而发音不同的人在进行直接交流时会受到限制。

由于直接交流存在上述局限性，间接交流得以发展起来。

间接交流是指通过专门的信息中介体进行交流，如文字、文献、通信工具、互联网等。

间接交流的优势恰恰是直接交流的劣势所在，反之亦然。间接交流与直接交流的最大区别就在于，它只能借助中介工具进行。一般情况下，大规模的间接交流需要通过特定的信息交流中介机构来实现，如报刊编辑发行机构、档案馆、图书馆、电视台、广播电台、信息公司、通信公司、出版发行机构等。

图书馆作为一种中介性工具，正是为了满足人类间接信息交流的需要而产生的。

### （二）文字和文献

在人类发展的早期，语言和思维就产生了。语言是社会生活中必不可少的交流工具，然而由于语言本身的局限性，也给交际带来了种种不便。最大的不便之处在于，语言一旦表达出来就变成了过去，受到时间和空间的限制，不能保留下来重复使用。因此，人类在进化过程中又创造了文字。大约五六千年前，人类发明了文字，并用文字来记录自己获得的经验和知识。文字作为辅助交际工具，其优势在于它可以突破时间和空间的限制，而且具有一定的稳定性。因此，用文字记载形成的文献，哪怕经过几十年、几百年，甚至几千年，人们仍然可以读懂，哪怕是一些无人再使用的“死”文字，也可以根据文字和语法规律进行破译，从而了解其中的含义。

有了文字，就需要有记录文字的载体和工具。随着文字数量的增长，人们用文字表达出的思想内容也更加复杂。当人们能够用文字充分表达自己的思想和感情、准确地记录事物时，最初的图书也就随之产生了。有了图书，就产生了如何整理、保存、利用这些图书的问题。为了解决这些问题，人们将图书收藏起来，而将一批图书收藏起来的场所就是最初的图书馆。因此可以说，图书馆起源于保藏图书的需要。

人们将图书以及图书以外的各种附着在载体上的记录统称为文献。文献的外延比图书的外延要大得多。因此，确切地说，图书馆的收藏对象应当是文献、信息。

文字是人类社会进步发展的必要条件。没有文字，就没有现代社会文明。文字的功用是通过文献体现出来的，而文献是由图书馆负责保存和利用（图书馆是社会上担负文献保存职能的主要机构）的，因此图书馆就是人类文明的标尺。图书馆事业的发展水平反映了一个国家科技、生产力和综合国力的发达程度。

### （三）人脑记忆功能的延伸

记忆是人类基本的心理过程之一，是过去经验在人脑中的反映。用信息加工的观点来看，记忆是一个对输入的信息进行编码、存储，并能在一定条件下提取的过程。记忆是智力发展的必要条件，人类依靠记忆将经验储存在自己的头脑中，并在经验恢复的基础上进行思维和想象活动。然后，这些思维和想象的结果又作为经验被保留在他们的头脑中，作为进一步思维和想象的基础。记忆的功能使人的思维逐步深化、复杂化、抽象化，使人的智力提高到一个新的水平。没有了记忆，人们就会对以前感知的事物变得陌生，无法进行思考和想象。

记忆也有其固有的局限性，那就是它的对立面——遗忘。因此，人们在进行思维和想象活动时，总要不断地与遗忘做斗争，以获得长期、稳定的记忆。当人们面对丰富的实践活动所带来的各种体验，感到仅通过个体的记忆无法存储如此多的实践经验的时候，便开始思考如何借助工具来保存记忆。文字产生以前，人们采用“结绳记事”“刻木记事”等方法来记录过去的经验。文字产生以后，人们便用文字记录经验，以保留记忆，于是文献就出现了。文献的出现使人脑的记忆功能得到了补偿，文献是思维的直接现实，图书馆则是对文献信息进行输入、编码、存储、提取和利用的专门机构。图书馆的出现，可以说是对人脑功能的不自觉模拟，是人脑功能延伸的初级形式。电子计算机的问世，则可以说是对人脑功能的自觉模拟，是人脑功能延伸的高级形式。深度学习等人工智能技术和分布式存储则构建了一个近似模拟人脑结构与功能的思维和记忆存储体制。

图书馆使人类文化得以保存和传承，在人类社会的进步过程中发挥了“记忆”人类共同经验的作用。

杜定友先生指出：“图书馆的功用，就是社会上一切人的记忆，实际上就是社会上一切人的公共脑子。”

美国巴特勒指出：“图书馆是将人类记忆移植于现在人们的意识中去的一种社会装置。”

### （四）社会生产力水平的提高

人类社会的进步离不开社会生产力水平的提高。社会生产力的发展

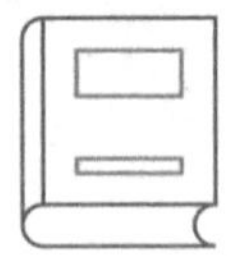



是推动社会进步的根本动力。文字和文献的诞生，本身就是社会生产力发展的结果。社会生产力的发展，一方面为文字和文献的诞生提供了必要的前提条件——人们为了组织社会生产和生活而进行行政管理、记录生产经验、进行统计等，对文字的出现提出了要求；另一方面，社会生产力水平的提高也为文字和文献的诞生提供了物质基础——记录载体和书写工具。无论这些载体和工具多么简陋，它们的出现本身标志着人类社会文明的进步。因此，社会生产力的发展也为图书馆的产生提供了必要条件。当然，图书馆的出现也对社会生产力的发展起到了积极的促进作用。

## 二、图书馆的发展

图书馆对于一个国家的文化、教育及社会发展起着至关重要的作用。随着社会需求的增加和技术的进步，图书馆也在不断发展，以便为公众提供多元化和高质量的服务。

### （一）影响图书馆发展的因素

图书馆的发展受多种因素的影响，主要影响因素有以下几个。

（1）国家的经济实力和文化水平对图书馆的发展有巨大的影响。

考古发现并证实，世界闻名的文明古国都设有图书馆。

在古巴比伦王国的一座寺庙废墟（位于今天伊拉克境内的尼普尔）附近，通过考古发现了许多泥版文书，其中包括关于神庙的记载、献给巴比伦国神的赞美歌、祈祷文及苏美尔人的神话等。据估计，这座神庙存在于公元前 30 世纪上半叶。这是迄今人们所知道的历史上最早的图书馆之一。考古学家在古代两河流域（底格里斯河与幼发拉底河流域）及其邻近各国还发现几处图书馆或档案馆，包括国家图书馆和私人图书馆，其中有的泥版文书是按专题排列的，只是这些“图书馆”大部分是考古学家根据出土文物推测出来的，迄今无详尽的史料可以证实这种推测，而且早期的图书馆和档案馆并没有明确的区分，一般是兼有二者的职能。

世界上第一所真正的图书馆，是公元前7世纪亚述巴尼拔国王（Ashurbanipal，约公元前668年至公元前626年在位）时期建立的一所皇宫图书馆，该图书馆位于美索不达米亚的尼尼微（Nineveh）。该图书馆藏有大约2.5万块泥版文书，这些泥版文书按照不同的主题保存在柜子中，泥版文书上刻有主题标记，收藏室的门旁和附近的墙壁上还注明了泥版文书的目录。

在古埃及的古王国时期，就已经出现了王室图书馆。在古埃及，许多神庙同时又是学术活动的中心，神庙里也设有书吏，专门记录庙宇的历史、祭祀活动及诸神的传说。这些记录都保存在神庙的图书档案室内，这一点为今天埃及境内遗留的寺院档案库遗址所证实。此外，古埃及的权贵阶层也拥有私人图书馆或档案馆。

在古希腊，据推测，公元前6世纪就已出现了公共图书馆，后来又出现了私人图书馆和学校图书馆。著名哲学家亚里士多德的私人图书馆非常有名，古希腊地理学家、历史学家斯特拉本说，亚里士多德是希腊最早建立图书馆的人，也是教给埃及国王如何建立图书馆的人。

公元前3世纪希腊化时代的埃及，国王托勒密一世在首都亚历山大的布鲁却姆建成了亚历山大图书馆。国王经常派专人到各国花高价购买图书。只要亚历山大城出现好书，这个图书馆的采购人员就会前去抢购。他们还借来不少图书，抄成复本。托勒密三世甚至下令，凡进入亚历山大港的船只，必须把船上的图书统统“借给”亚历山大图书馆。该馆用廉价的莎草纸抄写这些图书，然后把抄本而不是原书退还。这样一来，亚历山大图书馆就有了丰富的藏书。亚历山大图书馆是当时希腊化诸国

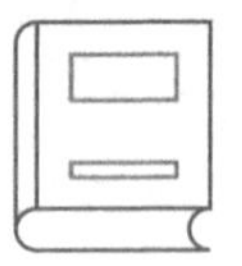



里规模最大的图书馆，成了希腊化时代的文献中心。亚历山大图书馆这种力求将国内外文献收集齐全的做法，影响了西方图书馆的藏书建设传统，并在近现代形成了许多巨型图书馆，这种图书馆发展模式一直到20世纪中期才受到质疑。

在古代中国，约公元前1400年的殷商时期产生了甲骨文字。19世纪晚期，在河南安阳小屯村出土了大量的甲骨文，据考古学家考证，其中有些甲骨的正文之外还有编号，这些甲骨文很可能是由当时的图书馆或档案馆保存的。至此，中国于周朝（约公元前10世纪）有了正式的、有文献可考的图书馆——“藏室”。

上述文明古国在当时都具备相当雄厚的经济实力，具有相当高的文化水平。经济实力是图书馆得以生存与发展的物质基础，文化水平则是图书馆得以发展的精神动力。即使在当今世界，经济发达、科学进步的国家，其图书馆事业同样发达。就国家图书馆而言，目前世界上规模最大的国家图书馆是美国国会图书馆。此外，澳大利亚、法国、英国、日本等国的国家图书馆也很有名。与之相比，发展中国家的图书馆事业还有不小的差距。

（2）工业城市的出现及国家实行强制教育，是图书馆发展的强大动力。

资本主义工业革命改变了人们的生活方式。大量人口涌向城市，以寻求就业机会。工业城市的出现加快了人们的生活节奏，为了使自己的思想和知识跟得上快速发展的形势，并能满足不断提高的职业要求，人们不得不一边拼命地工作，一边拼命地学习；同时，为了提高雇佣工人的素质和技能，提高人们的文化水平，资本主义国家开始实行免费强制教育制度。教育日益普及，民众受教育的程度不断提高，于是对图书馆提出了新的要求。从19世纪下半叶开始，图书馆进入一个新的发展阶段。图书馆从对少数人开放转变为对整个社会开放。工业城市的出现使人口相对集中，人们集中使用文献的要求推动图书馆迅速发展；免费教育的实行，使得作为社会教育机构的图书馆大量增加。在这两个相互交织的因素的共同作用下，图书馆事业出现了前所未有的繁荣局面。公共图书馆的普及可以看作工业国家对人类文化最重要的贡献之一。图书馆学专业教育也在此时应运而生，有效解决了为快速发展着的图书馆事业培养专业人才的重要问题。

（3）科学技术的发展，是图书馆发展的根本动力。

科学技术的发展从一开始就与图书馆有着密切关系。一方面，科学技术的发展有赖于图书馆提供的前人及当代人的著述和信息数据；另一方面，科学技术的发展又为图书馆的发展提供了先进的技术和方法，推动了图书馆形态的进步。

文献是图书馆赖以存在与发展的基础，没有了文献也就无所谓图书馆，促使图书馆规模扩大的主要原因就是文献数量的增加，而人类的科学技术活动是促使文献数量增加的一个重要因素。一般来说，无论是公共图书馆、专业图书馆，还是大学图书馆，馆藏科技文献的比例都是相当大的。现代图书馆所担负的传递科技信息的职能，也是通过收集、整理、存储和利用科技文献来实现的。因此，科学技术活动促使科技文献的数量大量增加，进而促进了图书馆规模的扩大和数量的增加。

文献数量的增加也与文献生产技术的提高有关。到目前为止，文献生产技术大致经历了这样一个发展过程：文献从最初的手工抄写发展到机械印刷，再发展到激光印刷，以及电子传递、网络传输。这是文献记录方式的变革。此外，还有记录载体的变革，从自然物体（兽骨、龟甲、石头、纸莎草、贝叶等）发展到人工物体（泥版、纸等），再发展到缩微胶片、光盘、磁盘等光电产品，现阶段网络上传输的虚拟载体信息与日俱增。在这个过程中，文献载体逐渐由笨重向轻灵方向发展，直到出现了虚拟载体文献，而每经历一个发展阶段，文献的数量都会随之剧增。

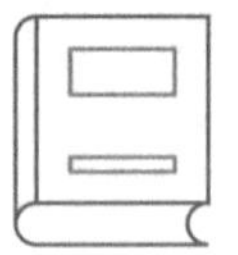



尤其是随着工业革命出现的机械化印刷设备，以及随着新技术革命出现的光电印刷设备的广泛使用，使得文献数量呈现指数增长势头。这对于近现代图书馆事业的发展，无疑起到了巨大的推动作用。

在信息社会，随着高新科技的迅猛发展，文献信息的形态将会进一步发生革命性的变化，图书馆的形态也将随之发生巨大变化。20 世纪末以来，国内外兴起的电子图书馆、虚拟图书馆、移动图书馆、数字图书馆等的研究与发展，恰恰反映了文献信息形态变化引起的图书馆形态的变化。

（4）国家的扶持和保护也是图书馆发展不可缺少的条件。

图书馆产生伊始，就与国家有着千丝万缕的联系。在奴隶社会和封建社会，奴隶主政权和统治者的统治机构代表了国家，从考古发现来看，最初的图书馆几乎都是王（皇）室图书馆。在当时，只有统治者和贵族阶层才能占有文化，他们对文献的需求也超过了文化水平较低的阶层。在资本主义国家中，资产阶级政府代表了国家，他们制定了免费强制教育和普及图书馆等法律政策，使资本主义国家的图书馆事业，尤其是公共图书馆得到了快速发展。在社会主义国家中，政权属于人民，通过对图书馆的布局、规划以及对资金、人员等的计划管理，使图书馆在国家的鼓励和扶持下得到了较大规模的发展。

国家主要通过以下方式干预图书馆的发展。

第一，制定相关法律法规。许多发达国家都有相对完善的图书馆法，特别是国家规定的“呈缴本”制度，要求出版部门向国家图书馆免费提供出版物。这项法规的制定在确保国家图书馆馆藏文献的完整性、系统性方面发挥了极大的作用。法律是图书馆赖以发展的重要保障。

第二，拨款购书，支付图书馆的费用。一般来说，大多数图书馆在经济上并不是完全独立的，不少图书馆的经费来源主要是国家拨款。我国的各级各类图书馆大多依靠国家拨款支付员工工资、运营费用和图书采购费用，国家掌握着图书馆的经济命脉。《中华人民共和国公共图书馆法》规定："县级以上人民政府应当将公共图书馆事业纳入本级国民经济和社会发展规划"，"加大对政府设立的公共图书馆的投入，将所需经费列入本级政府预算，并及时、足额拨付"。在西方国家，由私人或团体捐款资助的图书馆也不在少数，但由国家拨款资助的图书馆仍然是国家图书馆事业的主体。

（5）国际图书馆界的交流对图书馆的发展有着积极的影响。

在前资本主义时期，由于各国在地理上的封闭以及图书馆为私人所有，图书馆之间很少交流。工业革命以后，国际图书馆界开始频繁交流，不仅有馆际互借、文献交换与赠予交流，还有各种会议、讲座等活动，在图书馆理论和方法等方面相互交流和学习。国际图书馆界的各种组织也不断涌现，如国际图书馆协会联合会（International Federation of Library Associations and Institutions，IFLA），它是图书馆界最重要的国际组织，每年由会员国轮流主办年会，讨论图书馆发展面临的最紧迫的问题。这些活动有利于图书馆资源为全人类共享，推动了图书馆的共同发展。

总之，影响图书馆发展的既有直接因素，也有间接因素；既有客观因素，也有主观因素。它们不是孤立地、互不联系地对图书馆产生影响，而是作为联系着的、综合的因素对图书馆的发展起作用。正是由于这些因素的综合作用，才使得图书馆发展成如今的形态，而且图书馆还会在这些社会因素的共同作用下走向明天。

### （二）图书馆的发展特点

图书馆作为人类社会的特殊产物，一经出现就有其自身的发展特点。概括起来，图书馆的发展特点主要体现在以下几个方面。

（1）就世界范围来看，图书馆的发展具有不平衡性。

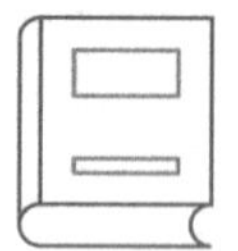



图书馆的数量分布是以国家的经济实力和文化水平为基础的。自古以来，凡是综合国力雄厚的国家，其拥有的图书馆的数量就多，而发展落后的国家其图书馆数量也较少。在先前比较发达而后衰落的国家里，图书馆的数量也经历了一个由多到少的过程。除了这种数量上的不平衡以外，还有发展速度上的不平衡。图书馆诞生至今已有数千年的历史，但是图书馆的发展在早期极其缓慢。直到近代工业革命之后，图书馆才有了快速的发展，而这不过是近两三百年来的事。在这个过程中，政治、经济发展相对稳定的国家，其图书馆的发展速度也较快，而政治、经济发展不稳定的国家，尤其是受战争等破坏性因素影响的国家，其图书馆的发展速度也较慢。因此，就世界范围来看，图书馆的发展在不同的国家其速度是不同的，也存在着不平衡性。

（2）同一国家不同地区之间，图书馆的发展同样具有不平衡性。

例如在中国东部沿海开放程度较高的地区，经济发展迅速，在国民经济中占据重要地位，这些地区图书馆的数量比较多，发展速度比较快，对新技术、新成果的采用也非常快；而在中西部不发达地区，图书馆数量相对较少，发展速度也很慢，有些地区甚至没有县级公共图书馆。

（3）图书馆由封闭式向开放式发展。

在古代，图书馆是由少数王室成员和贵族阶层把持的，在中世纪的欧洲，则是由僧侣阶层独占图书馆。当时，图书馆是对民众封闭的，并不是人们交流思想的场所，而只是王室贵族及僧侣阶层的附属物和点缀品，是统治阶级垄断知识、禁锢进步思想的场所。另外，古代文献生产技术落后，图书数量相对较少，因此比较贵重，这也使得图书馆所有者会尽量避免向社会开放图书馆。在资本主义时期，图书馆开始向全社会开放，图书馆成为全体社会成员交流知识思想的场所，馆际互借和资源共享的理念已经深入人心。随着电子计算机、互联网等现代信息技术在图书馆的逐步应用，图书馆馆藏的多元化、服务手段的自动化、传输手段的网络化、阅读方式的移动化等，再次显著地改变了图书馆的发展格局，极大地提高了图书馆的服务能力，使得图书馆具有更广阔的时空意义，突破了单一馆的限制。这种变革使人类的精神财富得以在更加广阔的时空范围内实现了资源共享。

（4）图书馆的职能在不断扩大。

早期，图书馆的职能比较单一，以收藏文献图书为主。随着社会生产力的发展和科学技术的进步，图书馆的职能由早先的重收藏发展到现在的重利用。图书馆越来越多地承担起了整序社会文献信息流以及管理、传递社会文献信息的责任。这就使得图书馆由以往意义上的“藏书楼”发展为如今的传递文献信息的社会机构。另外，图书馆还承担着社会教育的职责，旨在为社会成员提供一个良好的终身学习的场所和社交空间。图书馆职能的扩大是其自身不断适应社会需求的结果，这也表明图书馆具有极强的适应变化的能力。

（5）图书馆的发展始终与人类文明的发展同步。

图书馆诞生于人类文明的萌芽时期——农业社会，在人类文明的快速发展时期——工业社会，图书馆得到了长足的发展。在人类文明的成熟时期——信息社会，图书馆将会得到更大的发展。当然，在信息社会中，图书馆的形态将与传统图书馆有很大的不同，也许人们将无法再从形态上将信息社会的图书馆与传统的图书馆联系起来，但是只要社会仍需要一个担负社会信息整序、存储、传递职能的专门机制，图书馆就会一直存在下去。

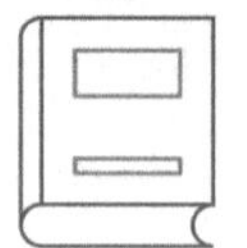



# 第三节　图书馆的类型

国际图书馆统计标准中将图书馆分为六种类型，即国际图书馆、高等院校图书馆、专门图书馆、公共图书馆、其他主要的非专门图书馆。

国内图书馆学专著中对图书馆的分类更为详细，我国图书馆由于隶属单位不同而具有不同的任务，而不同的任务又决定了图书馆具有不同的性质和类型，主要包括国家图书馆、公共图书馆、高校图书馆、科学图书馆、专业图书馆、技术图书馆、工会图书馆、军事图书馆、少儿图书馆九种类型，此外还包括盲人图书馆和少数民族图书馆，共 11 种类型的图书馆。这种分类方法的基础是图书馆服务的覆盖范围，主要依据是图书馆的归属部门和服务对象。

## 一、国家图书馆

百度百科对“国家图书馆”的解释是“国家建立的负责收集和保存本国出版物，担负国家总书库职能的图书馆”，“是一个国家图书馆事业的推动者，是面向全国的中心图书馆，既是全国的藏书中心、馆际互借中心、国际书刊交换中心，也是全国的书目和图书馆学研究的中心”。由此可知，国家图书馆在一个国家的图书馆体系中处于独特的中心地位。特别是在信息时代，国家图书馆将在整个图书馆领域发挥领导者和协调者的重要作用。

我国国家图书馆对自身的定义和职能描述为“国家图书馆是综合性研究型图书馆，是国家总书库，履行搜集、加工、存储、研究、利用和传播知识信息的职责”。国家图书馆是图书馆信息网络中心、全国书目中心，研究和采用现代技术，在全国图书馆规范化、标准化、数字化、网络化建设中起骨干作用，承担着为中央国家领导机关，重点科研、教育、生产单位和社会公众服务的重任，负责全国图书馆业务辅导，开展图书馆学研究，代表国家执行有关对外文化协定，开展与国内外图书馆界的交流与合作。

国家图书馆的职能形象是指读者、公众对其履行社会职能的范围、水平和质量的评价，也是图书馆功能在国内及国际社会上的印象。国家图书馆作为国家级文化机构，首先要履行其一般职能，包括保存人类文化遗产、传递科学知识、开展社会教育、提供文化娱乐和开发智力资源等；其次还需要与国家层面的服务需求相结合，履行其特殊性职能，如指导下级图书馆建设，开展图书馆相关理论研究，为下级图书馆培训业务人员，制定图书馆相关标准，等等。从范围来看，国家图书馆的职能形象涉及面很广，因为建筑、基础设施、服务、馆员、资源、管理、文化等都直接或间接地保证或反映了图书馆职能的履行，也就是说，国家图书馆的职能形象是最具体、最具综合性的一种形象，但因其在很大程度上直接来源于服务，因此与服务形象具有最密切的内在关联。

国家图书馆的文化形象涉及图书馆文化内涵的以下三个层面。

第一，国家图书馆是一个国家特定文化的产物，是收藏、保存和传递国家民族文化、社会文化、区域文化等内容的最高组织机构。国家的发展历史、民族结构、社会文化、价值观等的差异，造就了各具特色的国家图书馆馆藏内容、服务方式等文化形象。我国国家图书馆收藏的古代四库全书是我国历史中独有的古代文化，是我国历史文化的传承。

第二，图书馆自身构成了一种文化现象。国家图书馆是人类文明发

展和社会生产力进步的产物，承载着人类文明发展的成果，是积累、存储、整理、传承和传播民族文化的重要平台。一个国家的图书馆文化是在本国国家图书馆事业发展进程中沉淀和创造出来的、极具国家个性特征的精神财富和物质财富的重要结合，是一种客观存在的文化现象。

第三，图书馆对文化具有反向构建能力，国家图书馆的文化反向构建能力更强，这种反向构建能力体现了其社会文化构建担当上的文化形象。国家图书馆作为国家的资源主体，其服务对象通常包括国家行政机关、大型企事业单位，而这些主体在国家社会文化构建过程中发挥着至关重要的作用，因此国家图书馆在其所处国家社会文化建设中发挥着更为重要的作用。国家图书馆的文化构建作用主要是通过图书馆资源搜集的内容范围、资源序化方式、服务提供方式等途径，对主体接收范围、效率等的影响体现出来的，不同国家图书馆在履行职责时传递着不同的文化态度、认知取向、价值观念、经验爱好，参与到社会文化的构建进程中，这种参与和影响形成了其独特的社会文化形象。例如，在文献推荐及利用环节，将哪些书籍摆放在最显眼的位置，以及哪些书籍开放、开放的时间规定等，都将影响用户对馆藏文化的利用，进而参与并影响国家社会文化的重构。

## 二、公共图书馆

公共图书馆是由国家中央或地方政府管理、资助和扶持的免费为公众服务的图书馆。公共图书馆的服务对象是社会全体成员，为其提供图书（包括通俗读物、期刊和参考书籍）、公共信息、互联网的连接及图书馆教育。

公共图书馆也会搜集与当地地方特色有关的书籍和信息，并为社区活动提供场所。公共图书馆的主要特点是收藏的学科广泛，读者成分多样。此外，它的主要特征是对所有居民开放，其运营资金主要来源于地方政府的税收，其设立和经营必须有法律依据。

构建和谐社会是解决当前社会主要矛盾的思想武器，是推进经济建设和提高人民生活水平的有力工具。构建和谐社会是一个漫长的过程，不可能一蹴而就。公共图书馆在这一过程中将发挥重要作用，这是由公共图书馆的独特性质和职能决定的。历史上，公共图书馆主要是指公共性质的图书馆，它是针对私人图书馆而言的。公共图书馆从私人图书馆的樊篱中脱颖而出，直击仅供个人使用的私人图书馆，使读者可以自由、平等地使用图书馆，无须受到任何限制。公民自由地使用公共性质的图书馆，是保障公民在社会中的基本权利的一种手段。

## 三、高校图书馆

高校图书馆是大学的文献资源中心，是大学生课堂以外知识营养的主要提供者，可以说图书馆与大学生的文化素养和知识结构有着密切的关系，因此高校图书馆在校园文化建设中的重要使命就是提高文献资源的数量和质量，为大学生学习科学知识、提高人文素质提供文献保障，努力打造大学生成才的精神环境。

高校图书馆的藏书和其他文献资源的质量不仅直接关系到大学生知识的获取，还直接影响着大学生的成长。一所好的高校图书馆不仅要注重扩大所藏文献的学科知识的覆盖面，还要注重发挥图书馆藏书和其他文献资源在培养大学生道德情操和审美观念方面的作用。

高校图书馆是大学生校园生活的重要组成部分。高校图书馆作为在校大学生学习文化知识、交流思想感情的重要社区，对校园文化建设起到了一定的推动作用，优秀的校园文化对于大学生养成良好的行为习惯和高尚的道德品质有着积极的作用。作为高等学校重要的公共社区，高

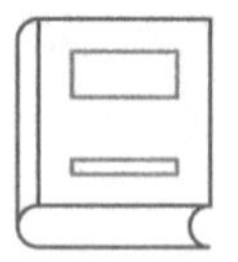



校图书馆应该具有安静的环境和良好的秩序，这对于培养大学生的公共道德意识，建立人与人之间相互尊重、相互理解的良好关系将起到很好的作用。

## 四、科学图书馆

科学图书馆是一种以收藏科学文献为基础，以专业科学工作者为主要服务对象，以科研和生产建设服务为重点，以传递一体化科技情报为职能，拥有科学的业务方法和高素质图书情报工作人员的图书馆。科学图书馆的最主要特征是补充图书面广泛，而这要靠接受呈缴本、购置国内图书、取得各学科的国外出版物等方式来保证。对于科学图书馆来说，最重要的是要拥有完整配套的期刊、连续的出版物和多卷集。

## 五、专业图书馆

专业图书馆的服务对象是该馆所属机构的工作人员。专业图书馆的职责是为所属机构实现其工作目标提供文献保障。因此，专业图书馆的用户需求受图书馆所属组织机构正在开展的工作制约。大多数专业图书馆受理的咨询主题明确，且多为调查研究类咨询。

在专业图书馆受理的咨询中，以调查咨询类的复杂问题居多，图书馆馆员要在进行文献调查等专业调查以后才能回答用户的问题。与其他类型的图书馆相比，专业图书馆能够更好地为用户提供个性化服务。专业图书馆的用户大多是长期从事该领域研究工作的人员，因此专业图书馆没有必要提供用户教育服务，而应当把服务重点放在信息提供上。

## 六、技术图书馆

技术图书馆主要是指矿山、工厂、公司等企业单位所属的技术资料图书馆。与工会图书馆不同，技术图书馆是直接面向经济建设、开展技术交流和文献资料档案工作的机构，一般归厂矿技术部门领导。

## 七、工会图书馆

工会图书馆是工会组织的群众性文化事业，是图书馆中非常重要的系统类别，对于提高广大职工的思想、科学文化水平具有重要作用。工会图书馆是向职工进行思想教育的重要阵地，也是职工学习政治和科学文化知识的场所，包括工人文化宫，俱乐部的图书馆，各产业工会图书馆，厂、矿、企业、机关、事业单位工会所办的图书馆（室）。

工会图书馆坚持面向基层、服务职工群众、服务社会主义、提高职工素质、培养“四有”职工队伍的方针，其主要任务是通过图书报刊对职工群众进行政治理论和时事形势教育，帮助他们学习马列主义、毛泽东思想、邓小平理论以及党与政府的方针政策，对职工进行思想、信念和道德的教育，进行主人翁劳动态度和革命纪律教育，开展法制教育，职业道德教育，爱国主义和国际主义教育，社会发展史、中国近代史和革命史教育，使其成为有理想、有道德、有文化、有纪律的劳动者。

工会图书馆利用图书、报刊、资料等对职工进行科学文化知识教育，宣传推广新技术，不断提高职工的文化、科学、技术和知识水平。与此同时，鼓励职工多读书、读好书，培养良好的阅读习惯，提高阅读能力，丰富业余文化生活，培养高尚的审美意识，培养良好的道德情操，尽力满足职工家庭学习文化和阅读文艺作品的需求。随着社会的发展，工会

图书馆作为国家社会主义教育、文化、科学事业的重要组成部分，发挥着越来越重要的作用。

## 八、军事图书馆

图书馆管理体制的建立关系到图书馆方针任务的贯彻落实和图书馆的社会效益。我国图书馆的现行体制是一种以行政隶属关系为主的管理体制，而军事图书馆则有自己独特的管理体制和特殊服务模式。

军事图书馆是附属于某一军事领导机关的文献管理机构，军事部门的强化命令直接影响到军事院校的文献服务机构。不管是领导体制还是工作方法，军事图书馆都要接受上级机关的监督检查，而且上级机关要求图书馆执行的往往是不可逆的指令，由此可见，军事图书馆工作受行政隶属关系的影响更大一些。军事图书馆的业务分工存在一定的不确定性。院校机关的统筹规划往往无法考虑到图书馆工作的连续性要求，这就会导致图书馆业务工作的中断，给读者利用图书馆馆藏文献带来一定的困难。

军事图书馆的人员结构有其特定的层次性。在军事图书馆中，接受过图书馆学、情报学专业教育的人员不是很多，他们当中大多数是有一定军事经验，经受过一定军事锻炼的人员。由于文献服务机构的专门性质，它不仅需要懂得军事的专门人才，更需要懂得文献知识的专门人才，二者之间要有适当的比例。军事图书馆首先应遵循图书馆藏书结构专业性的要求。

军事院校本身就是专门的院校，其教学和科研都具有极强的专业性，因此其藏书需要突出专业性，但是军事科学又与许多学科紧密相关，因此应协调好专业性和全面性的关系，在保证藏书专业性的同时，还应考虑全面性、系统性的问题。军事图书馆的服务性较为突出，除了一般的采购、典藏、分编、出借等业务工作以外，还需要完成一些与图书馆业务工作本身没有关联的工作，如个人期刊、报纸的订阅及分发等工作。因此，军事图书馆的工作量也相应地增大了。

军事图书馆的读者类型较为单一、集中，基本上都是军事院校的教学和科研人员，本系统的各级领导、一般学员。地方院校或其他系统的图书馆读者很少对军事院校图书馆提出要求，因此影响了图书馆文献的利用率。

## 九、少儿图书馆

少儿图书馆是少儿学习成长的第二课堂，是少儿学习求知的摇篮、素质教育的基地、健康成长的乐园、精神文明的窗口。与成人图书馆和其他少儿校外活动场所不同，少儿图书馆是公共社会文化教育机构。少儿图书馆应加强对少儿的教育，开展读书导向、导航，帮助少儿多读书、读好书，促进少儿的身心健康发展。在我国的图书馆事业中，少儿图书馆事业发展迅速，深深影响着少儿的思想道德建设、综合素质提高及科普知识学习。

## 十、盲人图书馆

盲人作为弱势群体，应该受到社会各界人士的广泛关注，尤其是在日常生活中。面对各种压力，加强盲人文化建设，为盲人提供良好的文化服务刻不容缓。加强盲人文化建设可以有效地满足盲人对知识的追求，使盲人变得更加乐观自信，树立起积极的思想观念，使盲人能够更好地面对生活。就目前而言，盲人图书馆数量很少，受出版社限制，盲文更新速度较慢，难以取得实质性的进展，无法满足当前盲人用户在知

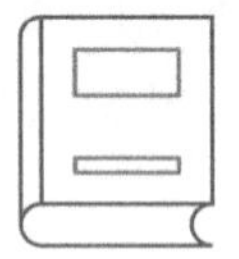



识方面的追求。近年来，随着计算机技术的逐步应用和推广，盲人图书馆建设找到了新的发展方向。

## 十一、少数民族图书馆

少数民族图书馆是我国民族地区的文化服务机构，也是一种公益性文化服务机构。它是现代公共文化服务体系的重要基点，也是我国图书馆事业不可或缺的重要组成部分。少数民族图书馆应该立足于民族地区的现状，凸显地域性、民族性特征，研究少数民族图书馆的社会责任可以为其发展拓宽思路，找到新的路径，促进其可持续发展。

少数民族图书馆主要涵盖以下三种类型的图书馆：一是馆名中含有“民族”字样的图书馆，如中国民族图书馆；二是我国各类民族院校图书馆；三是我国划定的民族自治区、自治州、自治县（旗）所辖的各级各类图书馆。少数民族图书馆的社会责任是指少数民族图书馆应当顺应民族地区的发展需求，基于自身特质帮助解决少数民族地区社会问题的主动作为，是对社会需求的一种积极响应。少数民族图书馆的社会责任与少数民族地区的经济文化发展及人民群众的需求密切相关。探索多种途径，加强对民族文化的保护和传承；拓宽服务渠道，保障少数民族地区民众平等的文化权利；引导阅读行为，提升少数民族地区人民的整体素质；缩小数字鸿沟，促进少数民族地区信息公平等，这些都是少数民族图书馆社会责任涵盖的内容。

# 第四节　图书馆的功能

图书馆是社会文明的象征，是文献信息情报的服务中心，是采用科学的方法收集、整理、存储和传播文献信息的机构。图书馆的主要功能是收集和保存文献，以供社会利用，其蕴藏了人类丰富的文化遗产，是人类取之不尽、用之不竭的知识源泉。随着现代社会科学技术的飞速发展，各种高新技术逐步被应用于图书馆建设，推动了图书馆工作向自动化、信息化、网络化方向发展，图书馆发挥着更大的作用和功能。随着社会科学技术的发展，图书馆的功能也发生了变化，从早期单一的保存文献的功能发展为如今多功能型的现代图书馆，其服务方式和服务对象都发生了极大的变化。

## 一、图书馆功能

在社会变革加快、信息技术日新月异、知识价值日益提高的当今时代，明确图书馆的功能定位对于最大化地发挥其在公共文化服务体系建设中的作用尤为重要。

### （一）图书馆功能定位

作为公民生活中的“第三空间”，图书馆应当有效地发挥自身作为信息共享空间、学习空间、文化交流空间的作用，以保障公民平等享受

文化的权利，让他们主动走入这个“集体书房”，轻松享受阅读，体验休闲文化，提升生活质量，以改变图书馆惯有的严肃、死板、安静的形象，突破资源条件的限制，让充满活力的人气型图书馆走进公众视野，有效营造良好的社会文化氛围。

1. 信息共享空间

信息共享空间是任何人都可以最大限度地自由存取和利用的社会公共设施。它在一定程度上能够促进信息的自由流动，提高公民的参与意识，推动社会的多样化发展，构建一个公开、免费、扁平化、点对点的服务网络环境，鼓励人们在民主的氛围中讨论、学习、思考和实践。公共图书馆资源丰富，作为信息资源的集散地，为公民提供各种类型的资源获取途径，通过为用户提供所需的信息帮助用户解决生活、学习、工作中的困惑。公众通过浏览、阅读、查找、索取、咨询、参观等行为获得所需信息。

2. 学习空间

学习空间支持公民进行学习、研究、写作活动，提供个人学习空间、小组协作空间、课堂教学等，提高公民的学习能力，深化学习内容，改进学习方法。公共图书馆丰富的阅读资料和宽敞的空间为公民提供了再教育的机会，公民通过自学、远程学习、课程学习、协作学习等方式丰富自身的知识体系，以适应未来的社会发展需求。

3. 文化交流空间

文化交流空间旨在以图书馆的“用户”为中心，形成良好、稳定的图书馆社区，公众可以自由交流观点与看法，进行话题讨论与问题咨询。公共图书馆良好的文化氛围、共同学习与资源共享的空间，汇集了具有共同兴趣和精神追求的公民，图书馆通过建立交流平台，促进公众之间的讨论与交流。

### （二）图书馆的功能特征

图书馆功能的科学划分，一是要充分揭示图书馆的实质与特征，二是要体现时代发展对图书馆功能产生的影响，三是要预测未来图书馆的发展趋势。为此，图书馆表现出以下功能特征。

1. 基本性——体现图书馆功能的同一性特征

根据图书馆的功能定义，搜集、整理、保存资料和服务是其基本功能，而图书馆最常用到的是其服务功能，但不是一般意义上的服务，它是一种文化、一种教育，其目的是保留人类文化遗产，为社会服务；开展社会教育，提高全人类的科学文化水平；向社会传播知识和科学信息，开发全人类智力；健全公众的文化生活。图书馆的类型、规模和条件都存在差异，因而每一项具体内容可能都有所不同，如服务内容有的多、有的少，各种功能因素在图书馆中的主导地位有高有低，但基本不会偏离图书馆的基本功能定位与发展宗旨。

2. 专属性——体现图书馆功能的多元化特征

图书馆功能是指在读者服务工作中形成的理论观念、制度行为规范、活动准则与技术架构等人、事、物对社会产生影响的集合。从纵向上看，随着科学技术的发展和社会节奏的加快，图书馆功能的定义也在不断变化，传统图书馆的功能与现代数字图书馆的功能是不同的；从横向上看，在当今的图书馆实践中，每个图书馆的功能都有其独特性和存在价值，因此不能强求所有的图书馆都按照某一个图书馆的功能模式来建造，替其他馆来定位、决策。每个图书馆都是独一无二的。

## 二、图书馆功能的多元化源于其价值的多元化

在社会发展的不同阶段，图书馆价值观由于社会意识和图书馆所发

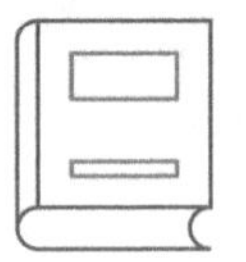


挥作用的差异而有所不同。图书馆价值观作为人们的主观认识，在不同社会阶段的变化是易于理解的，各种价值观都有其出现的原因。更重要的是，应加强对某一时期社会主导价值观的认识，同时加强对同一时期图书馆价值观的认识，并使这两种价值观的认识趋于一致，以寻求更好的发展。

图书馆价值的多元存在主要体现在两个方面：一方面，在图书馆发展的过程中，不同的历史时期有不同的价值观；另一方面，多种图书馆价值观在同一阶段共存。在社会转型时期，由于人类价值观念的深刻变化，新型价值观念往往会成为起主导作用的价值观，这种主导价值观在价值冲突中发挥着重要作用。

图书馆价值观的冲突主要表现在，随着社会和图书馆自身的不断发展，新的社会主导价值观影响着图书馆社会功能的拓展，新的图书馆价值观与原有的图书馆功能之间产生了矛盾和冲突，如近年来知识自由的图书馆价值观与原来的图书馆教育教化的价值观之间的冲突。知识自由是近年来国际图书馆界倡导的一种新型图书馆价值观。

美国图书馆协会对知识自由内涵的阐述为“人人享有不受限制地寻求与接收各种观点的信息权利，应提供对各种思想所有表达的自由获取，从而可以发现某个问题、动机或运动的任何或所有方面”。知识自由主要包括以下三个部分的内容，即知识持有的自由、知识接收的自由与知识发布（传播）的自由。显然，知识自由与图书馆教育教化的价值取向在某些方面是有矛盾和冲突的。教育教化的图书馆价值观强调的是图书馆和图书馆馆员作为“教师”的作用，图书馆的此种功能甚至成为一种“图书馆信仰”。我国在改革开放以前，图书馆的教育教化职能尤为突出。

人类和谐的价值目标包括三个方面的内容，即人与自然的和谐、人与人之间的和谐、人与自身的和谐。和谐的基础是社会公平，图书馆作为社会大家庭中的一员，其核心价值观应与和谐、公平的社会主导价值观相一致。图书馆核心价值观的简要表述如下：以人为本，坚持平等、开放、免费服务的公益性原则，关注社会弱势群体，消除数字鸿沟，建立信息公平、信息自由和信息保障的制度。

## 三、正确理解图书馆社会功能的地位

随着社会的进步和需求的变化，图书馆的各种社会功能在其发展过程中不断形成并逐渐凸显出来。不同的社会功能在图书馆的发展过程中起着不同的作用，扮演着不同的角色，这些社会功能间相互联系、互为补充，共同促进图书馆事业的发展。

### （一）最基础的社会功能——保存人类文化遗产

保存人类文化遗产的社会功能是图书馆不同于其他信息部门的重要特征之一，是图书馆最基础的社会功能。文献是保存人类文化遗产的重要载体。在各种社会机构中，只有图书馆承担着保存人类文化典籍的职责。图书馆的基本功能是保存功能，文献之所以出现便是为了记录信息，而这些记录下来的信息则作为一种文化线索将各个时代串联起来，在传递知识的同时，也使文明得以保存，文化得以传承。无论是历史上的哪个朝代，还是国家，图书馆的保存人类文化遗产的功能都作为其基础功能发挥着重要作用。

### （二）首要的社会功能——提供信息服务

提供信息服务是图书馆首要的社会功能。图书馆作为社会的信息传播与交流中心、重要的信息枢纽和网络节点，应将提供信息服务的功能作为其首要的社会功能，无论图书馆经历了或将经历怎样的发展，这一

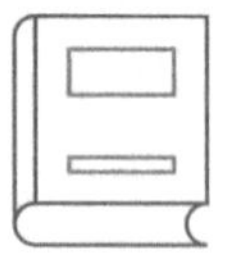



点都不会改变。尽管将提供信息服务视为图书馆唯一的社会功能的唯信息服务论是错误的，需要警惕，但是提供信息服务在图书馆发展过程中的首要地位是毋庸置疑的，需要坚持。图书馆的日常工作和开展的许多活动都是对提供信息服务功能的体现，如图书借阅、文献传递、馆际互借等。

### （三）最核心的社会功能——开展社会教育

尽管图书馆的首要社会功能是提供信息服务，但正如上文所述，我们应该警惕唯信息服务论，图书馆的社会功能是多样化的，其中最核心的社会功能是开展社会教育。图书馆作为社会教育系统中的一个子系统，自古以来就发挥着教育民众、振兴国家、繁荣传统文化的作用。我国图书馆的社会教育实践有着悠久的历史，起源于唐、盛行于宋的“书院教育”便是其集大成者。图书馆的教育功能不是指具体的读书内容、读书方法等方面的细节教育，而是针对社会而言的，指的是图书馆在整个社会系统中的教育功能。图书馆作为社会教育系统的一部分，是人类知识的聚集地，为读者提供了良好的阅读和学习环境，并组织举办读者活动，通过对读者潜移默化的影响来实现其开展社会教育的目的。

### （四）最具竞争力的社会功能——营造公共文化空间

营造公共文化空间是图书馆最具竞争力的社会功能，而该项功能的实施可以提高图书馆的核心竞争力。与电影院、咖啡馆等具有娱乐性质的公共空间相比，图书馆在自由、开放的基础上具有更强烈的文化特质。图书馆不仅是一个自由交流、休闲放松的场所，更是一个自由的文化空间。读者在这里不仅可以轻松地享受阅读，还可以通过图书馆开展的各种形态的文化活动交流思想、分享感悟，这是图书馆作为公共文化空间的社会功能的体现。

图书馆是一个生长着的有机体。作为一种社会组织和社会机制，图书馆的社会功能并非是一成不变的，其社会功能的变化反映了社会对图书馆需求的变化，而关于其社会功能的研究和认识是随着人类实践的积累与认识的深化而不断发展变化的，从而更加彰显出图书馆的社会核心价值。

## 四、功能拓展：图书馆发展的关键

随着数字时代的到来，图书馆应不断拓展自身的功能，从而提升自身的服务效能，以便更好地适应社会发展的需要。

### （一）图书馆功能拓展的有利条件

新型文化体制和机制的建立为图书馆功能拓展提供了广阔的制度空间和政策空间，消除了很多不合理的制度性硬约束和观念性软约束，创造了一个开放竞争的文化市场，使文化市场焕发出前所未有的活力。市场经济焕发出巨大的生产力，为图书馆和其他文化事业的发展提供了强大的物质基础，也唤醒了公众的主体精神、发展欲望、服务意识、交换观念。在现代社会环境下，数字化、网络化、信息化对图书馆的发展提出了挑战，也为图书馆的发展提供了崭新的技术基础，其快捷性、泛在性使图书馆可以满足更遥远、更多读者的需求，能够提供个性化、多样化且更加及时的服务。

### （二）内涵拓展

所谓内涵拓展，就是提升服务水平和层次，增加科技文化含量。在内涵拓展中，最重要的是增强图书馆的创新功能。国际图书馆协会联合会（以下简称“国际图联”）曾就现代图书馆的社会功能达成共识，认

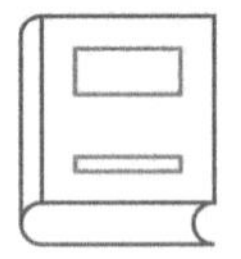



为图书馆具有保存人类文化遗产、开展社会教育、传递科学情报、开发智力资源等社会功能。我国的学者、专家及图书馆工作者对图书馆功能做过许多研究，并提出了很多种说法，但大致与国际图联的认识相吻合。不过，近年来随着图书馆生存和发展遇到的挑战及图书馆服务形式的改变，国内外研究者就图书馆的新功能展开了探讨，提出图书馆应当具有文化交流中心、公民教育中心、数字鸿沟黏合剂功能及休闲娱乐等功能，特别是注意到了图书馆还应具备一定的创新功能。

但总体而言，对图书馆的创新功能认识仍存在不足，正是由于对图书馆创新功能的忽视，使图书馆一直处于辅助地位和边缘状态。现在我们需要重新认识图书馆的功能，并拓展图书馆功能的内涵。图书馆作为信息、知识的收集、储藏、交流中心的功能不能改变，但这还远远不够。为适应创新型国家和学习型社会的建设需要，图书馆也应当在支持创新方面发挥自身优势。

## （三）外延拓展

所谓外延拓展，主要是指服务项目和范围的延伸。在传统的文化管理体制中，图书馆的服务项目和范围是相对固定的，人们也缺乏扩展图书馆的业务范围和服务项目的动力。文化体制改革实施以来，这种状况在很大程度上得到了改变。各种文化学术交流活动强化了图书馆的学术功能和学术色彩，公共图书馆正在成为城市的文化中心。图书馆举办的活动丰富多彩，吸引了越来越多的读者走入其中。

外延拓展应当包括两个方面的内容：一方面是主业方面的扩展和延伸，包括信息加工和知识营销、阅读推广、各类读书活动、搜索服务、社区服务等；另一方面是辅助业务的扩展和延伸，包括开发各类相关休闲娱乐活动、联谊活动等。

## 五、网络环境中图书馆功能的演化及其定位

与传统图书馆相比，互联网能够提供更有效、便捷的信息存取与传输方式，因而日益成为信息管理、存储与交流的主要途径。为了寻求与网络化相适应的生存方式，图书馆现有功能必须根据网络技术规则进行重新整合与改造。在网络环境下，图书馆的功能定位将呈现出以下特点。

第一，图书馆行业已经无法沿袭以单个图书馆规模的扩大以及图书馆数量的增加作为事业发展标志的模式，数字图书馆工程的启动昭示着一个全球性的信息资源体系即将形成。

第二，信息资源的高度共享，必须借助于以较低传输成本进行快速、高效的信息传输的网络。宽带网的建设实现了海量信息在互联网上的高速传输，信息服务功能仍然是图书馆的核心功能，但已不再是图书馆特有的功能。网络作为公共信息环境，绝不是图书馆可以独占的领地，其他信息服务机构也将利用网络大量繁衍，这些信息服务机构与图书馆具有相同的功能，将对图书馆的信息服务功能产生替代作用，对图书馆的生存构成威胁。

第三，在传统图书馆模式下，图书馆对文献的加工、管理等业务的分工都是在一个特定的图书馆内进行的，而网络提供了将分工转移到整个行业中进行的技术条件。网络可以将单个图书馆的文献加工功能剥离出来，并利用网络技术将该功能向图书馆以外转移，这便是已经成为图书馆行业新动向的业务外包现象。

## 六、发挥图书馆功能的新思考

文化发展新格局不仅给图书馆带来了新的挑战，也给其带来了新的

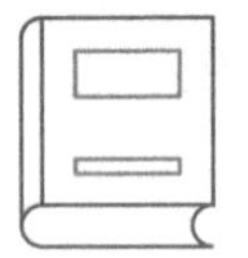



发展机遇。面对新形势，图书馆作为国家公共文化服务体系的重要组成部分，应牢牢抓住兴起社会主义文化建设新高潮这一重要战略机遇，及时调整工作思路和工作重点，拓展服务功能，创新服务方式，重塑图书馆形象。

### （一）创新理念

图书馆要想在文化建设新高潮中有所作为，其首要任务就是树立与时俱进的新观念、新理念。一是主动参与意识。要努力克服长期以来形成的惰性和封闭性，将图书馆建设与发展融入文化发展大视野中，主动适应、参与到社会主义文化建设实践中去。二是开放意识。图书馆属于公益性组织机构，具有公共性质，这种性质恰恰决定了图书馆具有开放性，有义务向社会各界开放并为其提供服务。三是以人为本的理念。图书馆面对社会所有成员，应当着眼于满足人民群众的文化需求、方便人民群众的文化生活、提高人民群众的文化生活质量，创新图书馆服务机制，改进图书馆服务模式，提高图书馆服务能力，解决好公众最关心、最现实、最直接的文化信息获取的权益问题。四是多样化服务理念。随着经济的持续快速发展和人民生活水平的不断提高，我国进入了文化消费的快速增长期，群众的精神文化需求更加旺盛，文化消费的多层次特征更加显著，大众阅读需求呈现出多样化的增长态势。图书馆要敏锐地把握大众多元的阅读需求，拓宽服务视野，增强服务功能，努力满足公众多样化的文化需求。

### （二）创新机制

作为一个公共信息服务机构，图书馆应为创造一个公平的信息环境发挥其应有的作用。为此，应当创新图书馆服务的运行机制，积极探索图书馆服务普及模式，尽量将图书馆服务向基层和信息贫困群体延伸，健全图书馆服务体系，扩大图书馆的影响力和覆盖面，提高服务普及率。

### （三）创新方式

面对大众与日俱增的多样化精神文化需求以及人民群众追求“休闲生活”的发展趋势，图书馆服务也应向多层次、多元化方向发展。现代图书馆应满足公众三个方面的需求：一是阅读需求。这是人们最基本的文化需求，图书馆应采取图书推荐、书评、征文、读书活动、专题图片展、书展、讲座等形式引导全民阅读，培养读者的阅读兴趣；积极发展和建立流动图书馆、社区图书馆及图书馆外流通点，为公众提供最大的阅读便利。二是科研需求。图书馆应采取专题信息服务、查新服务、跟踪服务、定题研究、情报调研、现实与虚拟参考咨询服务、信息导航等服务形式，为研究型读者提供全方位、全程式的信息服务。三是文化娱乐和休闲的需求。在现代社会，读者去图书馆就是为了享受文化、获取文化，满足自身对文化的需求。因此，图书馆要想满足读者的文化需求，必须改进服务模式，把多样化作为服务的主要特征。倡导全民阅读，提高公民的阅读素养和知识水平，是社会各界都应为之努力奋斗的目标。

# 第五节　新时代图书馆发展的要求和挑战

随着 21 世纪的到来，任何领域都力求创新，图书馆领域也不例外，特别是近几年来，知识经济迅猛发展，给图书馆工作带来新的发展机遇，能否抓住这个机遇，关键就在于能否在工作中进行创新，通过创新求发展。图书馆必须认清知识经济环境下服务工作的特点和内容，积极调整服务工作，丰富服务的内涵，拓展服务的外延，适应新环境发展的需要。

## 一、图书馆应当成为推动知识经济发展的重要力量

进入 21 世纪，人类社会具有了信息社会与知识经济时代的双重特征。1996 年，经济与合作发展组织（OECD）首次提出了“知识经济”的概念——“知识经济是以知识为基础的经济（the knowledge-based economy）”。知识经济时代最直观、最基本的特征就是知识作为生产要素的地位空前提高，但它与工业文明中对知识地位的认可的最大差异在于，在知识经济时代，知识不再是资本的附庸，而成为财富创造的第一要素，知识需求成为人类实现其他一切预期的前提，知识本身的生产成为社会经济生活的中心。不只社会经济组织形态、社会生活结构方式，包括人的价值原则和知识观，都要围绕最有利于知识的生产及其潜力开掘，以及最大限度地发挥人的创新能力而进行空前、深刻的改造。为顺应世界知识经济的潮流，我国也提出了“知识经济，创新体系”的概念。

知识经济时代有以下几个主要特征。

（1）经济全球化，对于人、组织乃至国家在提高适应性、创新性和知识处理速度方面，施加了强大的压力。

（2）专门性知识的价值受到重视。由于并不是所有的知识都能够带来财富，因而那些能够为人们带来财富的专门性知识尤其受到重视，并已被融入组织程序和日常生活中，以帮助个人与组织应对日益强大的竞争压力。

（3）知识作为独特的生产要素的价值得到了社会的广泛认同，知识管理成为社会的一项重要工作。

（4）网络和移动互联等信息技术的普及，为人类提供了有效且方便的工作和学习工具。

（5）在知识经济时代，知识和人力资本是社会经济发展的基础。获取和创造各种形式的知识的能力，包括对传统知识的提炼和更新能力，成为改进人类生存条件的最重要的因素。

在我们所处的这个时代，国家的创新能力显得极为重要。为顺应世界发展潮流，我国政府也提出了创新中国的发展战略：要加强国家创新体系建设，建设创新型强国。这是把创新视作引领发展的第一动力，视作建设现代化经济体系的战略支撑。

国家创新体系，由知识创新系统、技术创新系统、知识传播系统和知识应用系统组成，其主要功能就是知识创新、技术创新、知识传播和知识应用。因此，构成国家创新体系的组织机构也就是一切与其主要功能相关的科研机构、高等院校、企业、图书馆、信息中介与咨询机构等，可以说，无论是从机构还是从功能上来看，图书馆都是国家创新体系链条中的重要一环，成为推动知识经济、数字经济发展的重要社会力量。

同时，信息社会与知识经济时代的最大变化是知识量激增以及现代技术将世界连为一体，网络的普及和信息传递由分散化向一体化转变，

过去由图书馆承担的一部分职能由互联网、物联网、人工智能设施及其他信息机构承担，图书馆的信息中心地位可能被削弱。这一进程目前已经开启，需要图书馆界认真研究与应对。

## 二、图书馆应当帮助用户培养终身学习理念与能力

现代终身教育思想，起源于20世纪20年代，发展于20世纪60年代，“终身教育”（lifelong education）一词始见于1919年的英国。1925年，“终身教育”概念的系统阐述者和首倡者——联合国教科文组织（UNESCO）成人教育局局长保罗·朗格朗在巴黎召开的成人教育会上提出“终身教育”的概念。他认为，数百年来把人生分成两半，前半生用于受教育，后半生用于工作，是毫无科学依据的。接受教育应当是每一个人从生到死不休止的事情，教育应当在每个人需要的时刻以最好的方式提供必需的知识和技能。1970年他发表了《终身教育引论》。1972年联合国教科文组织国际教育发展委员会发表《学会生存——教育世界的今天和明天》，对终身教育的理论、原则进行了系统而深刻的论述。自此，终身教育日益被世界各国政府和教育界广泛接受，不少国家和地区以立法形式确认终身教育为教育改革的根本原则，并据此重新构建教育体系。

联合国教科文组织国际21世纪教育委员会提出的最新教育体系进一步倡导并发展了“终身教育”理念。报告认为，把教育划分为“学校教育”（初始教育）和“继续教育”的分法应予以重新考虑，与现代社会需要相适应的继续教育，不能按人生的某个阶段来划分（如划分成“成人教育”和“儿童教育”），也不能按某种具体目的来划分（如划分成“职业教育”和“精通教育”），学习的时间就是人一生的时间，而每种学习又与其他学习相互渗透、相互补益，教育涵盖了使人获得有关世

界、有关其他人民、有关自己的活生生的“知识”的所有活动。终身教育不仅要重视教育使人适应工作和职业变化的作用，还要重视终身教育在铸造人格、发展个性以及增强批判精神和行动能力方面的意义。终身教育是人的不断构建，是人的知识和技能的不断构建，是人的判断力和行为的不断构建。

该报告强调了基础教育的重要作用，认为学校应培养学生学习的愿望、学习的乐趣、学习的能力，开发学生智力上的好奇心。

终身教育与学习型社会经常被相提并论，二者相辅相成，相互促进。学习型社会需要促成终身教育，终身教育的推进又有利于学习型社会的建立和发展。

何为“学习型社会（learning society）”？日本文部科学省对此做出的解释是，除了学校教育和社会教育举行的学习活动以外，还包括人们的体育活动、文化活动、兴趣活动、娱乐活动和义务服务活动。开展上述活动的场所和设施有学校、公民馆、图书馆、博物馆、体育设施、文化设施、教养中心、企业和职业训练设施等。也就是说，上述各种公益场所和设施都为人们的学习服务，上述各种活动也都是学习活动，在这样的社会中，无人不学习，无处不学习，无时不学习。

学习型社会具有以下六大特征。

（1）学习与教育是一个人终其一生、持续不断的行为过程，个人受教育应有终身规划，个人随时依据需要接受教育，社会则提供持续性的、全面的教育机会。

（2）学习不限于在学校中受教育，学校教育只是终身学习的一环。

（3）各种形态的学习与教育必须协调统整，以满足不同阶层的人的学习需要。在学习型社会中，每一个人的人生发展阶段都应是形成经验、满足需要的快乐创造的旅程，而非接受外力干预的过程，据此观念形成的学习与教育体系可使一个人乐于不断学习。这种教育本身成为一

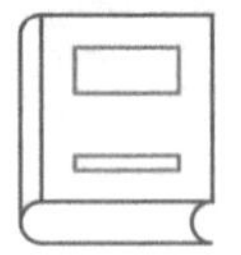



种个人主动创新的生活方式，而非一种既定生活方式的被动接受。

（4）考试的成败并不重要，考试在人才选择中仅具有相对意义。

（5）学习型社会强调人的全面发展，不再以唯一的标准来划分好学生和差学生，不再以固定的教育形态规范每个人，而是重视并鼓励每一个人生理、心理、兴趣、爱好的全面发展，重视人的个性的健康发展，重视每个人创造潜力的充分发挥。

（6）学习型社会强调终身教育，使每个人更能接受现代思潮。传统教育只使人们接受已有的答案，学习型社会则通过终身教育使人们建立正确的历史观、科学观和相对意识，以便个人接受现代思潮，产生创新的意识和行动。

在扩大基础教育的手段和范围方面，应当综合发挥传统的信息传播渠道和新型的信息传播渠道的作用。传统的信息传播渠道包括家庭、学校、社会、团体、图书馆等。新型的信息传播渠道则是指现代化的信息、教育和交流形式，如网络、光盘和新兴的多媒体等，可以弥补当前世界在获得信息方面存在的地理的、社会的和经济的差距，可以在教育普及和人的终身学习中发挥比传统信息传播渠道更加重要的作用。

当前，基于网络传播的名校公开课和慕课（Massive Open Online Courses，MOOC，中文翻译为“大规模开放在线课程”）等，为终身学习提供了丰富的学习资源。以智能手机为代表的移动互联技术的普及，在社会成员平等获取信息方面比以往任何一种信息工具都更为有效。

今天，世界所拥有的绝对信息量——其中大部分关系着人类的生存与基本福利，要远远超过以往任何时期，而且正以越来越快的速度增长着。这些信息包括如何获得改善生活的知识、如何学习的知识。在此形势下，只有对每个人进行认真而持续的训练，提高其信息意识和信息能力，信息才能发挥建设性的作用。对所接收信息和数据的理解、阐释、吸收和利用，要求每个人都要具备认知、获取、选择、利用信息的能力，最重要的是养成一种批判力和选择力。

1990年，联合国教科文组织在泰国召开世界全民教育大会，明确提出“全民教育”的概念，其目的是使每一个人，包括儿童、青少年和成人，都能获得旨在满足其基本学习需要的受教育机会，使所有人都接受一定的教育。

联合国教科文组织在提出教育对于人的生存及生活质量的意义的观点时，又一次重申了继续学习的概念。继续学习即终身学习，指的是在科技与社会飞速发展的今天，人们不能再指望可以通过一次性的学校教育一劳永逸地获取知识，而是需要终身学习如何去建立一个不断更新和演进的知识体系，即学会如何生存。终身教育思想，主张教育应该贯穿于人生的各个年龄阶段，而不局限于青少年时期；教育也不只限于学校，而已扩及家庭和社会的各个方面，把它们的教育功能充分发挥出来，并使之与学校教育紧密结合，形成遍及全社会的教育网络。

## 三、图书馆应成为社区、学校、机构的信息中心

图书馆应成为社区、学校、机构的信息中心，体现当地的信息需求，其公益性信息需求应得到满足。

1994年，联合国教科文组织与国际图联共同颁布的《公共图书馆宣言》声称：“公共图书馆是传播教育、文化和信息的一支有生力量，是促使人们寻找和平和精神幸福的基本资源。”“公共图书馆是地区的信息中心，它向用户迅速提供各种知识和信息。每一个人都有平等享受公共图书馆服务的权利，而不受年龄、种族、性别、宗教信仰、国籍、语言或社会地位的限制。”

1997年1月，我国中央九部委《关于在全国组织实施“知识工程”的通知》中指出：“图书馆是一种社会公益性的文化教育机构，在思想

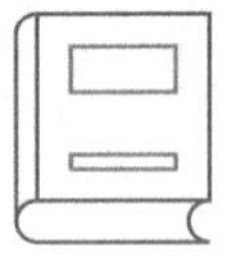



道德建设和文化建设中发挥着不可替代的作用，也是科学普及、社会教育和信息传播的工具。”

公共图书馆服务具有社会公益性质，其基本服务应当是免费的。公共图书馆是依法设立的、无偿对任何人开放的机构，这一原则早在19世纪中叶就开始在美英等国确立并很快得到国际上的广泛承认和支持。我国自2018年1月1日起施行的《中华人民共和国公共图书馆法》，规定公共图书馆应当贯彻免费服务的原则，免费向社会公众提供下列服务：①文献信息查询、借阅；②阅览室、自习室等公共空间设施场地开放；③公益性讲座、阅读推广、培训、展览；④国家规定的其他免费服务项目。

## 四、图书馆应当成为信息产业的重要组成部分

信息经济的主导产业是信息产业。所谓信息产业，是以信息为资源、以新兴的信息技术为基础，专门从事信息资源和信息技术的研究、开发和应用，生产、储存、传递和营销信息商品（包括以信息设备和器件为主的硬件、以各种载体提供服务的软件及各种类型的数据），为经济发展与社会进步提供有效服务的综合性生产活动的行业。

信息产业主要包括以下几种类型。

（1）信息技术产业。信息技术产业是指专门从事计算机、通信、网络等信息技术软硬件和设备的研究、开发、生产、销售的产业部门。

（2）大众传播媒介。大众传播媒介是指图书出版、报刊、广播、电视等传播事业。

（3）信息处理服务业。信息处理服务业是指以文献信息服务为主要特征的信息处理及传递机构，如各种类型的图书馆、文献中心、信息中心、专利馆、标准馆、档案馆，信息数据存储、分析、研究中心，数

据计算中心等。

（4）信息咨询业。信息咨询业是指以技术咨询为主要特征的信息咨询机构，提供决策咨询、经济咨询、技术咨询、管理咨询、法律咨询、心理咨询等服务。

（5）其他信息传播中介。信息产业还包括其他以发布信息行情为主要特征的机构，如金融业、银行业、广告业等。

（6）教育产业。从信息产业的构成来看，图书馆是信息产业的重要组成部分，其地位十分重要。世界发达国家图书馆事业的发展历程充分证明了图书馆界可在数据服务业、咨询业、技术市场和许可证贸易业、信息处理服务业中大有作为。例如，美国的《工程索引》网络数据库就是在工程期刊图书馆的基础上发展起来的；美国的OCLC联机数据库网络也是在一群图书馆共同努力的基础上蓬勃发展起来的。

然而，在大多数中国人的印象中，图书馆属社会公益事业范畴，与经济和产业概念没有丝毫的关系。这是因为我国图书馆长期在计划经济体制下靠国家拨款运行，经费有限但可以维持，所以很少考虑该如何建立信息产业，如何更好地利用文献资料开发信息资源，如何更好地为国家经济建设服务。市场经济的发展、信息产业的兴起，使这种状况有了较大的改变，但是由于社会信息需求不足、信息市场机制尚未完全形成、产业结构的限制等外部原因，以及图书馆的管理体制、思想观念、人员素质、资金、经营管理等内部原因的综合影响，我国图书馆在信息产业中所能发挥的作用和潜力有待大力开发。

# 2

第二章

# 新时代高校图书馆管理

# 第一节　高校图书馆的特性

图书馆是一个属概念，外延很广。高校图书馆是图书馆的种概念，是图书馆种类中的一个分支，图书馆涵盖了高校图书馆的全部属性，反过来，高校图书馆也具有图书馆这个属概念的基本属性。

## 一、图书馆的性质

### （一）学术性

图书馆工作是科学研究的前期劳动。图书资料是科学研究的物质基础和条件，不管是自然科学研究还是社会科学研究，在正式研究之前都需要掌握丰富的资料，而图书馆系统且完整地保存了记录人类与社会、自然进行斗争的知识的图书资料。图书馆的文献资料工作是科学研究的重要组成部分，为科学研究提供前人在某些方面已经取得的成果，使科学研究在此基础上进行。图书情报工作也是决定科研能力的三要素（科学家队伍的研究能力、实验设备和图书情报工作效率）之一。因此，图书馆工作对科学研究有着较大的影响。

图书馆工作具有极强的学术性。现代图书馆不仅只从事简单的“借还”这种重复性工作，还从事复杂的脑力劳动，如情报、信息的分析、处理、加工、选择，读者分析，读者研究，图书馆各种数据的统计分析等，都离不开大脑的思维活动。图书馆是生产知识的机构，是知识生产

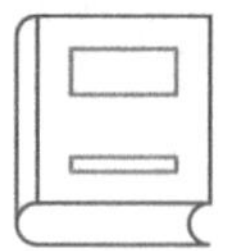



部门，不是物质生产部门，其活动大多是思维活动，而非重复性劳动。图书馆很多工作都具有连续性、继承性、创造性等脑力劳动的特征。与物质生产机构不同，图书馆是一种实践性很强的重要基地、源泉、实验工厂。图书馆工作中的新问题要通过研究来找出解决办法。图书馆拥有大量的图书馆学专业人员，具有一定的学术研究能力，这也是图书馆具有学术性的原因之一。

### （二）教育性

图书馆是一种社会教育机构。它以书籍为手段，提供知识和信息来教育人民。图书馆的教育性质包括两个方面的内容：一是群众的政治思想教育，二是群众的科学文化教育。

图书馆是政治思想教育的重要阵地。列宁认为，图书馆和农村图书室，将在长时期里是对群众进行政治思想教育的主要场所和唯一的机关。在我国，图书馆的政治思想教育性表现在其向读者宣传马克思列宁主义、毛泽东思想，宣传党的方针政策，向读者传播共产主义思想，帮助读者树立正确的世界观和进行社会主义精神文明教育等方面。

图书馆既具有政治思想教育性质，又具有传播科学文化知识、开展科学文化教育的性质。图书馆利用自身丰富的馆藏资源，向读者宣传、提供图书资料，丰富他们的知识，提升他们的文化素质。图书馆是读者自学的场所。图书馆的各种工具书和丰富的藏书为读者自学提供了良好的条件，读者针对自己在工作和生活中碰到的问题进行学习。图书馆教育是一种社会教育，对于提高全民族、全人类的科学文化水平具有重要的作用。因此，即便是在未来的信息社会，图书馆的教育性也不会消失。

### （三）服务性

图书馆作为一种信息产业存在于信息社会之中，属于第三产业。第三产业为服务行业，因此图书馆的服务性较为突出。

图书馆是一种服务机构，它的服务对象是广大群众。每个具体的图书馆都有自己具体的服务对象、服务范围和服务方式。图书馆通过向读者提供图书资料、信息载体、各种设备等来为读者服务。

图书馆是全社会的服务机构，其服务范围覆盖社会每一个角落，为社会上的每一个人提供服务。图书馆是一种社会事业，与其他服务行业不同，其主要职能是免费为读者服务，为读者提供精神产品、知识产品。

图书馆是一种服务性机构，它要求图书馆工作人员不仅要掌握丰富的科学文化知识、图书馆业务知识，熟悉馆藏资源，了解读者的需要，还要有良好的职业道德、全心全意为人民服务的思想及正确的服务态度。只有这样，才能不断提高服务质量，积极为读者服务，充分发挥图书馆在社会发展中的作用。

### （四）社会性

图书馆作为一种为社会公众提供文献资料的公益性文化机构，具有鲜明的社会性。

#### 1. 图书馆是人类社会活动的产物

图书馆不是大自然的馈赠，它是人类社会形成后，人们在实践活动中由于共同的需要而创造出来的。这种创造是一种综合作用的结果，既需要人们的主观需求，也需要客观提供的物质条件。因此，图书馆产生伊始就带有人类社会的标记。在社会发展的过程中，各种社会变革都给图书馆打上了自己的专属印记。随着社会的发展，图书馆的形态不断地演化，在不同的社会形态中具有不同的形态特征。图书馆的活动与人类社会活动密切相关，因此图书馆具有鲜明的社会性。

#### 2. 图书馆事业和图书馆工作具有社会性特点

图书馆事业是一项社会事业，这项事业不是只靠哪个部门就能做好

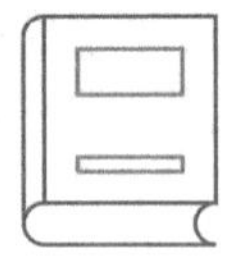



的，必须依靠全社会的力量才能使图书馆事业蓬勃发展。图书馆工作的社会性主要是指资源共享的社会化趋势。现代科学研究的重大课题往往具有综合性和国家规模等特点，而这就需要广泛组织文献信息资源，以充分实现地区范围、行业范围、国家范围，甚至国家之间的文献信息资源共享。计算机技术和互联网技术为图书馆的社会化、网络化和全球化创造了条件，促进了图书馆事业组织的网络化和文献信息资源共享的社会化。

高校图书馆不是一种独立的教学机构或学术机构，也不是一种行政机构或单纯的事业性服务机构，而是为教学和科学研究服务的学术性机构，这种说法全面且准确地概括了高校图书馆的性质。

## 二、高校图书馆的特点

### （一）读者需求的稳定性

高校图书馆的服务对象主要是教师和学生，他们对教学图书的需求特点是由教学工作的特点所决定的。高等学校教育的重点是系统培养大学生的专业知识和专业技能，学校的专业设置、教学计划、课程内容体系等都具有一定的稳定性，这就决定了读者需求的相对稳定性，特别是对专业核心课程教学主要参考书的稳定需要。

### （二）读者用书的集中性和阶段性

高等学校的教学工作是按照教学计划和教学大纲进行的，有统一的进度，这就导致读者用书具有一定的集中性，具体表现为用书时间的集中性和用书品种的集中性，从而造成文献保障的暂时紧张状况。同时，教学工作是分阶段进行的，开学、上课、考试、放假，一个阶段接着一个阶段有节奏地进行，读者对文献的需求也呈现出明显的阶段性特征，在不同的阶段，读者所需文献的种类、范围以及深浅程度都有着显著的差异。

### （三）藏书体系的专业性

一般来讲，高校图书馆根据学校的专业设置、学科发展方向，结合地区或系统文献资源布局的统筹安排，有计划地、全面系统地收藏国内外专业文献和相关文献，建立专业性强、高质量的馆藏文献体系，为满足教学和科研的需要、实现文献资源的共享奠定坚实的基础。

# 第二节　知识服务能力

知识服务以用户的知识需求为导向，动态地搜寻、选择、分析和转化各类知识，建立显性知识、隐性知识和用户交互的知识平台，提供能够有效支持知识应用和知识创新的手段，并帮助用户找到或形成问题解决方案的增值服务。知识服务是建立在高校图书馆传统服务和个性化服务基础上的一种更高、更深层次的信息挖掘和信息服务，通过对知识的获取、积累、共享和应用促进知识的转化。面对教学改革与科技创新的压力，知识服务将成为推动我国图书馆事业发展的新动力。

## 一、高校图书馆的服务活动

### （一）文献提供服务

与公共图书馆一样，高校图书馆的主要文献提供方式也是外借、阅览。然而，高校图书馆用户的特殊需求，尤其是对文献资料的集中需求，需要图书馆采用一些比较特殊的文献提供方式。高校图书馆一般会采用馆内阅览和短期借阅的方式来解决集中需求问题。馆内阅览是指将需求量较大的教学参考书集中起来，仅供馆内浏览。短期借阅是指对需求量大的文献严格限制借阅期限（如 24 小时）。收入馆内阅览或短期借阅部的文献大多是教师指定的教学参考书，因此处于经常变动之中。

20 世纪 90 年代以来，许多图书馆开始探索通过数字化手段解决集中问题的途径，希望将需求量大的文献数字化，并通过计算机网络传输给用户阅览，以冲破时空和复本率的限制。1994 年到 1998 年，英国电子图书馆项目将电子图书借阅的实现技术和版权问题确定为该项目的重点研究领域。虽然这些研究已经积累了许多有价值的经验，但是到目前为止，教学参考书的大规模网上提供仍受到数字化技术和版权许可的限制。

即时文献提供也是高校图书馆常用的一种文献提供方式，主要是指图书馆从本馆的合作馆或商业化的文献传递机构为用户获取本馆未收藏的文献的业务。传统上，这种形式的文献提供一般采用邮寄的方式，但越来越多的文献传递开始采用电子传递的方式。

### （二）参考咨询服务

高校图书馆的参考咨询服务（很多图书馆也称之为信息服务）是图书馆日常服务的重要组成部分。参考咨询服务经常处理的问题包括以下几种：一是关于图书馆使用过程的问题，如确定图书馆藏书的位置，解决硬件、软件和网络问题等。二是用户在工作和学习中遇到的问题，如统计资料、历史事实、人物、事件等。图书馆馆员在处理这类问题时需要迅速地从各类文献中找到用户所需的知识或信息，并在综合分析后提供给用户。三是部分图书馆承担的一些更复杂的文献查询或调研任务，如具体课题的文献查新和文献综述。

### （三）直接参与教学活动

传统意义上，高校图书馆对教学过程的支持和参与主要表现为为教学活动提供参考资料和咨询服务，但是近年来，高校图书馆参与教学活动的范围日益扩大，对教学活动的支持也更加直接。

现代图书馆经常通过以下活动方式参与教学过程：一是在馆内提供

各种教学设施，如计算机实验室、视听室、研讨室等；二是提供教学空间（如教室），为那些需要在教学过程中利用图书馆的课程提供便利条件；三是参与课程设计、远程教育、辅助通用技能培训；四是参与计算机辅助教学课件的开发。

### （四）社区服务

不少高校图书馆亦为所在社区提供一定程度的服务，包括在一定范围内向社区成员开放阅览馆藏和辅助性服务（如复印服务），为社区内的企业提供咨询、文献查询等服务。

## 二、高校图书馆的功能

长期以来，图书馆一直承担着收集、整理和提供使用图书三项基本职能，这三项基本职能是图书馆本质属性的表现，基于此，人们将图书馆与其他机构区分开来。每本书都是有功用的，但只有通过精选把它们集中起来，才能充分发挥书籍的作用。图书馆通过订购、交换、接受赠予等方式将图书集中起来，采用分类、编目等方法对图书进行科学的整理，然后进行流通和借阅，根据人们的需求提供使用服务。高校图书馆附属于大学，因此大学这一母体的性质决定了图书馆必须为教学、科研服务。高校图书馆的主要任务是按设置母体的要求去组织和提供专业信息资源，并根据教学和科研需求来存储、收集和提供知识服务，以满足教师和学生的信息需求和阅读需求。

### （一）教育功能

众所周知，按照大学的教育计划安排，一个大学生四年内只能完成本专业的基础知识和专业知识的学习。想要进一步充实并完善自己的知识结构，拓宽自己的知识面，提高自身的科学文化素质，只能依靠和利用图书馆丰富的文献信息资源进行自主学习。图书馆自主学习的方式既能弥补课堂教育的不足以及专业教育可能造成的人格危机与文化分裂，又有利于大学生按照自身的喜好、目的和方法去获取知识和信息，鉴别和判断不同的学术观点，使大学生在学习知识的过程中开阔视野、陶冶情操，这样不仅可以提高大学生的自学能力和适应能力，也有利于培养大学生的个性特点和创新精神，使其终身受益。进入 21 世纪以来，高校图书馆的教育职能逐步深化，教育范围不断扩大。在全面推进素质教育的新形势下，高校图书馆已成为高校实施素质教育的重要阵地。目前，高校图书馆在培养大学生综合能力方面采取了一些尝试性的措施，但也存在一些问题。作为重要的教育和服务部门，图书馆应努力思考和探讨究竟怎样才能培养出具有创新能力的栋梁之才。新时期高校图书馆可以从科研、思想政治、情报等方面来创新发展其教育职能。

### （二）文化交流功能

高等学校最好的学术交流中心便是图书馆，因为图书馆的学生流量特别大，也是学校中学生最集中的地方，基本上各个院系的学生都有，因此在图书馆举办学术交流活动可谓占尽天时、地利、人和。高校图书馆可以有针对性地开设专题讲座，比如人文讲座或人文教育课，以提高学生的人文素养、升华其思想；开设文学鉴赏、历史等方面的讲座，让学生了解中国文化乃至世界文化的精髓，引导学生关注历史、正视历史，培养他们的历史使命感和责任感；开设科研创新讲座，让学生了解国内外科研发展的最新动态，培养他们的科学创新精神，激发其科研创新热情。这种学术交流活动不仅只局限于邀请大师或名家，学校的教授、教师作为主讲嘉宾，甚至学生也可以在图书馆的报告厅举办学术讲座，也就是说，任何愿意与他人分享知识的人都可以申请在图书馆的报告厅举

行学术讲座。总之，不能让图书馆的报告厅闲置，必须使高校图书馆成为最活跃、最繁忙的学术交流场所，让广大师生每天都能享受到文化交流带来的乐趣。

## （三）信息服务功能

网络化已经深入现代图书馆，数字化是图书馆未来的发展方向。信息化建设为新时期图书馆向广大师生提供信息服务奠定了基础。高校图书馆的服务是多元化、多方位、多层次的服务。多元化的服务要求图书馆创新服务种类；多方位的服务要求图书馆不仅为校内的广大师生提供服务，也要为社会上的机构或人员提供信息支持；多层次的服务要求图书馆针对不同层次的读者提供与之相适应的服务。为了保证科研工作的顺利进行，图书馆可以对专家型科研人员提供主动的信息服务，提高馆员的专业素质和服务素质，建立专家型的图书馆馆员队伍，为广大用户提供最优质的服务。总之，要创新服务手段，采用现代化的管理方法，满足不同层次读者的需求，真正践行“读者第一”的服务理念。

## （四）休闲功能

当今社会不仅是信息社会和知识经济社会，也是休闲社会，休闲已成为人类生活的重要内容之一。因此，图书馆应顺应社会潮流，与时俱进，在努力完善自身原有功能的基础上开发休闲功能，以满足广大读者日益增长的精神文明需求。开发图书馆的休闲功能具有以下几点意义。

### 1. 使枯燥的学习休闲起来

在人们的印象中，图书馆是一个理想的阅读场所，而当人们厌倦了在图书馆里努力学习想要放松时，却找不到放松的适当方式和适当场所。如果图书馆的休闲功能能够得到科学合理的开发，人们就可以在图书馆中享受到学习与休闲的双重乐趣，二者并不矛盾，更不会相互影响。

### 2. 可以提高图书馆的人气

近年来，图书馆人气低迷已经是不争的事实，尤其是一些公共图书馆，可谓门可罗雀。造成这种现象的原因虽然有很多，但与过分抑制图书馆的休闲功能不无关系。积极开发图书馆的休闲功能，对于提高图书馆的人气、拓展图书馆的服务，以及图书馆的自身发展都具有十分重要的意义。

### 3. 有利于促进图书馆的全面发展

在现代社会，人们除了工作和学习以外，还要调节身心、休闲娱乐，而这也应当纳入图书馆的服务视线之中，图书馆也具备这样做的能力和条件。积极开发图书馆的休闲功能，可以使图书馆变得明朗而亲切起来，这为图书馆走入人们的生活、为图书馆的全面发展提供了广阔空间。

## （五）社会功能

对于大多数高校图书馆来说，馆藏的文献信息资源——从传统文献信息资源到数字资源基本上都处于一种独自占据、封闭式应用的状态，也就是说，这些文献信息资源都只为本校的读者提供服务。随着信息技术的快速发展，数字资源在高校图书馆中所占的比重越来越大，这为高校图书馆对外服务提供了可能。首先，应尽量加大信息资源共享的力度和广度。其次，高校图书馆应打破多年来只为本校教学科研服务的格局，拓展为向社会公众提供文献信息服务，图书馆的读者不仅包括学校的教师和学生，也包括社会上的读者；其信息服务对象不仅只是学校的师生，还可以是社会上的机构或人员，在为社会机构或人员提供信息服务时，可以酌情收取一定费用，使图书馆的公益化和社会化协调发展。

自 20 世纪 80 年代以来，在竞争日益激烈的背景下，高等教育机构对图书馆功能的依赖明显增强，在新形势下，高校图书馆的功能可以归纳为以下几点。

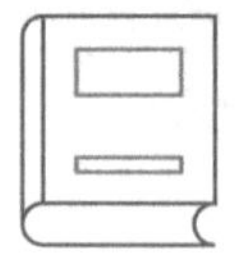



1. 支撑研究过程的功能

通过建设相对全面的期刊馆藏、各种类型的数据库、高效的馆际互借关系和文献传递服务、专业的参考咨询及其他相关服务，满足广大师生及科研人员的科研需求，帮助学校提高其科研生产率。

2. 支撑教学过程的功能

通过建设相对全面的教学参考资料馆藏，加强各系所之间的联系，参与课件开发和远程教育、提供教学设施等活动，为各系所的教学提供支撑服务。

3. 实施教学过程的功能

通过参与课程设计，讲授信息素养课以及其他通用技能课程，直接实施教学过程。

4. 支持自主学习过程的功能

通过培养学生的阅读习惯以及利用文献解决问题的能力、为个人或团体提供合适的自学场所、解决学生在自学过程中遇到的问题等活动，高校图书馆支撑着学生的自主学习过程，培养其终身学习的能力。

5. 开展图书馆学研究的功能

通过开展图书馆学研究项目，高校图书馆已成为图书馆学研究成果的重要来源。

## 三、高校图书馆的职能

高校图书馆是大学的重要组成部分，必须服从于大学的基本职能。大学的基本职能是贯彻执行国家的教育方针，为社会主义现代化建设培养德、智、体、美、劳全面发展的人才。因此，高校图书馆应积极采用现代化技术，实行科学管理，不断提高业务工作的质量和服务水平，最大限度地满足读者需求，为学校的教学和科研提供切实有效的文献信息保障。高校图书馆的主要职能有以下几种。

## （一）教育职能

随着高等教育改革的不断推进，高校图书馆教育功能的内涵和外延也在不断深化和拓展。随着高校教育教学改革的发展，图书馆已逐渐从辅助教学向直接参与教学转变，成为广大师生获取新知识、拓展和调整知识结构的重要渠道，其教育职能主要体现在以下几个方面。

### 1. 配合思想品德教育

贯彻国家教育方针，培养有理想、有道德、有文化、有纪律、“德智体美劳”全面发展的社会主义建设人才。除了收集和提供相关文献信息，图书馆还采取多种形式配合学校有关部门对学生开展思想品德教育，比如通过电子阅览室和校园网提供爱国主义和时事政治等方面的多媒体文献服务，以及图片展览、专题报告、读书讲座、书刊评介等活动，以吸引学生阅读优秀的书刊资料，并通过励志书刊在潜移默化中提高学生的思想文化水平，提高学生的思想道德修养。例如，对于医学生来说，可利用图书馆的资料了解一些医学领域及其他学科的专家学者，如李时珍、钱学森、裘法祖、马海德、南丁格尔等，了解他们如何治学、如何为人与做事，这对医学生的学习与良好的职业素养的养成都有帮助。

### 2. 配合专业教育

除课堂学习外，自主学习也是学生获取知识的重要途径。图书馆是自主学习的主要场所，是课堂学习的延伸、扩展和深入，不管是本科生、专科生还是研究生的培养都离不开图书馆，教师知识更新的文献信息来源同样离不开图书馆。例如，医学院校图书馆不仅要为师生提供全面、系统的医药卫生及相关学科的教学参考资料，还要根据教学需要推荐、报道、传递相关书刊资料，通过电子阅览室、视听阅览室、校园网提供

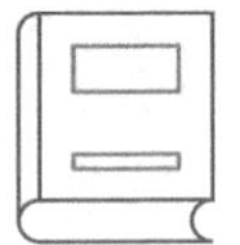



电子文献的阅读、下载服务。另外，一些医学院校图书馆在不同的教学阶段，利用校园网、电子阅览室、视听阅览室等有针对性地提供医药卫生相关多媒体文献服务，其内容涵盖医药卫生的基础医学、临床医学等各个学科。这些多媒体文献由各医学院校等单位的专家、教授及相关技术人员共同研发，具有较强的科学性、针对性、实用性和艺术性。由于多媒体文献生动形象，学生可以在轻松愉快的氛围中学习相关知识和技能，拓展深化课堂学习，以弥补课堂教学条件的不足，形成课堂教学与课外学习的有机结合、相互促进。

3. 扩大学生的知识面

现代科学技术正在以惊人的速度发展，近百年来的发明和发现比过去两千年的总和还要多。现代科学技术学科间相互交叉和渗透，只有通过综合教育拓宽学生的知识面，提高学生的整体知识水平，才能适应现代科学技术发展的需要。以医药卫生为例，疾病的发生、流行、诊断、治疗和预后，涉及自然科学、社会科学等方面的相关知识，教科书和教师的课堂讲授难以详尽阐述或未涉及，这就需要通过课外阅读进行拓展与深化。

4. 进行信息素养教育

信息素养（Information Literacy），又称信息素养。这一概念于 1974 年美国信息产业协会主席保罗·泽考斯基（Paul. Zurkowski）首先提出。信息素养的内涵为“利用大量的信息工具及主要信息源，使问题得到解答的技术和技能”。1983 年美国信息管理专家霍顿（Forest W. Horton）预测，计算机在信息时代将体现其潜在的价值，他建议教育部规划、督促学校开展信息素养教育，以提高人们对联机数据库、通信服务、电子邮件、数据分析及图书馆网络的使用能力。不久，美国各类学校开展了形式多样的旨在培养学生信息素养的教育课程与相关活动。1996 年，美国教育部总结评价信息素养教育的成效认为，“这种知识已成为一个人的基本技能，正如读、写、算一样”。可以说，信息素养在发达国家已成为各类人才基本素质的重要组成部分。

5. 有利于创建文明社会

高校图书馆开展社会化服务，有利于带动全民学习气氛，提高民众综合素质。作为重要的信息传播部门，高校图书馆应为相关企业和产业发展提供信息帮助，以带动经济增长，推动文明社会建设。

一些高校图书馆的社会化服务吸引了附近社区的居民参与，增加了社区居民的活动，激发了社会读者参与阅读的热情，增添了居民生活的乐趣，也营造了良好的生活氛围。一些高校图书馆对于权限的开放，使诚信借阅广泛开展，推动着精神文明建设的不断发展。

6. 促进企业良性竞争

高校图书馆作为信息集散地，要始终与社会发展联系在一起，及时更新馆内文献信息，为企业提供最新的咨询服务，以保障社会发展。

在信息社会，占据大量生产资料并不代表拥有了一切，信息在生产过程中具有决定性因素。高校图书馆的馆藏资源蕴含着丰富的科学技术知识，可以为企业提供最新的咨询信息。例如，在新产品开发前期，企业可以利用高校图书馆的咨询服务来了解当前的行业信息，并根据有关情况分析企业所处的形势，以免企业在未知领域走弯路。

一些院校在高层次人才引进方面，很多硕士生导师和博士生导师开展多个项目研究并取得了研究成果，但缺少向社会传递的平台。高校图书馆可以建立信息平台来推广这些研究成果，以促进项目开发。例如，中国海洋大学图书馆成立了海洋专业研究委员会，并建立了相关平台，为海产品加工企业提供了相关的研究成果，加强了校企的交流与合作。

7. 促进与政府机关的合作

政府机关在施政和决策时需要掌握一定的社会信息，下属部、委、

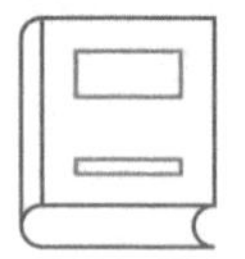



局、办公室在信息检索方面面临着巨大的困难，信息分布在各个领域，零散而难以整合。政府部门的工作效率直接影响着社会的发展，相关研究报告、数据、总结需要专业文献资源做支撑，政府机关意识到高校图书馆具有较强的信息分析与处理能力，因此高校图书馆逐渐成为政府的合作方。将政府拥有的信息资源与高校图书馆的信息处理能力相结合，为高校图书馆的社会化服务开辟了一条新的道路，为社会的发展和政府执政能力的提高做出了巨大贡献，减少了政府的工作量，为今后高校图书馆社会化服务的发展做了良好的铺垫。

8. 提高图书馆的地位

高校图书馆开展社会化服务，一方面获得了社会读者的认可与支持，有利于提高其声誉和增加发展契机，加强高等学校与当地文化的交流，逐步提升高校图书馆的社会影响力，产生良好的社会效应；另一方面，鼓励图书馆工作人员不断扩大知识面，提高与社会合作的能力，优化工作效率，以便更好地开展社会服务工作。高校图书馆接触多元化的社会读者，开拓更多的合作渠道，可以不断加强自身的社会影响力。例如：通过校企合作与沟通，提供专业化咨询服务，增进与企业的交流；为农民和普通工人提供服务到家；针对不同层次、不同的读者群体开展特色培训班；等等。

9. 增强社会教育职能

教育是一项以传授文化知识为核心的社会活动。狭义的教育，专指学校教育，广义的教育则指包括家庭教育在内的各种社会教育。自古以来图书馆便是重要的国家教育机构。古代的皇家图书馆和著名的图书馆不仅是藏书万卷的场所，也是培养国家官员的地方。在现代社会的教育活动中，图书馆教育具有更广泛的意义。

图书馆作为一种基本的教育机构，有着更广泛的社会意义。图书馆向社会全体成员敞开大门，是社会教育和学习的中心，是一所没有围墙的学校，是人们进行终身教育的重要基地。图书馆是高校的基础教育设施，被称为“大学的心脏”“学校的第二课堂”，直接承担着培养人才的重要任务；图书馆的这种社会教育职能，主要通过为读者提供丰富的馆藏资源和开展各种活动来实现。图书是老师，书中所记录的系统知识是教育内容，人们通过自学问读，从中受到教育，而图书馆丰富的馆藏文献为组织公众学习开辟了广阔的天地。开展多种形式的文化活动和咨询活动，可以增强图书馆的教育功能。

开发智力资源也是图书馆社会教育职能的重要体现。开发智力资源有两层含义：一是开发馆藏文献资源。馆藏文献并不能在同一时间内被读者全部利用，其中有许多文献长期放置在书架上无人问津，造成了智力资源的浪费。图书馆及时、准确地揭示馆藏文献资源的内容，激活此类文献资源，提高文献信息的利用率，从表面上看是开发了文献资源，实际上文献摄取是可以转化为智力资源的。二是开发读者的智力资源。图书馆通过各种创造性劳动开展丰富多彩的培训、讲座等活动，开发了读者的智力，培养读者利用文献的能力和科学思维能力。

### （二）文献流整序职能

文献的产生具有连续性和无序性两种特征。文献流是源源不断涌现的，这指的是文献产生的连续性。文献的流向，从个体上看是有目的的、自觉的，但从整体上看则是无目的的、不自觉的、分散的、多头的，有时甚至是失控的，这就导致了文献的无序状态。文献的无序性主要表现在以下几个方面：①社会文献的生产数量越来越多，增长速度越来越快；②文献内容复杂多变、交叉重复；③文献所用语种增加。这些都直接影响到文献无序状态的加深，使得文献的流向更加分散。分散的一种图书、一种期刊或一篇论文虽然有一定的能量，但只有当它成为一个文献集合体的一部分时才能充分发挥其中潜藏的能量。由此可知，文献经过图书馆整序而形成的作用是不可估量的。

图书馆的整序职能主要是通过对馆藏文献的分类、编目、典藏等手段来实现的。整序的实质是组织和控制。没有了整序职能，图书馆的性质就无法得到体现，图书馆也就失去了存在的价值。

### （三）信息传递职能

高校图书馆具有信息传递职能，该项职能具体表现为传递馆藏文献信息和传递导向性文献信息两个方面。

1. 传递馆藏文献信息

图书馆通过编制各种目录、题录等检索工具，向读者们及时揭示、报道最新的馆藏文献信息，以最快的速度向读者传递图书、期刊、光盘、数据库等文献信息，使读者能够第一时间获得相关馆藏文献信息。

2. 传递导向性文献信息

图书馆通过索引、文摘、综述、述评、书评等形式向读者推荐内容积极健康，且兼具知识性、科学性、趣味性的各类好书、好刊、好文章，开展导读活动，形成并坚持正确的舆论导向，既满足了读者的各种信息需求，又顺应了时代潮流和科学精神，符合社会发展的总体趋势。

### （四）丰富人们的文化生活的职能

健康的文化娱乐活动是人类社会生活的重要组成部分。除了工作和睡眠，人们的业余生活占据了人们 1/3 的时间。如何分配和利用这 1/3 的时间，与一个人的道德修养、文化素质、精神状态及身体健康状况等都有着密切关联。图书馆是人们文化生活不可或缺的组成部分，而且其形式灵活多样，因此更能引起人们的兴趣，更能全面地满足读者的精神文化需求。

图书馆是一所社会大学，它拥有丰富的文献信息资源，拥有学科专著，也拥有众多的文艺名著、科普读物、报纸杂志等。人们可以从图书馆借阅自己喜欢的书刊，也可以到图书馆看看图书，享受读书的乐趣。特别是现代的图书馆，不仅收藏传统的印刷品，开展图书流通借阅，还配备唱片、录像、录音、幻灯、电影、电视等设备和资料，举办各种活动，使读者扩大眼界、增长见闻，丰富了读者的精神生活。

### （五）搜集和保存人类文化遗产的职能

图书馆作为保存民族文化财富的机构，承担着保存人类文化典籍的重任。世界上一些历史悠久的大型图书馆都是保存人类文化遗产的宝库。许多国家专门制定了保护文化遗产的政策法令和图书出版物的呈缴本制度。因此，搜集和保存人类的文化遗产，是图书馆不可推卸的社会责任。在当今社会，图书馆要搜集、保存各种文化传播载体以及人类创造的一切知识形态，且随着人类社会的不断发展，图书馆搜集人类文化遗产的范围将进一步扩大。

搜集和保存人类文化遗产的职能，是图书馆履行其他职能的基础。现代图书馆的保存职能更多体现在对文献的利用上，因为保存的目的是更好地利用。

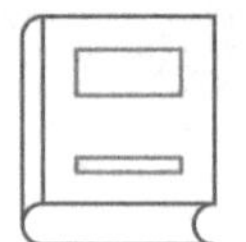



# 第三节　高校图书馆阅读推广

在数字化的今天,高校图书馆是为高校师生丰富内涵、提升教学质量、开展科学研究、传播知识信息服务的学术机构，是高校教育不可忽视的重要组成部分和文献资源中心，是学校阅读推广活动的主要力量。

## 一、阅读与阅读推广

阅读是一个意义深远的过程，它不但承担着传承民族文化与文明的使命，也是人类进步与发展的永恒主题，这一活动不但关系到个人的成长，还会给一个民族和一个国家的进步与发展带来深远的影响；而阅读推广是提升民族文化素质、促进社会文明发展的重要手段之一。

### （一）阅读与阅读推广

阅读是公众学习的一种方式，是通过图书、报刊、网络等媒介获得知识的过程；阅读推广是图书馆等社会机构指导国民阅读和推动社会阅读的一种行为。从宏观上说,阅读和阅读推广都是公众阅读范畴内的工作；从微观上说,阅读和阅读推广处在公众阅读工作的不同层面。因此，它们之间既有着不可分割的联系，也有着内容和方式上的区别。

1. 阅读

阅读其实是人从相关实体媒介中获取信息的一个过程。这些媒介包括的信息有图表、符号和公式等多种形式。这个信息获取过程是主动的，它会受到行为人主观意识的左右。

什么是阅读？我们该如何理解人类的阅读行为？给阅读下一个简单且全面的定义，事实上非常困难。我们不妨先来看看文献中一些比较有代表性的定义。

《中国大百科全书·教育》将阅读定义为“一种从书面语言中获得意义的心理过程”。

杨治良认为，“阅读是指个体从印刷文字、图画、图解、图表等书面材料获取信息或意义的过程。个体在阅读时，通过把文字等符号的视觉信息与头脑中已有的知识经验不断进行比较、预测、判断、推理和整合，从而理解文字等符号所表达的意义”。

王余光、徐雁认为，“阅读指一种从书面语言和其他书面符号中获得意义的社会行为、实践活动和心理过程。阅读首先是作为一种特殊的交际方式而存在的社会现象，具有行为的社会性。它是以书面材料作为社会交际的中介的。‘作者—文本—读者’是构成一个完整的书面交际过程的三个基本要素”。

在胡继武看来，“阅读就是从信息符号中获取意义的一种复杂的智力活动”。

阅读这种活动很久之前就融入了人们生活的每个角落，针对这种情况，学术界从不同的方面和角度对它进行了不同的阐述。国外学者吉普森认为阅读是一个意义提取的过程，我国该领域的学者张怀涛认为阅读是一个行为过程，是通过相关环境来对相关信息进行记录的活动和过程，是一个由“看”到“理解”的心理过程。

### 2. 阅读推广

与“阅读”类似，学术界对阅读推广也并未有明确的定义。从字面意义上来看，阅读推广就是对阅读进行推广或促进。范并思曾有针对性

地点明，在当前的时代背景下，该活动不但有利于个人素质和修养的提升，还能有效提升人们的竞争力。

闻德峰认为，“活动的目的在于培养民众的阅读兴趣，鼓励民众从事阅读行为，养成民众的阅读习惯，进而普及社会风气，这些均属于阅读活动的范围”。

由于阅读活动具有广泛性、灵活性、可拓展性等特性，所以阅读的含义有狭义和广义的区分。狭义的阅读主要是指围绕阅读进行的一个具体的阅读活动。例如，城市组织读书节，图书馆组织阅读征文比赛，学校组织读书会，等等。广义的阅读包括以阅读为中心的广泛的文化活动和事业，如普及阅读立法的发展、城市书店或高校图书馆的建设、学校的“阅读学”课程大纲等。

“阅读推广”，顾名思义是促进阅读，是通过社会组织或个人来促进人们阅读相关活动的开展，即有益于个人和社会的阅读活动的开展；是社会组织或个人为了促进阅读这一独特的人类活动，运用适当的方法和手段扩展阅读的作用范围，让人们更愿意参与更多的阅读活动。

## （二）阅读推广的特点和主体

阅读推广内涵丰富，泛指文献信息资源本身或者文献信息资源所承载的思想、方法和理论推广。阅读推广的主体指具备主动传播文献信息资源，长期组织、策划或实施阅读引导活动的人、机构或组织。

### 1. 阅读推广的特点

阅读推广具有以下特点。

（1）文化传承性。

阅读推广是利人利己、利国利民的长远兴邦之计，关乎民众的文化内涵和国家的竞争力，任何组织形式的阅读推广主体都需要树立高度的文化自觉意识。

（2）公众参与性。

阅读推广是面向最广泛人群开展的文化传播活动，各个领域、各个层面的人都需要被涵盖，参与的人越多、被影响的人越多，社会效益就越突出。

（3）社会公益性。

以谋求文化传播、知识服务的社会效应为目的，坚持开放、平等、非营利的精神，并有必要面向阅读有困难的人重点开展服务。

（4）定位多向性。

不同阅读推广主体对阅读推广的定位有所不同。例如，政府是作为发展战略而部署，企事业单位是作为组织文化而培育，学校是作为教育手段而组织，图书馆是作为事业而开展，个人是作为爱好而参与。

（5）主动介入性。

阅读推广主体一般要组织不同规模的读书活动，主动激发、引导、促进读者读书，并可以主动了解读者的阅读需求，以促进、影响读者的阅读选择。

（6）成效滞后性。

阅读推广活动作用于社会个体之后，需要在社会个体经过思考、实践之后方能获得成效，且这种成效是隐性的；这种成效再转化为社会成效，这个环节更是难以观测和量化。

### 2. 阅读推广主体

阅读推广主体即阅读推广主体，是指在阅读推广过程中发起并承担主要责任与义务的社会组织或个人，包括各种阅读推广活动的倡导者、组织者、实施者、支持者等。阅读推广主体具有社会性、能动性、多元性、合作性等特点。研究阅读推广主体，主要目的是明确“谁来推广”的问题。阅读推广主体涉及不同的社会力量，每一种社会力量都是显性或隐性的阅读推广力量。

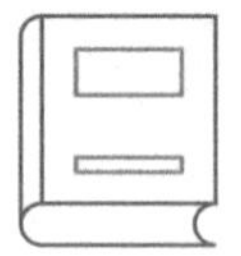



（1）主体的多层分担。

从纵向上来看，阅读推广主体分布在从国际组织到社会个体的各个层级。

①国际组织。阅读关系着人类发展，阅读推广自然成为世界性话题，受到国际组织的关注。例如，成立于1955年1月1日的国际阅读协会（International Reading Association，IRA）是一个国际性的非营利性阅读推广专业组织，旨在提高人们的阅读水平，倡导终身阅读习惯的养成，加强阅读指导，促进阅读问题的研究。

②国家及各级政府。国家及各级（省、地市、县区、乡镇）政府可以利用自身影响力和权威性制定相关政策，协调各方面阅读资源。很多国家将阅读推广作为国家战略和国家工程来开展。例如，美国于1997年开展了“阅读挑战”运动，1998年通过了《卓越阅读法案》；英国1998年提出了“打造一个举国都是读书人的国度”口号，确定当年9月到次年8月为“读书年”；俄罗斯于2006年启动了“培养读者兴趣，鼓励年轻人读书”的项目，2012年制定了《民族阅读大纲》。

③社区。阅读推广活动在社区开展，有益于家长、子女共同参加，为居民在家门口读书提供了便利条件，拉近了邻里之间的关系。

④家庭。对子女阅读而言，家庭的氛围、父母的示范无可替代。中国优秀的“耕读传家”传统、风靡英国的“阅读起跑线”计划，值得每一位家长学习借鉴。

⑤社会个体。无论是社会名人还是普通公民，都可以为阅读推广尽心尽力。无论是哪一个层级、哪一个行业开展阅读推广活动，最好都是由具有专业素质的“阅读推广人”来承办，这样才能够保障阅读推广的水准和质量。

（2）主体的多元分布。

从横向上来看，阅读推广主体分布在社会中的各个行业和领域。

①教育机构。教育机构包括幼儿园以及从小学到大学的各级各类学校，不同教育层次的受教育者需要不同的阅读推广方式。

②出版机构。出版机构为全民阅读提供材料，是开展阅读推广的主力军之一。

③书店。让书从出版社流向读者，书店是重要的营销渠道。书店面向读者开展阅读推广可以收到良好效果。

④图书馆。图书馆的所有活动都是围绕着人类阅读开展的，具有公益、平等、开放、共享等理念与措施。图书馆是开展阅读推广的主阵地之一，图书馆馆员是开展阅读推广的主力军之一，图书馆阅读推广服务是服务内容的新深化、教育职能的新升华、未来运行的新常态、文化使命的新表达。

⑤民间组织。以阅读推广为使命的民间组织，往往以“读书会”“书屋”“读书沙龙”“读书基金会”等形式出现，如英国的“阅读社”、德国的“阅读基金会”、中国淮安的“目耕缘读书会”等。

⑥虚拟阅读社群。网络空间里的以阅读分享为目标的虚拟团体，是传统读书会在网络中的再生和拓展，如“豆瓣读书”。

⑦企事业单位。企事业单位开展学习型组织建设，读书是重要的措施。利用企业文化激发职工斗志，积极引导职工扩大知识“容量”，大力开展职工读书活动，营造“好读书，读好书”的氛围。

⑧媒体。媒体开展阅读推广具有受众多、覆盖面广、影响大的优势，很多关于读书的电视节目、报刊栏目在社会上都有很好的声誉。

⑨服务业。不同的服务业有不同的服务人群，如果能融入读书的元素，会使自己的服务别有一番文化气息。

### （三）阅读推广的对象和意义

阅读推广即推广阅读，就是“激发人们对阅读的热爱”，目的在于

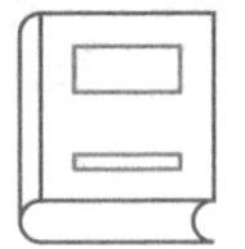



使读者更好地阅读，推广个人阅读经验，发现阅读的乐趣。

1. 阅读推广对象

阅读推广对象是指阅读推广的目标群体。阅读推广对象具有受众性、广泛性、差异性、反馈性等特点。研究阅读推广对象，主要目的是明确“向谁推广”的问题。阅读推广要面向全体社会大众，因而有必要清楚地了解不同人群的阅读特点，以便有针对性地开展阅读推广活动。

（1）从阅读需求的角度来看阅读推广对象。

每个社会个体都生活在一定的社会环境中，人的性别、年龄、性格、爱好、行为习惯、能力、教育水平、心理问题等个体特征，以及生活经历、职业、经济水平、社会地位、价值观念、文化背景与层次、民族传统等涉及社会生活的各个方面，如果有相同或相似之处，就有可能存在相同或相似的阅读需求；反之，就有可能存在相异或相反的阅读需求。在开展阅读推广时应该认真分析，以便采取适宜的阅读推广方案。

①同质人群。同质人群是由特点相同或相似的个体组成的群体。例如，在一个组织机构中，其成员一般会有相同的工作任务、相似的能力条件、相近的学习环境，在开展阅读推广活动时，就可以根据阅读目标，指定必读书目，邀请共同的辅导老师，规定一致的阅读方式。这样，个体之间往往会产生共同的阅读话题，也容易形成共同的态度和气氛，并能够相互理解和支持。

②异质人群。异质人群是由特点不同而又互相依赖的个体组成的群体，是与同质人群相对而言的。例如，在一个组织机构中，其成员往往具有性别和年龄的差异、性格和爱好的区别、专业教育和层次的距离、工作内容的分工、职业期望值的不同，在开展阅读推广活动时，就应允许各个成员除了阅读必读书目以外，还可以根据自身特点广泛阅读图书，这样就形成了不同的阅读局面。

（2）从阅读环境的角度来看阅读推广对象。

人们所处的阅读环境往往发展不平衡，读者的经济能力不同、可用的阅读资源不同，客观上会对其阅读行为有所影响。“最小努力原则”揭示了“人们希望付出最小代价来获得最大效益”的心理现象，一般而言，当一个人在居住地的图书馆及书店不能方便地借到一本书，或在网络上不能轻松地打开或下载一本书时，很有可能会放弃阅读这本书。阅读推广主体实际上更应该帮助阅读的弱势群体缩小“信息鸿沟”。

①方便人群。方便人群是指可以方便地获得阅读资源的人群。他们在日常的活动空间内既可以方便地利用图书馆及书店，又可以顺畅地利用网络和数据库，如研究机构人员、高校师生、机关工作人员等。

②不便人群。不便人群是指必须通过一定努力才能获得阅读资源的人群。在他们日常的活动空间内，图书馆、书店距离居住地或工作单位较远，可以利用的网络资源和数据库资源较贫乏，如中小企业员工、乡镇居民等。

③困难人群。困难人群是指通过自身努力也难以获得阅读资源的人群。在他们日常的活动空间内，图书馆、书店与之距离十分遥远，且基本上没有可用的网络资源、数据库资源，如老少边穷地区的居民、大山里的孩子、农村留守儿童、农民工及其子弟。

（3）从认知水平的角度来看阅读推广对象。

阅读推广对象的认知水平和阅读能力不同，阅读推广主体所采用的阅读推广方案、施加的阅读推广力度亦当有所不同。

①高端人群。高端人群是指能够超常进行阅读的人群。他们具有强烈的阅读意愿，具备良好的阅读能力，熟悉各类阅读资源。针对高端人群开展阅读推广的主要目的是帮助他们获知最新的阅读资源信息，及时掌握最新的检索系统。

②普通人群。普通人群是指能够正常进行阅读的人群。他们具有一定的阅读意愿，具备较好的阅读能力。针对普通人群开展阅读推广的主

要目的是帮助他们提升阅读品质，使其更充分、更有效地利用阅读资源。

③特殊人群。特殊人群是指不能正常进行阅读的人群，如缺乏阅读意愿的人，文化程度低且阅读能力差的人，因信息技能不足而不会利用数字资源的人，因残障、疾患、体衰等原因而影响阅读的人，因年幼或衰老而无法正常阅读的人。对此，阅读推广提供的应是一种介入性更强的建立、改造、重塑个人阅读行为的服务，或者能够帮助他们提升读写能力与信息技能，或者能够实施有效的阅读救助。

2. 阅读推广的意义

人类阅读带来的积极影响是多方面的，但其最本质的作用和价值是从历代积累的和最新产生的阅读资源中获取信息，从而使每一位参与阅读的社会成员得以增进知识、提升智慧、愉悦身心、修养品行、成就事业；社会成员的进步最终必然促进社会整体的发展，具体表现出来的效应就是传承文化、教化民众、开发智源、促进创新、助力生产，进而提高全民族的阅读水平，提振全民族的精神力量。

在“通过阅读增强个人力量，进而增强民族力量”的发展理念中，阅读是提高人口素质和国家实力的引擎。作为社会发展的重要条件之一，阅读缺位或阅读弱化就会引发一系列社会问题。根据管理学中的“短板理论”和中医学中的“补缺理论”，阅读推广的意义不言自明。

（1）促进社会成员阅读素养的提升。

保障公民的阅读权利，让更多的社会成员（包括现实读者和潜在读者）更加爱读（认识书的价值和阅读价值，增强阅读兴趣与动机）、多读（博览群书，深刻理解）、会读（确立适宜自己的阅读策略与方法）。

（2）提高阅读资源的利用程度。

让阅读资源（包括纸质资源和数字资源）这一人类创造的文化成果得以充实、有效地开发，使之更加序化（有利于便捷而快速地阅读）、活化（使古今中外的阅读资源流动起来，流动得越快，其价值和效益越高）、优化（使读者在相对的时间内读到最适合自己的阅读资源）。

（3）促进全民阅读风尚的良性转变。

让全社会重视阅读、参与阅读、实实在在阅读，使阅读风气更好（要形成全社会崇尚知识、热爱读书的良好氛围）、阅读保障更强（社会各界积极主动地支持全民阅读）、阅读责任更明（政府对全民阅读的投入要有法律方面的强制性规定）。

## 二、高校图书馆的阅读推广

开展阅读推广活动能提升高校图书馆的服务质量。高校图书馆开展阅读推广活动不仅可以提高资源的利用率，而且能够提升图书馆在师生心目中的形象和地位，一项阅读推广活动的成功能够提高读者对图书馆的满意度，从而促使图书馆进一步提升服务质量，根据读者需求提供更多更好的服务，得到广大师生的认可。

### （一）图书馆阅读推广

图书馆拥有体系成熟、布点广泛、资源富集、专业化程度高的文化基础设施，自然而然也就成为阅读推广的核心力量之一；但是，图书馆的阅读推广和新闻、出版、广播、电视行业的阅读推广又有所不同，因此图书馆界常用的一个词是“图书馆阅读推广”。

图书馆阅读推广是指图书馆通过精心创意、策划，将读者的注意力从海量馆藏引导到小范围的有吸引力的馆藏，以提高馆藏的流通量和利用率的活动。

图书馆阅读推广的上述定义，首先规定了图书馆阅读推广的关键要素是“创意”“策划”。这是近年来所有参与图书馆阅读推广活动的同行的同感，大家普遍认识到，阅读推广活动和以前的图书馆新书推荐等

活动的最大区别，就在于其活动具有创意性，不论是成立跨部门团队还是成立新部门，大家都感觉这个团队、这个部门很像公司里的广告设计和创意部门，所开展的阅读推广活动，只要创意到位了，就等于成功了一大半，创意是开展阅读推广的前提。

其次，上述定义说明图书馆阅读推广的本质是“聚焦”，就是将读者的注意力从海量馆藏引导到小范围的有吸引力的馆藏，凡是锁定一小部分有吸引力的馆藏进行宣传推荐的，都属于图书馆阅读推广。至于推荐哪部分有吸引力的馆藏，可以配合学校的教学科研和学科建设来确定，也可以通过读者调查来确定，还可以根据馆员的猜想和推断来确定，不论是新书推荐、好书推荐还是优秀博士论文成书推荐，都是为了吸引读者关注馆藏中有吸引力的一小部分资源。至于哪些馆藏算是有“吸引力”，则很大程度上取决于图书馆馆员挑选馆藏的独特角度和文案的巧妙宣传。国外曾有图书馆只是把封面颜色一样的书挑出来，比如把红色、黄色、绿色封面的书按颜色集中在一面书架上，放在显眼的位置推荐给读者，以引起读者的兴趣。深圳职业技术学院图书馆把从来没有借阅过的书挑选出来，以“谁都没有借过的书”为主题进行展览，从而激发读者的挑战欲望，最终提高了这批书的借阅率。清华大学图书馆每月根据重大历史纪念日和重要时事挑选相关馆藏，在显著位置推出“专题书架”，极大地方便了读者了解历史和现实，受到师生的一致好评。这些活动皆是根据“舍大取小”的原则推介部分馆藏，所以都在图书馆阅读推广的范畴内。

最后，图书馆阅读推广与其他行业的阅读推广的最大区别在于，其阅读推广的直接目的是提高馆藏的流通量和利用率，该直接目的达到后才能间接发挥培养读者的阅读兴趣、阅读习惯以及提高读者的阅读质量、阅读能力、阅读效果的作用。报刊、电视、网络可以推广全国出版社出版的任何一本书，图书馆却不能如此，它必须推荐自己的馆藏。如果它要推荐一批年度新书的话，在推荐之前首先要检查本馆的目录，把没有采购的新书尽快补齐，或者边推广边补充，否则图书馆推荐的图书自己都没有收藏，读者又如何利用？对图书馆而言，岂不是自我矛盾、欺骗读者？

掌握了以上三点，就很容易判断图书馆阅读推广的边界，很容易将图书馆阅读推广与图书馆的其他活动区分开来。比如：新书推荐是引导读者聚焦小范围的有吸引力的馆藏的活动，如果其形式新颖，则可称之为图书馆阅读推广；图书馆阅读推广属于图书馆宣传，但是如果图书馆的一项活动只是整体上宣传图书馆的历史、建筑、馆藏，而不聚焦于某部分馆藏，那么该项活动就只是图书馆宣传，而不是图书馆阅读推广；图书馆举办的展览活动，如果展览的目的是吸引读者利用展览涉及的馆藏，那么这项展览就是图书馆阅读推广，倘若展览涉及的文献本馆大多没有收藏，或者展览的内容和本馆馆藏无关，那么这项展览就不能称为图书馆阅读推广；图书馆开展的信息素养教育，因为其目的是引导读者面向全部馆藏精准检索自己所需要的文献，指向的是唯一的馆藏或知识单元，而不是小范围的馆藏，且指向的不一定是有吸引力的馆藏而是对读者最有用的馆藏，此外，教育的目的是提高读者的检索能力而不是阅读能力，所以也不能称之为阅读推广。

总之，图书馆阅读推广主要是依靠富有创意的活动形式来提高读者的阅读兴趣，依靠优良的空间和氛围帮助读者养成阅读习惯，依靠科学的馆藏发展政策保障读者的阅读质量，以海量馆藏带来的压迫感和信息素养教育帮助读者提高阅读能力，依靠组织有序、体系完备的馆藏增强读者的阅读效果。

### （二）高校图书馆的阅读推广

大学是人生的重要时期，用来专心读书、学习，为今后的发展打下

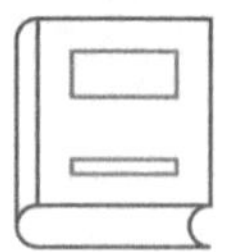



基础。如今我国的大学生在阅读方面最突出的表现就是缺乏积极性。随着网络的发展与进步，越来越多的大学生开始由原来的书本阅读转变为电子阅读，而且多为内容通俗的快餐式阅读，整体阅读量在下降，但是功利性和目的性在提升。更为严重的是，随着他们对该活动兴趣的逐渐减少，其阅读也呈现出越来越严重的强迫性特征。

当今社会有太多的诱惑干扰大学生的阅读，在这样一个复杂的背景下，让大学生自主阅读显然是不现实的。高校图书馆馆藏资源丰富，且在高校文化传播中具有特殊地位，这决定了这一机构对于促进大学生的阅读有着极大的影响作用。高校图书馆在满足大学生文化休闲等相关需求的同时，还担负着保存历史文化遗产和促进文化发展的使命。

高校图书馆阅读推广的概念可以表述为该机构利用自身配套设施和资源开展的一系列相关的阅读活动。这一过程其实是图书馆和读者之间的一种双向互动。该机构在媒介、平台、海报和公告等的帮助下，将相关文献资料或图书等信息传达给读者，读者在接受这些信息并完成相关阅读任务后将自己的收获反映给该机构，之后图书馆会根据相应的反馈信息对阅读推广工作进行有针对性的总结和优化，进而促进读者和图书馆双方的同步发展与提升。各大学通过相关工作引导大学生热爱阅读、学会阅读，并在阅读中学会思考，只有不断推进阅读推广工作，才能激发大学生的阅读热情，进而形成一个浓厚的阅读氛围，以促进学习型社会的形成。

### 1. 高校图书馆阅读推广的作用

人们从未像高校图书馆阅读推广一样对学习和教育等方面投入这样大的关注。当前推进学习型社会的建设已经被明确列为我国小康社会的主要任务之一。当前网络技术和电子设备越来越先进并得到普及，计算机、手机等多种媒介成为人们常用的阅读工具，而且整体阅读量在下降，阅读的目的性越来越强，当前学生借阅最多的还是考试类的图书资料。过去那种静心捧书阅读的情境已经消失不见，越来越多的学生在阅读的时候抱着强烈的目的性和功利性。

在当前的社会背景下，通过相关活动来推动图书馆育人作用的发挥具有极为深刻的意义。作为高等教育的重要组成部分，图书馆通过阅读推广相关活动不但能展现和履行自身相关功能和义务，还能有效完善学生的知识体系，从而保证他们获得全面的提升与发展。大学是学生教育生涯的一个重要过程和阶段，这一时期的经历将极大地影响他们的文化与生活的水平和质量。文化知识是该时期的一个重要教育方面。当前社会最需要的是复合型人才，作为学生获取知识的关键性机构，图书馆必须提高对素质教育和人才培养等工作的重视程度，要大力进行该方面的推广活动，让更多的学生远离网络并养成读书的习惯，从而有效提升其文化素养。

图书馆开展的阅读推广活动可以有效帮助学生养成健康的阅读习惯。受多种因素的影响，如今很多大学生不管是阅读的能力还是阅读的数量和质量都严重地降低了。在这种情况下，高校图书馆开展阅读推广活动能够对学生进行积极的引导，从而帮助他们养成健康的阅读习惯，最终帮助他们积极健康地成长。

从整体上来讲，高校图书馆开展的阅读推广活动其实是全民阅读推广极其重要的组成部分。很多国家已经明确将推广全民阅读活动列为一项关键的政府职能，我国则将该活动确立为小康社会的一项重要任务。高校图书馆的阅读推广活动会推动国家在该方面的发展。

### 2. 高校图书馆阅读推广的实施

在高校图书馆进行阅读推广会受到多方面因素的影响。图书馆应坚持以师生为中心，进一步加强条件设施和图书资源建设，加强馆校合作，提升图书馆建设与服务水平，建立高校图书馆阅读推广工作机制。

（1）明确主旨。

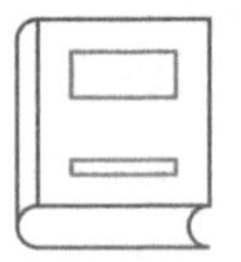



任何阅读推广主体开展阅读推广活动都很困难，也无须做到面面俱到、人人兼顾，重要的是应该有明确的主题、恰当的定位、既定的目标、鲜明的特色。阅读推广活动主旨既可以围绕中国优秀传统文化的传播进行，也可以体现时代精神，还可以结合所面向的客体、对象的特点确定。确定阅读推广主旨应做好前期调研工作，了解阅读推广对象的阅读状况、需求、期望与兴趣趋向。

（2）创造条件。

阅读有赖于高质量的阅读环境的支持，相应的硬件和软件是开展阅读推广活动必不可少的基础，也是全民阅读事业可持续发展的重要保障，因此如何有效利用阅读资源是阅读推广主体需要着重思考的问题。阅读推广活动与许多因素都有直接或间接的关系，包括书刊、经费、物资、场地、人员、网络、时间、活动方式、管理制度、管理机构、相应法律法规等，争取相应资源、创造性地利用资源不能忽视。

（3）周密运筹。

阅读推广活动的效果很大程度上取决于优秀的方案和周密的运筹，创意魅力、资源调配、步骤实施、投入成本、读者响应是开展阅读推广活动有机相连的几个关键节点。在处理阅读推广活动中的各种问题时，应坚持以“读书”为核心，在“拢人”上动脑筋，在“实效”上做文章，在“求新”上想办法，在“持久”上下功夫。

（4）协作推进。

阅读推广主体的多元性，决定着社会各界的组织与个人均具有开展阅读推广活动的责任与可能，从国际组织、国家的各级政府、社区、家庭、个人等，到教育机构、出版社、书店、图书馆、各类企事业单位、民间团体、服务业、媒体等，均需要以更加开放的视野、更加宏观的角度、更加先进的理念在阅读推广过程中加强交流，相互合作，形成联盟，优势互补，共享资源、方法与成果，努力开展机构协作与个人协作、内部协作与外部协作、本区域协作与跨地区协作、行业协作与跨界协作、单项协作与全面协作、松散协作与紧密协作。

（5）打造品牌。

优秀的阅读推广活动既可以达到预期的阅读推广目的，又可以形成有分量的文化品牌，从而提升人们对阅读内涵的理解度、对阅读价值的认知度、对阅读效果的信任度、对阅读活动的参与度。品牌最持久的要素是价值、文化和个性，作为阅读推广主体，应积极寻找阅读推广品牌的支撑点，要探索阅读推广品牌建设的规律，通过有意识的个性化品牌打造使人们在参与阅读推广活动时获益。

（6）提升自己。

开展高质量的阅读推广活动，必须依赖高水平的阅读推广主体，阅读推广主体最终表现为一个个具体的阅读推广人。阅读推广人是阅读推广活动方案的策划者和执行者，其素养和能力直接影响着阅读推广对象的态度及阅读推广活动的实施。

阅读推广实质上是一种服务，因此作为阅读推广主体，必须在以下几个方面不断提升自己：一是爱读书，会读书，有深厚的阅读积累，能给读者以参考意见；二是懂读者，易沟通，能取得读者的信任；三是 能策划，善组织，能充分获得和调配阅读推广资源。

## 三、高校图书馆的阅读推广活动方式

### （一）图书推荐

图书推荐是当前高校图书馆最常用的阅读推广活动方式。在图书简介及书评等信息的辅助下，学生能够迅速确定自己需要的相关资料。当前高校图书馆多利用自己的官方网站或者各种网络平台和公告宣传自

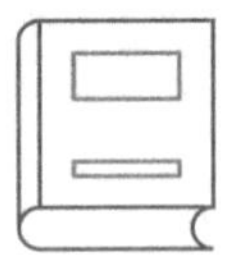



己的最新馆藏信息，同时会将一些优秀图书单独列出来放在专门的书架或是作为单独的馆藏引导读者阅读。比如，郑州大学利用微博等网络平台和媒体配合自己的宣传工作，一旦有新的馆藏或是相关问题，该机构会及时通过这些平台进行公布，读者也可以通过这些平台及时地与工作人员进行交流和联系。该学校还可以通过微信扫描二维码的方式下载相关图书，这些图书既可以通过手机等设备阅览，还能播放音频以保护学生的眼睛，让他们拥有更好的阅读体验。

兰州大学为了更好地向读者提供服务，有针对性地设立了一个网站。该校更是在图书馆的官网首页给那些喜欢读书的人专门设计了一块区域，通过该网站学生不但能够充分地了解馆藏资源，还能有效提升自己的信息检索和使用等能力。另外，该网站还能增强读者与图书馆之间的交流与互动，从而有效推进图书馆和整个校园在文化等方面的建设。

重庆大学在阅读推广方面的做法更是让人眼前一亮。该校为了充分满足学生的阅读需求，根据亚马逊推送的畅销书目信息对本馆的馆藏进行及时的更新，以最快的速度将这些畅销作品收入馆藏并向读者提供借阅服务，同时利用微信等多种网络平台及时发布馆藏动态，通过多种方式和途径进行阅读推广。

### （二）成立读书会

为了有效地开展阅读推广活动，郑州大学专门成立了读书俱乐部，该俱乐部全部免费，一经推出就受到了广大学生的欢迎。该校的读书会还有一个统一的文艺口号，且举办过很多富有趣味又引人深思的读书活动，比如海报比赛活动。通过形式多样的读书活动，学生不但可以阅读更多的优秀作品，还能从中获得更多乐趣，并对人生展开深入的思考。该读书会有一个名为《读书声》的期刊，该期刊每月会更新一期，其内容主要包括对校园生活、生活意义的感悟，学术上的思考和领悟，书评和内心感悟。此外，还有一些学生自己撰写的文章或小说，以此来抒发心中所感。该期刊自创建以来就得到了学生和校领导的大力支持，并获得一致好评。

东南大学举办过一次主题为“飞扬的书”的活动，该活动是2012级经济管理学院的党支部与李文正图书馆合作开展的，活动的主要内容是让学生讲述自己和书之间发生的故事，从而深刻体味其中的文化韵味，展示自身的文化素养和积累，该活动有效增强了学生对图书馆的认识，为学生更好地利用其资源奠定了基础。

重庆大学为了在校园内创建一个良好的阅读环境，专门成立了一个书友会，该组织旨在鼓励和推动学生阅读更多高质量的书籍，在校园内创造一种良好的氛围，通过相互之间的交流与互动来提升学生的生活质量。该组织在高校图书馆网站上拥有自己专门的交流平台，为了吸引更多的人加入进来，特地开展了一项会员积分活动，通过积分，会员可以从图书馆中借阅书籍。该组织还会在每学期进行三次十佳学生评选，并选出三个最佳学者，主要评定标准是相关的书评等信息。优秀的书评甚至有机会刊登在《书香》和《砚溪》等刊物上或是其他的推荐里。此外，该组织会不时地推出一些小礼物。会员的积分决定他们的名号，按照积分情况将会员分为童生、秀才、举人、贡士与进士几个不同的等级，整个排名极具趣味性。这种排名有效地提升了会员的阅读兴趣，会员们通过发表书评或是分享自己的阅读体验得到积分，再用积分换取奖励。这些活动不但可以有效提升学生的积极性，还能增进读者和图书馆之间的良好交流与互动。

### （三）名家讲座

讲座也是大学常用的一种阅读推广方式。学校邀请学术界的知名专家进行讲座，给学生传授知识，并开发他们的思维。这种活动方式主要

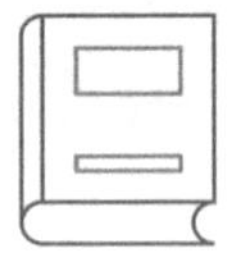



是为了应对当前高校读书时间少和学生心态不沉静的情况。通过听名家讲座，学生可以直接接触到大师的思想和感悟，从而减少他们阅读和学习时的困难，提升他们在阅读方面的积极性和乐趣。

清华大学经常举办名家讲座活动，主要是为了应对学生在相关方面的需求。该校曾专门邀请国外著名专家泰勒，以讲座的方式直观地向学生传授发表国际专家级别论文的先进经验，他向学生传授期刊选择等方面的经验，并和学生进行积极的交流和互动。还有的讲座针对核心数据库和搜索引擎的使用进行专门的介绍，对免费检索资源的技术和方式定期进行讲解。该校图书馆还会利用自身资源努力提升学生的生活品位以及个人在艺术和外语等方面的修养，为了实现这一目的，清华大学还开展了一系列音乐鉴赏等类型的讲座。

我国著名学者石元刚曾接受重庆大学的邀请，在该校做了一次专题讲座，该讲座的主题是营养和健康两个方面的联系，主要内容包括健康方面的指导、膳食与营养方面的合理安排。在讲座开始的时候整个会场都被学生包围了，由此可见健康问题还是学生非常关注的一个问题，同时可以看出学生对这种活动是很欢迎的。

学者张宝明曾应郑州大学的邀请进行了一次“民主”和“科学”专题讲座，讲座的主要内容是对民国时期的“德先生”和“赛先生”的分析和反思。他通过阐述历史、梳理后人的思考并提出自己的观点让学生充分了解那段历史，受到学生的热烈欢迎，在整个讲座过程中学生都表现得非常专注。

### （四）读书知识有奖竞赛

以竞赛的方式进行阅读推广，能够提高学生的积极性，让他们充分展示自己的特长。高校图书馆可以利用这种方式提高学生的参与度，使学生主动对自身的知识体系进行扩充和完善。

郑州大学有一个非常出名的“读书达人秀”活动。这是一个竞赛式的活动，主要分成三个比赛阶段，分别是初赛、复赛和决赛。这三个阶段参赛者要分别进行知识竞赛、展示个人的才艺、提问与舞台剧表演。具体排名要根据个人积分来确定。这种活动在对校园文化进行丰富的同时，还能让师生充分展示个人才华，并提升自身素质。

## 四、高校图书馆阅读推广中存在的问题及策略

高校图书馆阅读推广缺乏新奇的样式，使得很多学生对相关活动不感兴趣，也就很少参加这些活动。在推广的过程中会受到很多因素的影响，使得高校图书馆阅读推广达不到预期的效果。

### （一）高校图书馆阅读推广中存在的问题

高校图书馆阅读推广存在以下几种问题。

#### 1. 阅读推广活动组织机构缺失，面向的读者类型单一

很多高校图书馆只是临时抽调人员组建相应的组织机构，突击开展阅读推广活动，而没有把阅读推广定位为常规的高校图书馆基础服务，因此也就没有成立专门负责阅读推广的常设机构，更不用说成立阅读推广专家委员会来指导阅读推广活动的开展，这在很大程度上影响了阅读推广组织工作的进展效率和效果。阅读推广学生机构缺失，很多高等学校还未成立大学生阅读协会之类的学生组织机构，或者虽成立了但无法有效开展活动，未能在全校各院系成立专业阅读分会或在院系各班级成立阅读小组，定期举办阅读指导、评比、交流等活动，因此在阅读推广活动中，学生的参与性和积极性未能被充分调动起来，阅读推广活动效果大打折扣。高校图书馆开展的阅读推广活动应针对不同的读者进行。然而，目前高校图书馆的阅读推广活动大多针对大学生读者进行，而忽

略了教师读者。

2. 阅读推广活动评价、合作机制欠缺

图书馆开展阅读推广活动时过多注重校内相关部门、社团组织的合作协调，较少有与区域内其他高校图书馆或公共图书馆联合开展阅读推广活动的情形出现，各高校图书馆之间未建立协调机制，从而无法形成阅读推广活动的规模和联动效应，极大地限制了阅读推广活动影响力的发挥。我国大多高校图书馆在阅读推广活动中未能充分利用各种社会力量，与出版社、媒体、企业或其他社会机构展开合作，因而既未能获得社会机构的经费支持，又无法有效地扩大阅读推广活动的影响力。

高校图书馆举办阅读推广活动需要花费一定的人力、财力，因此每次举办的阅读推广活动是否达到了预期效果、是否使读者在阅读推广活动中有所收益等，都是阅读推广活动的主办人应该关注的问题。然而，从目前的研究情况来看，尚缺乏完善的阅读推广活动评价机制。

（1）阅读推广活动周期长、阶段性明显。

高校图书馆的阅读推广活动呈现明显的阶段性特征，要么是在一年中的某月开展阅读推广活动，要么是在每个年度开展阅读推广活动。阅读推广活动往往是以“读书月”或“读书节”的形式集中在某个时间段开展，一般持续 1 个月左右，有的高等学校甚至几年才开展一次阅读推广活动，阅读推广缺乏连续性。阅读推广活动周期长是活动缺少整体规划的必然体现，也是高校图书馆阅读推广专业人才缺乏的必然体现，更是很多高校图书馆未能把阅读推广作为常规的基础性工作的必然体现。高校图书馆把阅读推广活动的开展与学校、国家的政策导向联系在一起，把阅读推广活动的开展及时间长短等与行政业绩混在一起，这就使得阅读推广活动的形式化现象十分严重，极大地影响了阅读推广活动的效果。

（2）阅读推广活动主题单调、媒介形式单一。

各高校图书馆所开展的阅读推广活动虽然形式多样，但不外乎讲座系列、展览系列、书评系列、竞赛系列等，各高校之间阅读推广活动的雷同率较高。因此总体来说，很多高校图书馆阅读推广活动在开展多年之后显得主题单调，缺乏创新性，对大学生读者的吸引力明显降低。特别是很多高校图书馆在策划活动时往往依据惯性思维，没有事先认真调查学生的阅读兴趣和实际需求，与读者沟通不足；用户体验偏少，欠缺双向深层次交流，导致所策划活动的参与者较少。

## （二）高校图书馆阅读推广活动的策略思考

以下对高校图书馆阅读推广的策略进行了详细的研究和探讨。

### 1. 成立常设阅读推广组织机构

高校图书馆是学校的文献信息资源中心，也是学校组织阅读推广活动的主要力量，但阅读推广活动本身是高校校园文化建设的重要组成部分，涉及校内的所有读者，活动的策划、实施过程都需要一定的人力、物力、财力支持。健全阅读推广组织机构是推进高校图书馆阅读推广工作的基本前提。为了更好地为大学生提供阅读指导，高校图书馆应当建立健全阅读推广组织机构，合理利用学校各类资源，调动相关部门的积极性，统筹安排阅读推广活动。作为阅读推广活动的主要实施者，高校图书馆可以进一步成立阅读推广指导机构，并且专门设置阅读推广岗位，由专人负责组织全校阅读推广工作，研究大学生读者群体的心理特点，并对其阅读状况、阅读需求及阅读特点进行深入剖析，制定符合其阅读兴趣的推广方案，同时各学院成立阅读推广工作组，对本院系学生实施有针对性的阅读指导工作。

### 2. 建立并完善阅读推广评价体系、合作机制

高校图书馆应建立阅读推广评价体系，对每次阅读推广活动总结经验教训，找出哪些活动效果较好而应该继续坚持；哪些活动应该改善甚

至取消，并形成评估报告备案保存，为日后开展同类型活动提供理论和实践依据。此外，还应着重制定阅读推广活动评价原则和评价方法，以达到优化、提高、创新阅读推广活动，使其获得可持续发展的目的。

一定区域范围内的高校图书馆可依托地理位置优势，建立区域性高校图书馆资源与服务共享体系，为读者提供更多的阅读资源与服务。

### 3. 合理设计阅读推广活动周期，建立长效阅读推广机制

多数高校图书馆都开展了内容与形式大同小异的活动，如读书会、书展、好书评论、图书推荐等活动，但这些活动由于年复一年地重复，形式陈旧、新意不足，读者参与的积极性不高，因此对于一些优秀的传统阅读推广活动形式，如专家讲座、征文大赛等，还是应根据本校读者的需求和兴趣爱好，结合当期阅读推广活动主题，继续有选择地保留并不断更新发展，同时合理规划阅读推广的活动周期，针对不同专业的学生制订个性化的阅读推广计划，以保证活动开展的针对性、稳定性和延续性。

如何构建高校图书馆阅读推广的长效机制是一个重要问题。就图书馆的阅读推广形式而言，大多是开展各种读书活动、举办各种类型的讲座等。国内高校图书馆应制订系统计划，将短期活动发展为长期效应，建立各地高校图书馆与其他机构之间的战略协作，促成长效的国家阅读推广机制和有效的国家政策保障，引领全国图书馆业界加强多方的资源整合、资源共享，让各地的大学生在假期中能够参与本地的阅读推广活动，并能方便地阅读本地的图书资源。

### 4. 不断丰富阅读推广活动主题，拓展阅读推广渠道

不断丰富阅读推广活动主题，挖掘出有创意的、促进图书馆与读者互动交流的、新型的阅读推广活动形式，是吸引读者广泛参与的根本。有的高校图书馆在这方面进行了很好的尝试，可供借鉴，如南京师范大学图书馆举办的真人图书馆活动、清华大学图书馆开展的“图书馆，我

想对你说”有奖征言活动、同济大学图书馆开展的立体阅读推广活动等。

提供阅读推广服务是图书馆的核心职能，所以除了传统的图书借阅推广服务之外，还应加大数字文献的建设和推广力度，精心编辑经典推荐书目等资料，不定期地按照特定的主题或针对特定的读者群体进行阅读推广与指导，并且结合各种各样的主题开展阅读倡导活动，如国家读书工程、阅读讲座、阅读培训、书展、书评、报告会、阅读演讲、阅读沙龙、阅读征文、诗歌朗诵会、读者座谈会等；配合形势热点，推出精品图书展览，吸引众多读者共同参与读书、荐书、评书活动。此外，还应加大对网络阅读的指导，如引导读者利用先进的技术和方法进行阅读；有效实现网络信息资源的过滤；提供网络浏览导航，避免读者在网上盲目浏览，为读者节省时间；提供网络信息资源增值服务；等等。此外，还鼓励专业教师和专家学者参与大学生经典导读工作，以帮助大学生提高文化修养。

# 3

## 第三章

# 新时代公共图书馆管理

# 第一节　特色资源建设与服务

在公共图书馆的建设过程中，特色资源建设是其未来发展的主要方向与必经之路，本节从实际出发，系统分析公共图书馆中特色资源建设及其服务的意义，并对其发展提供相应的建议。

## 一、公共图书馆建设与服务的困局

经过多年的经济发展，中国在物质文明方面取得了长足的进步，国家精神文明建设必须提上议事日程。精神文明建设是国家和地方政府的重要任务，图书馆建设投资也在不断增加，国家和政府明确界定图书馆建设的投资支出规划，图书馆建设也在执行评估的范围内。虽然公共图书馆在这种背景下取得了很大进展，但在新的经济环境下，公共图书馆建设仍存在一些不足。

### （一）公共图书馆建设理论基础尚未成熟

近年来，公共图书馆建设在理论研究方面取得了一定的成果，对公共图书馆的建设与管理进行了系统化研究；但是，公共图书馆建设如何帮助公共文化服务的有关研究相对薄弱，尚无相关的成熟理论可供指导，公共文化服务体系下公共图书馆建设的文献较少。因此，为了提高公共文化服务的质量，应从多个角度研究公共文化服务体系下的公共图

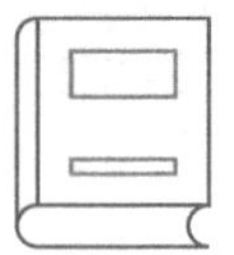



书馆建设。应充分利用成熟案例的性质以及国外图书馆建设的宝贵经验，有针对性地研究我国公共图书馆建设中存在的问题，主要包括对公共图书馆建设规划、管理方法、组织结构和其他公共文化服务体系整合的详细分析。

### （二）公共图书馆建设主要受经济条件影响

我国经济发展的地区差异较大，图书馆建设也存在显著差异。公共图书馆的规模、馆藏数量、书籍质量以及可容纳的人数取决于该地区的经济发展水平。虽然公共图书馆的发展已经在多个领域取得突破性进展，但发展仍相对滞后，并不能保证所有的图书馆都向公众开放。因此，公共图书馆正常功能的发挥受限。另外，我国大多数公共图书馆都存在服务类型单一和缺乏可持续发展的问题，这也在一定程度上加剧了我国公共图书馆建设的不平衡。

## 二、公共图书馆增强核心竞争力的必要条件

现代图书馆的核心竞争力是指图书馆在充分发挥自身资源优势的基础上，最大限度地满足社会需要并不断发展的能力。图书馆核心竞争力的概念应包括两个方面：一是独特的资源优势，二是强大的创新与开发能力。具体来说，“资源优势”指的是图书馆的所有文献和信息资源，无论是哪种形式的，均具有与众不同之处，并且这种“不同”可以持续不断地赋予图书馆竞争优势。“创新与开发能力”是指图书馆在信息服务方式、技术、领域等方面具有创新能力，在知识、信息的深度开发和利用等方面具有较强的竞争力。

因此，图书馆的核心竞争力在于“资源”和“服务”之间，既要有利于图书馆核心价值的实现，又要体现出图书馆的专业竞争优势。公共

图书馆是各级政府组织举办的公益性社会文化机构。公共图书馆的这一性质决定了它必须为当地的公众服务，为当地的经济建设、领导决策、科学研究和科学文化普及服务，有着明显的适应色彩。然而，面对社会公众日益增长的文献信息需求，图书馆受到资金、藏书、人员、馆舍等因素的制约，很难完全满足读者的需求。因此，如何在有限的客观条件下最大限度地发挥图书馆的潜能，提高图书馆的核心竞争力，成为图书馆工作者需要思考和实践的一个重要问题。

## 三、特色化建设是公共图书馆发展的必然选择

公共图书馆是社会公共文化服务体系的重要组成部分，在满足人民群众文化信息需求方面发挥着重要作用。作为各类图书馆中服务覆盖面最广泛的一类图书馆，公共图书馆一方面要充分发挥公共文化服务功能，为广大用户提供全面的信息服务；另一方面要根据社会的需要建设自己独具特色的信息资源，面向特定人群开展特色资源服务。建设特色馆藏与特色服务、走特色化建设之路是公共图书馆提升核心竞争力的必要条件，也是公共图书馆的必然选择。只有这样，公共图书馆才能在与众多信息服务机构的竞争中立于不败之地。

一部图书馆发展史，不仅是从封闭到开放、从手工操作到计算机管理的历史，也是从一般性借阅服务到多元化知识信息文化服务、从单一模式到多种模式发展的历史。随着社会的发展及人民教育文化水平的提高，读者对图书馆服务的针对性、专门化要求也越来越高。随着不同地区经济的发展逐步转向突出自身优势，即所谓的特色经济，公共图书馆为地方经济建设服务必须提高服务的针对性，做到主动适应。就图书馆自身而言，经过多年的文献积累，或多或少地形成了不同于其他图书馆的馆藏特色，这为特色馆藏建设奠定了良好的基础，从社会需求和图书

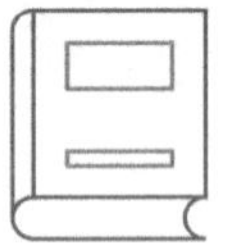



馆内在基础两个方面来说，图书馆服务的特色化建设既是必要的也是可行的。

改革开放以来，特别是近十年来，我国图书馆事业既呈现出整体稳步发展的良好态势，也呈现出发展不平衡的格局。由于我国东部地区经济发展得较为迅速，图书馆的馆舍、设施、资金等基本条件普遍良好，与此同时，西部地区仍有不少图书馆连维持正常的馆藏补充和图书借阅都难以保证。不同的发展基础、资金保障、读者需求及服务传统使得图书馆不得不走上合乎馆情、地情的特色化道路。因此，尽管各公共图书馆馆情不同、基础各异，也都应办出特色，形成优势，创出品牌。对于图书馆事业的发展而言，在有限的条件下，最大限度地发挥各个图书馆的特色优势，充分发掘图书馆的整体潜能，只有建设有自身特色的馆藏，向社会公众提供具有自身特色的服务，图书馆的工作才能取得良好的社会效益和可观的经济效益。

### （一）公共图书馆特色资源的含义

公共图书馆特色资源一直以来都没有明确的定义，但一般来说，它指的是那些仅为本馆所有而别馆并不具备，或者本馆收藏丰富而别馆收藏相对贫乏的馆藏资源。公共图书馆特色资源应该包含两个层面的含义：一是指公共图书馆收藏的独具特色的那部分信息资源，二是指公共图书馆建设起来的信息资源体系所具有的特色。特色是独特的品位和风格，是一个图书馆的信息资源与其他图书馆的信息资源的差别之所在。从广义上讲，公共图书馆特色资源具体包括历史特色资源、地方特色资源、专题特色资源以及其他在内容或形式上具有特色的资源。

### （二）公共图书馆特色资源建设与服务的意义

公共图书馆特色资源建设与服务的意义有如下几点。

（1）作为重要的文化信息服务机构，公共图书馆提供的服务应该是多方面、全方位的，但公共图书馆总是处在一定的地理区域内，主要为该地区的公众提供文化服务。如果所有公共图书馆都不加区别地建设同质化的信息资源，势必会降低对读者的吸引力，那么图书馆的价值也将大打折扣。

（2）公共图书馆的读者需求是多样化、多层次的。大多数普通读者可能只需要一般的信息资源，而一些特殊的（如研究型）读者可能需要图书馆提供某个学科或某个领域内的系统全面的信息资源。为了满足这部分读者的需要，公共图书馆根据自身条件建设特色资源，开展特色资源服务，对提高整体用户满意度有着重要作用。

（3）公共图书馆的特色资源本身蕴含了所在地区的文化氛围和地方特色。图书馆建设特色资源，开展特色资源服务，对于该地区形成有特色的地方文化中心、弘扬地方文化传统、推动地区经济文化发展具有重要意义。

（4）公共图书馆建设特色资源，开展特色资源服务，是践行《图书馆服务宣言》，“实现传播知识、传承文明的社会功能”的需要，也是提高公共图书馆知名度和声誉的重要举措。

## （三）特色资源建设与服务的主要内容

### 1. 公共图书馆特色资源建设与服务的现状

特色文献资源本身是多元化的，因此特色资源服务的形式也具有多样化的特征。目前，我国公共图书馆特色资源建设与服务开展得较好的主要是一些省级图书馆。笔者对全国省级公共图书馆网站进行了深入调查，整理了相关图书馆特色资源建设的内容和特色资源服务形式。

### 2. 公共图书馆特色资源建设与服务的分析

根据对我国省级公共图书馆特色资源建设与服务现状的归纳，可以

发现以下几点。

（1）公共图书馆特色资源建设的内容。

从馆藏特色资源建设上来看，各图书馆都充分考虑了本地区的地理、政治、历史、人文、环境、教育、物产等背景因素，努力发掘和搜集各种独具地方特色的文献作为特色资源。大多数图书馆建设特色资源的内容主要集中在地方特色文献、历史特色文献及其他专题特色文献。从历史和地理的角度来看，这些特色资源对于相应的图书馆都具有单一性或独特性，这对于明确公共图书馆作为本地区的文化信息中心、彰显本地区的文化传统和地方特色具有重要意义。

（2）公共图书馆特色资源服务的形式。

公共图书馆特色资源服务主要有以下几种形式：其一，传统的馆内阅览服务。主要是针对那些还没有进行数字化或难以数字化的古籍、拓片等历史文献而开展的服务。由于各个地区的经济发展水平不同，各个图书馆的馆情不同，各馆对特色文献进行数字化的程度也不相同。对于那些还没有被数字化的特色文献，读者仍然需要亲自到图书馆借阅。其二，网上查检阅览服务。特色资源数字化使得传统的珍贵纸质文献能够通过网络被读者远程利用。数字化后的特色资源被放到图书馆网站上以后，读者就可以通过访问该馆主页查检到该馆数字化的特色资源，从而实现足不出户便可获取到自己所需的信息。目前大多省级图书馆的自建数据库都已涵盖各自具有地方特色的文献资源，并提供了网上查检阅览服务。

（3）特色资源建设与服务存在的不足。

我国幅员辽阔，各地区经济发展不平衡，客观上也造成了不同地区的公共图书馆特色资源建设与服务水平参差不齐。尽管许多图书馆都希望根据本地区的地方特色或文化传统来建设特色资源，但在实际建设过程中，无论是在数量上还是在质量上都还存在较多的不足。

### （四）对公共图书馆特色资源建设与服务的建议

公共图书馆的特色资源不仅是珍贵的文献馆藏，也是宝贵的文化遗产，应当得到大力发展和充分利用。

1. 提高对特色资源建设的认识

特色资源通常反映文化特色。如果一个民族失去了文化本色、文化特性和文化根基，那么文化交流和文化发展就无从谈起。如今，为了增加信息受众与本民族、本地域文化遗产的接触渠道，促进地域文化内涵在知识经济中的发展与成长，世界各国的国家图书馆（国立图书馆）都在本国政府的倡导下，积极开展了特色资源建设的研究与实践工作。例如，美国的“美国记忆”、法国的“加利卡”等项目，都是通过大规模的文献数字化使其馆藏的特色资源得以保存和广泛传播。因此，必须加强对图书馆特色资源建设重要性的认识，将这项工作视为一件弘扬传统文化的、利国利民的大事，并给予其足够的重视。

2. 明确特色资源的定位

作为历史文化遗产被图书馆收藏的甲骨文献、竹简帛书、金石拓片、谱牒舆图及各种珍本善本，都属于图书馆特色资源，但不是每个公共图书馆都收藏有这类古籍资源。因此，公共图书馆应将本馆特色资源定位为现有的地方文献资源或专题特色文献等，以“人无我有，人有我多，人多我优”作为特色资源建设的目标。特色资源建设需要有准确的定位，要重视特色资源选题的独特性、地域性与新颖性。在开展特色资源服务的过程中应注重系统化、专业化和专门化，图书馆应指派专人负责特色资源的建设与服务工作。

3. 搞好特色资源专题服务

为了充分发挥特色资源的作用，还需要对特色资源进行深度开发，

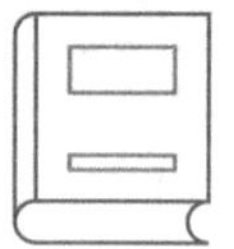



将原始的特色信息资源加工整理成二次、三次信息资源。此外，还可以对本馆的特色资源进行适当包装，将具有潜在价值的信息资源转化为具有财富价值的商业资源，促使特色资源尽快转化为生产力，以拉动本地区经济的发展。开发特色资源的可行途径，一是将特色资源专题内容形成一个个有效的信息智囊，向各级政府、企事业单位、个体读者提供相应的服务，以实现资源共享；二是以读者喜闻乐见的形式展示特色资源，以加深读者的体验。例如，上海图书馆的“上海年华”特色资源，就以“图片上海”的形式发掘和整理了该馆馆藏地方文献中的图片资源。这些资源被数字化后，以年代为序，图文并茂、全方位地向读者介绍了上海悠久的历史文化以及改革开放以来取得的新成就，受到了读者的热烈欢迎。

#### 4. 加强特色资源服务宣传

图书馆建设特色资源的目的是使读者更好地利用这些资源。为了让读者了解特色资源，进而主动利用特色资源，图书馆需要通过公告栏、宣传活页等形式展示本馆的特色资源，也可以采用专题讲座、读者培训等形式宣传本馆的特色资源。总之，要通过各种方式让更多的人了解图书馆的特色资源，吸引读者主动利用图书馆的特色资源，从而提高图书馆特色资源服务的效益。

公共图书馆的特色资源建设与服务是适应我国国情、创新图书馆服务的重要措施。因此，各级公共图书馆要增强特色意识，抓住发展契机，把特色资源建设与服务摆在重要位置。政府主管部门也应将公共图书馆的特色资源建设与服务项目纳入对公共图书馆的考评范畴，以推动我国公共图书馆的特色资源建设与服务整体水平迈上一个新台阶。

# 第二节　文献资源建设

随着社会科学的不断发展，越来越多的人意识到书籍和阅读对自身发展的重要性。为了满足人们的阅读需求，提高全民素质，近年来我国逐步推行图书馆免费开放制度，让更多喜欢阅读的人有机会读书，多读书、读好书，从而不断提高人们的专业知识和综合素质。通过这种方式，既能保障人们的阅读权利，又能在一定程度上促进我国新时期社会主义文化的繁荣发展。从一定意义上来讲，公共图书馆的服务体系、服务形式与普通图书馆不同，在文献资源建设上也呈现出差异化特征。与其他图书馆的文献资源相比，公共图书馆的文献资源具有鲜明而独特的风格和个性，并且能够集中展现图书馆资源的特点，因此文献资源实际上在很大程度上代表了公共图书馆的实力。文献资源建设是指构建合理完善的文献资源体系，是公共图书馆馆藏资源建设的重要组成部分，可以对公共图书馆文献资源建设的成熟程度进行有效衡量。

## 一、公共图书馆文献资源建设的变革

### （一）公共图书馆文献资源建设符合时代发展需要

当前，我国正处于知识经济和文化快速发展的时期，公共图书馆作为主要的文献资源来源地和来源中心，对文献资源的建设与发展有利于推动社会经济的进一步发展和创新，有助于提高国家的综合国力。从某

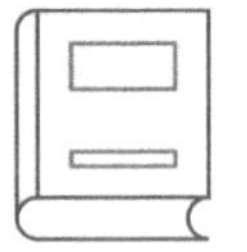


种程度上来讲，公共图书馆担负着继承和发扬历史文化的重任，对于社会发展起到了十分重要的作用。当前社会正处于快速发展时期，知识文化、文献资源、功能价值都不断发生着变化，基于此，公共图书馆应充分立足于时代的变革发展，重视对文献资源的分析研究，及时更新和完善文献资源，并以此作为公共图书馆建设的重要内容。同时，转变传统的图书馆发展和管理模式，积极开展公共服务，优化服务体系，为读者提供更全面、更优质的服务。

### （二）公共图书馆的文献资源更为丰富

文化是一个国家、一个民族的灵魂。我国是历史文化大国，无论时代如何更迭，历史和文化始终是构成社会的重要组成部分。此外，随着我国国际地位的不断提高，近年来我国也越来越重视文化的传承和发展，公共图书馆作为主要的文化传承地，其中收藏的文献资源更为丰富。公共图书馆所涵盖的文献资料应当是最全面的，既包括实体化的纸质文献资源，也包括网络文献资源等。公共图书馆作为对外服务机构，除了其专业性和规模性之外，还应对文献资源进行定期维护管理，采用科学合理的分类方式来整合文献资源。同时，公共图书馆不仅要为读者提供优质的服务，还要对文献资源进行整理、传输，并解答读者提出的一系列问题。由此可见，公共图书馆的功能是多样化的，要对文献资源进行开发利用，最大限度地发掘其潜在价值，同时要注重文献资源的实用性和完整性。

### （三）公共图书馆的文献资源整合

随着信息时代的到来，现代信息技术逐渐渗透到社会生产生活的各个领域，公共图书馆也不例外。通过现代信息技术和智能技术在图书馆的有效应用，公共图书馆的相关系统能够自主对文献资源进行整理排序，自行组织协调文献之间的联系，同时通过计算机、通信和网络设备设施等移动终端来传输文献资源信息，实现资源整合，并为广大读者提供共享服务，从而实现图书馆与读者之间、读者与读者之间的和谐、高效沟通。一旦公共图书馆整合了社会上所有的文献资源，就可以形成一个具有公共性质的、整体的服务体系，从而搭建起一个整体的学术交流平台。

## 二、公共图书馆文献资源建设的当前形势

当前我国公共图书馆文献资源建设形势表现为购书经费不断增加，读者需求出现明显变化。

### （一）购书经费不断增加

党的十八大提出要将我国建设成一个社会主义文化强国，这为全国各地区公共图书馆的发展带来了巨大机遇，国家出台了许多优势政策，给予了图书馆充分的资金保障和政策倾斜。全国各地区的公共图书馆费用不断增加，使得公共图书馆的馆藏越来越丰富。同时，对于公共图书馆而言，充足的购书经费也极大程度上保障了公共图书馆文献资源建设。此外，在这一过程中，公共图书馆也要根据实际情况改进文献建设策略，以优化各种资源和资金的配置。

### （二）读者需求出现明显变化

对于传统公共图书馆来说，其固有的服务模式和资源需求，使其无须对用户进行区分，对于公共图书馆提供的资源，所有读者必须自行适应，这种对所有读者的无差别对待，导致其缺乏较为宽泛的适应面。不过，随着互联网信息技术的飞速发展，我国社会目前已进入互联网信息

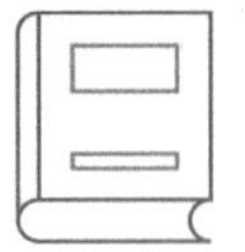



时代，读者层次显著提高，与过去相比，读者的资源需求数量和质量都发生了显著变化，这实际上也标志着近年来我国的社会文化需求发展迅速。此外，读者数量不断增加以及各类书刊借阅数量的快速增长，导致需求的层次化特征越来越明显，并且出现了更深层次的资源个性化要求。在这种情况下，经过充分筛选和优化的个性化信息才是读者真正需要的。在互联网信息时代，公共图书馆必须积极主动地适应社会的新变化，在开展日常工作的过程中应充分分析读者和用户的阅读习惯和阅读行为。只有这样，公共图书馆的服务才能更符合读者的实际需求，才能充分满足读者的差异化需求。

## 三、公共图书馆文献资源建设的策略和措施

### （一）通过免费开放提高文献资源使用效率

在传统的图书馆管理发展过程中，图书馆为了维护自身的利益和收入，往往会制定各种管理规章制度，但没有充分考虑到读者的感受和具体需要，导致读者在公共图书馆中的阅读行为受到了一定的限制。一些公共图书馆为了保障自身利益，甚至制定了一系列读者处罚制度和措施，完全忽略了公共图书馆的作用和价值，服务态度极差，使得读者无法获得良好的阅读体验。基于此，公共图书馆应根据实际需要，开展图书馆的免费开放，不仅可以为读者提供基本的阅读服务和阅读场所，还充分考虑到了读者的感受，实现服务的多元化。例如，根据读者的需要，公共图书馆可以上门办理实体和网络借阅证，也可以开展形式多样化的阅读活动，以帮助读者加深对公共图书馆的理解和认识。

### （二）加大文献合作采集力度，不断拓宽采购渠道

从一定意义上来讲，为了丰富公共图书馆的文献资源，相关管理者

和工作人员应加强文献合作采集力度。一方面，公共图书馆应建立健全完善的图书馆管理制度，如制定图书借阅制度、图书寄存制度、图书储存制度等，结合其他图书馆和社会资源建立联合资源库，实现文献资源共享；另一方面，公共图书馆可以充分利用现代信息技术和网络技术，对网络资源和图书馆资源进行整合，优化各项功能，逐步实现图书馆服务外延，以便为读者提供快捷优质的服务。

对于公共图书馆的文献资源建设来说，很多都是采用外购的形式。图书馆本身具有一定的自主性，但采购渠道太过单一，导致目前公共图书馆仍然表现出分散性和集中性的特点。首先是分散性特点。各地区的图书馆可以根据当地实际发展情况，结合自身资源建设优势，自由选择文献资源，以凸显图书馆的特色。其次是集中性特点。这主要是因为网络技术和信息技术的发展使数字信息技术产生商业垄断，中国知网、维普网、万方数据知识服务平台等都是数字图书馆的主要承载对象。

在网络信息时代，公共图书馆可以通过多种渠道购买文献资源。公共图书馆在拓展采购渠道的过程中可以从以下几个方面入手：首先，应密切关注出版社的动态，充分掌握出版社的重点图书信息。同时，要充分了解国家重点出版社的出版信息和具体书目，并对各家出版社的优势图书品种进行整理和分类，在公共图书馆文献库建设过程中这些信息发挥着十分重要的作用。其次，应对互联网书城的检索选书有充分的把握。现阶段的购书方式多种多样，其中网上购书就是一种非常重要的图书采购方式。与其他图书采购方式相比，互联网书城具有很多独特优势，如检索效率高、信息更新快、快捷方便等，这种购书方式在补充图书馆书籍方面发挥着重要作用。

### （三）积极推进自建资源的开放

目前大多数公共图书馆都有自己的文献资源，且这些资源是独立的，无法在网络中完整收集起来，图书馆应当对这些资源进行适当的包装，建立资源库，并以此作为图书馆的特色资源，需要读者进入馆内才能阅读。如地方文化数据库、馆藏数据库等，经过整理和优化包装，为读者提供珍藏的文化读品。公共图书馆具有一定的公益性和开放性，图书馆中的大多数文献资源都是由政府部门出资采购的，因而必须向群众提供公益性服务。基于此，公共图书馆应对馆藏珍品进行整合归纳和集中处理，并将其转化为数字资源，通过网络平台进行传播。

### （四）重视馆藏规划

新时期公共图书馆必须重视馆藏规划，尤其要对馆藏结构进行优化，只有这样才能更好地开展信息服务。公共图书馆在文献资源建设过程中，一方面要充分考虑自身的任务和职能，另一方面要充分满足读者的实际需求。首先，要明确文献资源建设的总体框架，在此前提下合理配比印刷型的资源文献、数字化资源文献和网络化资源文献，使这三类文献都能得到有效发展，并使三类文献相互补充。此外，公共图书馆应及时调查和了解全国各种类型的文献的年出版量，并在之后购买文献时与本馆的重点学科相结合。对于一些优质的中外文大型学术性数据库要加大购买力度，以充分满足科研型读者的需求。其次，公共图书馆要制定科学合理的规章制度，规范文献资源的采购过程和实际运作，同时要明确具体的藏书数量和相应的质量控制目标。在制定具体的文献采购标准时，应充分考虑馆藏结构的分布状态和读者的需求。最后，公共图书馆应构建科学合理的文献资源经费保障体系，使经费资源配置更加合理，从而最大限度地减少购置文献资源的随意性。

### （五）大力发展数字馆藏

传统印刷文献是文献资源的重要载体，除此之外，公共图书馆文献资源的载体还包括电子文献资料和网络共享文献资料等，在网络信息时代这些资源都非常重要。目前，大量资源以不同的载体记录方式存在，比如常见的声像型载体、电子型载体等，并且载体的种类越来越多，比如各种电子出版物、数据库等。在这种情况下，公共图书馆必须平衡好实体馆藏和虚拟馆藏的配置比例，并逐步构建重点突出、结构合理、组成载体多样化的信息资源体系。此外，公共图书馆还要注重对现有文献资源的数字化处理，并在此基础上形成具有本馆特色的网络化信息资源，使印刷馆藏的优势得以延续；公共图书馆应有效整合互联网上的信息资源，并分类整理成专题化资源，以丰富本馆的文献资源，之后再借助这些资源去构建更加便捷高效的文献共享服务平台。另外，公共图书馆还应对购买大型数据库资源逐步进行完善，明确重点服务的专题类型，同时，应按照相关方面的标准对重点采购的开发公司的产品及主流数据库的种类加以鉴别，从而逐步形成具有本馆特色及本地域特色的数据库资源主题，进而充分满足公共图书馆读者和用户对于个性化文献的需求，有效提高文献资源的利用率。

## （六）建立健全的管理原则，完善版权管理制度

完善相关管理制度，严格加强版权保护，明确购买文献图书等资料的版权费用，以维护创作者的权益，特别是在通过图书资源获利的情况下，应对书籍来源与过程进行检查和监督，建立规范的管理制度，对书籍的正版和盗版进行清晰的划定，严厉打击盗版书的流通，加强人们的版权意识。同时，对电子文献的管理进行完善，图书馆购买出版商的电子书使用权必须及时交费，若超出规定时间，出版社应收回版权。政府也应建立相应的管理制度，无论是图书馆还是出版社都应该积极配合政府工作，着力打造一个健康向上的阅读平台，以减少不良内容和盗版图书的出现。如果有人盗版图书应给予一定的惩罚，电子书平台需要组织

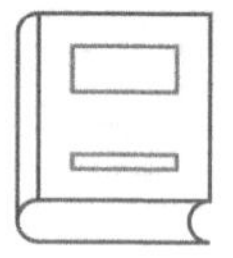



专业人士进行管理，并不定期地更新资源，以实现信息资源建设。

## 四、完善公共图书馆文献资源建设的意义

图书馆广泛而完善地保存和记载了人类活动的各种资料，是存储人类文明的知识宝库，是传播先进文化的阵地，是文化、教育、科学事业的重要组成部分，它的存在和发展对人类社会的进步具有积极的推进作用。公共图书馆着眼于提高群众的文化素质，致力于改善公民的精神世界，服务于社会各个阶层的人民，基于读者的阅读需求、信息需求、文化需求、知识需求和各种特殊需求，通过对文献资料进行科学分类、精心提炼、重点辑录，为社会公众提供有重要价值的情报信息和科学文化，传播先进的知识，进而促进社会精神文化建设，提高社会文明程度。公共图书馆贯穿整个社会发展史，承载着人类社会的文明积淀和记忆，与人口、素质、居民的文化生活质量有着密不可分的关系。

加强公共图书馆的管理规范，维护文献资料的版权价值，改进公共图书馆的运行方式，提高文献书籍资料的丰富度，使大众能够拥有更加便捷、有效的阅读环境，提升阅读观念，营造文化氛围。公共图书馆的建设程度可以衡量一个城市的发展程度，在注重经济发展的情况下文化建设的发展水平也得到提高是城市全面进步的重要标准，发展文化建设更是提高国民整体素质的重要保障。

# 第三节　资源建设的社会服务作用

公共图书馆不仅是城市精神文明建设的主要阵地和标志性窗口，也是知识的存储地和信息的枢纽，在知识的传播和利用过程中发挥着极其重要的作用，因此有人民群众的“终身教育学校”之称。为了更好地迎接新时代的挑战，现代公共图书馆的社会化将是必由之路，加快公共图书馆的社会化进程刻不容缓，必须将图书馆的服务融入社会化的服务当中，积极参与社会循环，努力形成自己的特色服务品牌，奠定社会服务基础，从而在整个社会服务系统中赢得自身发展空间。

公共图书馆是由各级人民政府投资兴办的面向社会开放的图书馆，是政府向社会提供的公共物品，是为社会全体成员提供服务的公益性单位。公共图书馆不仅在社会经济、文化、科学、教育事业建设中发挥着重要作用，也为广大读者提供了图书、报刊的借阅平台。

## 一、公共图书馆的社会化服务职能

在现代社会，知识和信息已经成为一种独特的生产要素。为了适应社会的发展，人们必须不断地吸收、学习、掌握新的知识和信息，以适应形势发展的需要。图书馆丰富的文献信息资源及其社会教育职能，使得人们将渴求智慧、知识和信息的目光投向了图书馆，因此图书馆必将成为人们终身学习的“学校”。

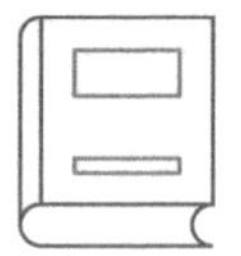



公共图书馆在现代人的生活中占据了重要地位，成为学校教育之外公众科学素养的重要来源，在科学传播中发挥着重要作用。

## 二、发挥公共图书馆社会化职能的途径

首先，建立完整的公共图书馆运行体制。公共图书馆是国家性的公益服务机构，服务于百姓，联合国教科文组织的《公共图书馆宣言》中提出："每个人都有平等享受公共图书馆服务的权利，而不受年龄、种族、性别、宗教信仰、语言或社会地位的限制。"既然是国家性的公益事业，就应有相应的法律法规来保障它的运行有法可依，因此应尽快颁布图书馆法，有了图书馆法的约束，困扰图书馆的各种问题自然会迎刃而解，从而在全国范围内形成公共图书馆的统一管理和运行标准。

其次，确定公共图书馆的服务目标。图书馆因读者的利用而存在。目前，有的地区的公共图书馆正面临着生存危机，并不是读者不需要图书馆的服务，恰恰相反，是因为图书馆无法为读者提供完善的服务，如藏书数量、馆藏结构、阅读环境、参考咨询和信息服务能力等无法满足人们的要求。公共图书馆的读者群体来自不同的领域，在知识爆炸的时代，图书出版物、电子出版物层出不穷，读者在面对海量的出版物时不是欣喜若狂，而是无从下手。

因此，公共图书馆的服务要有自己的特色，这些服务特色具体体现在以下五个方面。

### （一）馆舍布置，体现人文理念

从办馆规模上看，公共图书馆分为全国性公共图书馆、省市级公共图书馆和地方性公共图书馆三种类型，这类图书馆由国家和地方投资兴建，投资数额多，建筑规模大。建成以后往往成为当地的标志性建筑，

因此在馆舍布置上应该更多地体现人文主义思想，设置一些人文景观，如在清澈水池中漫游的金鱼、书架上的花草，使读者来到图书馆不仅能学习知识，还能放松身心。此外，书架、桌椅以及与读者相关的设施，应以方便读者阅读和使用为首要目的，从而拉近读者与图书馆工作人员之间的距离。再者，随着网络的普及，计算机已经成为人们工作和生活中不可或缺的工具，网线接口也应是图书馆设施中的必备之物。总之，公共图书馆馆舍布置应以舒适、美观、方便和现代化为主，以最大限度地为读者提供优质的服务。

### （二）减少收费项目

随着社会文明进程的加快，图书馆应逐步向公益化的方向发展，在运作的过程中减少收费服务。联合国教科文组织的《公共图书馆宣言》指出，建立公共图书馆是国家和地方政府的责任，由国家和地方政府财政拨款。国际图联发表的版权声明再次强调了公共图书馆资源对所有读者免费开放的重要性。在经济快速发展的中国，公共图书馆服务应由多收费向少收费转变，进而实行全免费的公益性服务。

### （三）建立馆藏特色

公共图书馆的阅读对象来自不同的领域。长久以来，公共图书馆通常把书刊采购的范围扩大到所有学科知识门类，但在出版物数量急剧增加的今天，任何图书馆都无法收藏所有出版的图书和期刊种类。因此，尽快建立馆藏特色是非常必要的。

### （四）加强馆际间交流与合作

公共图书馆，尤其是大型公共图书馆，往往是本省或本市图书馆界的领导者，发挥着领头军的作用，发展和提高本地区图书馆的整体水平

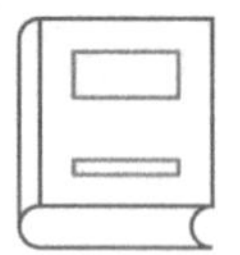



责无旁贷，因此有必要加强与地区间图书馆的联系，使之相互促进、共同发展。因此，公共图书馆应定期组织文化学术交流活动，既可以是本地区的，也可以是国际的，通过交流，让广大同仁了解当前图书馆界存在的问题、未来发展的内容和方向，从中学习先进的管理理念，共同推动本地区图书馆的发展。

总之，上述服务措施与方式都是“以人为本”服务理念在公共图书馆的具体体现，是公共图书馆开展公益服务的具体方式。随着国家和政府对公共图书馆重视程度的不断提高，在创新思想、繁荣事业的倡导下，公共图书馆的公益性服务将实现新的突破、得到新的发展，从而推进公共图书馆事业的创新与发展。图书馆工作人员应改变传统管理理念，不断学习和掌握最新知识，特别是计算机知识和外语知识，增强自身业务能力，提高学术研究水平，深入了解读者心理，掌握市场需求，了解不同读者群体的阅读需求，做到为读者服务也要与时俱进，这是现阶段公共图书馆的一项重要任务。

## 三、公共图书馆在社会建设中的重要作用

公共图书馆是各类图书馆中最重要的一类。作为数量最多、服务范围最广、藏书最丰富的图书馆，也是最受社会公众关注的图书馆，公共图书馆不仅是公共文化服务体系的重要组成部分，也是构建和谐社会的重要阵地和载体，在社会主义和谐文化建设中发挥了重要作用。

### （一）为构建社会主义和谐社会提供精神动力和智力支持

推动经济和社会的全面发展，培养和造就适应新时代发展的高素质人才，为构建社会主义和谐社会提供精神动力和智力支持，公共图书馆责无旁贷。公共图书馆的知识收集和存储包罗万象，包括人类社会发展

各个历史时期、各种类型、各种形式的精神文化产品，是人类文明的高度结晶和集合，基本上能够满足现代人多层面、多角度的知识和精神需求。同时，公共图书馆的服务对象可以包含社会的各个层面、每个成员。由于具备了以上两种特点，公共图书馆的知识信息聚集量和受众面是其他社会部门无法比拟的。

公共图书馆通过藏书体系的科学性、针对性建设，以及服务手段的不断改进、服务面的不断扩展，有意识地开展政治、德育、法律等有益于公众的政治意识、思想道德观念、法律意识提高的书刊推介，并对其进行宣传辅导。同时，充分利用报告厅等馆内设施，有计划地聘请相关的专家学者，有组织地开展德育、法律等方面的讲座、报告，对公众开展计划性的、有针对性的、系统性的教育与疏导活动，使公众在图书馆中得到知识的升华和情操的陶冶，为推动社会和谐发展提供强有力的精神动力和智力支持。

### （二）保障公民自由平等地获取信息的权利

在公平和谐的现代社会，知识和信息已经成为竞争性资源。知识与信息的积累能够提高人们的社会竞争力，使每个人都能获得公平发展的机会。公共图书馆作为一种社会机构，它的社会意义在于为保障公民自由平等地获取知识和信息的权利提供支持，它代表的是一种社会用以调节知识或信息分配，以实现社会知识或信息保障的制度。在信息网络高度发达的今天，图书馆正着手解决由于数字鸿沟、信息空白的加剧而导致的信息不平衡问题。公共图书馆能帮助人们克服资源、技术等方面的种种障碍，提供各种信息来支持各个年龄段和各个阶层的人的个人发展，帮助他们积极参与各种社会活动和决策工作，支持每一位公民的终身学习、独立决策和文化发展，并通过丰富的馆藏资源和各种媒介为读者提供指导和学习机会。公共图书馆制度能够保证社会成员获取信息机

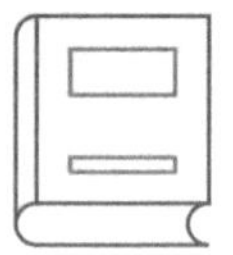



会的平等性，保障公民求知的自由与权利，它所带来的信息公平是对社会机会不公的一种弥补，从而从知识、信息的角度维护了社会公正，保障了社会的和谐发展。

### （三）为学习型社会全民终身教育提供服务

学习型社会是和谐社会的基本特征之一。学习型社会的全民学习和公民的终身学习拓宽了公共图书馆的发展空间，为公共图书馆在构建社会主义和谐社会中尽显其能提供了新的舞台。

终身接受教育是社会成员的一项基本权利，是人类得以全面发展的基础与前提。除了社会成员自身的努力以外，国家还应为所有社会成员提供终身学习的场所和知识资源保障，以保障社会成员终身接受教育的权利。

根据学习型社会国家学习体系的构建设想，公共图书馆是学习型社会学习设施网络系统不可或缺的组成部分，如果能够充分发挥公共图书馆的资源和人才优势，为学习型社会全民学习和公民的终身学习提供知识资源服务，实现学习型社会的全民学习和公民的终身学习的目标就有了可靠的保障。

## 四、构建社会主义和谐社会进程中的公共图书馆

社会主义和谐社会建设是一个不断消除不和谐因素的过程，它不可能一蹴而就，必须经过长期的磨合历练才能臻于和谐。公共图书馆作为社会文化的代表，作为社会的窗口，不仅肩负着传承民族文化的使命，更应该为构建和谐社会做出力所能及的贡献。面对新形势、新任务，公共图书馆要努力适应变化、更新观念，抓住机遇、迎接挑战，不断增强自身综合实力，提高自身管理水平，拓宽服务领域，为加快和谐文化建

设的步伐发挥更大作用。

## （一）以资源共享服务于构建社会主义和谐社会

信息资源是知识经济时代国家重要的战略资源，是实现经济社会全面可持续发展、构建社会主义和谐社会的基础条件。随着“知识经济”的迅猛发展，信息资源的全球交流与共建共享正在变为现实，也为图书馆发展带来了前所未有的机遇和挑战。应当看到，传统办馆模式已经无法适应信息时代的要求，图书馆资源共享将成为今后图书馆发展的必由之路。公共图书馆有丰富的馆藏资源、网络信息资源和人力资源，如果不能实现共享，不能为经济和社会的发展提供知识服务，实在是巨大的资源浪费。公共图书馆可以充分利用自身网络优势和馆藏资源优势，通过各种形式的资源共享服务于构建社会主义和谐社会。

## （二）拓展公共图书馆功能，服务于和谐文化建设

在社会主义和谐社会建设过程中，面对公众日益增长的文化需要，公共图书馆要坚持与时俱进、改革创新，努力拓展服务功能，将读者服务范围扩展到全方位的社会文化服务；尤其是要重点为儿童、老人、下岗失业人员、残疾人等弱势群体提供特殊服务，这也是图书馆体现人文关怀、维护社会稳定、促进和谐发展的重要措施。

此外，公共图书馆还可以走出去，送书报杂志到工地、街道、社区、广场等，为构建和谐社会送去知识武器、经验信息，以促进和谐社区的构建、发展、巩固。同时，利用自身读者面广的优势，密切联系各类读者，利用休闲机会组织各类活动，宣传构建社会主义和谐社会的各种科学知识。更为重要的是，在构建社会主义和谐社会的过程中，要增强图书馆的管理创新意识，以管理创新带动服务创新。增强了创新意识，图书馆在服务于构建社会主义和谐社会的过程中就会不断创造、完善各种

服务措施，使图书馆在构建社会主义和谐社会中的功能得到充分的发挥，并取得良好的成效。

### （三）以人为本，提高自身能力，创建和谐图书馆

公共图书馆必须将以读者为中心的原则作为出发点和归宿，并将其贯彻落实到服务体系的各个方面，从优化内部管理入手营造和谐的图书馆文化。

首先，要让读者在各种服务项目中感受到公共图书馆的内部管理条例和规程。以对员工的要求为例，图书馆员工的气质、言行举止和服务质量要让读者感到亲切。其次，公共图书馆可以在不同层次的读者中聘请义务图书管理员，使其利用周末的闲暇时间到图书馆参加义务活动，从图书管理员的角度来体验图书馆读者服务工作。青少年读者生动活泼、好奇心强，学习能力也强；通俗作品读者的选择范围比较广泛，没有太大的目标性，都是根据个人喜好挑选书刊；学习、科研型读者的目标性较强，对图书馆馆员专业知识水平的要求也比较高，需要其具备丰富的图书馆及边缘学科的专业知识。这种换位思考的方式使读者真切体验到了公共图书馆工作的酸甜苦辣，从图书馆管理与读者两个方面综合考虑，为和谐图书馆读者服务的个性化发展提供建设性、科学性的建议，形成了一种良好的图书馆馆员与读者意见和建议的平等交流机制。

构建和谐社会需要社会各界力量的支持以及各社会成员的共同参与和努力，是一个社会性、全方位的系统工程。随着文化建设的不断加强，公共图书馆的建设与发展也迎来了更多的发展机遇，只要加强自身建设，提高自身发展能力，公共图书馆必将在构建和谐社会、构建和谐文化、构建公共文化服务体系中发挥越来越重要的作用。

# 第四节　公共文化服务体系中的公共图书馆

公共图书馆是公共文化服务体系不可或缺的组成部分，是创建社会文化事业的标杆和知识源泉。公共图书馆是一种文化机构，它体现着人们对更高品质生活的追求，是人们获取知识和陶冶情操的重要阵地，是政府保障公民基本文化权益的重要手段之一。

当前我国正处于社会转型时期，公共文化服务理念逐渐深入人心，构建公共文化服务体系成为构建社会主义和谐社会的重要内容。在整个公共文化服务体系中，公共图书馆发挥着不可替代的重要作用。

## 一、公共文化服务与公共文化服务体系

公共文化服务是指政府根据经济社会的发展阶段和总体水平，为保障公民基本文化权益而提供的公共文化产品和服务。公共文化服务体系是现代政府公共服务体系的重要组成部分，它将文化建设与人民的基本权益紧密联系起来，体现了文化发展以人为本的特征，凸显了公共服务型政府执政为民的本质。

### （一）公共文化服务的基本含义

公共文化服务是政府公共服务的重要内容，是以政府部门为主的公共文化服务部门向全社会提供公共文化产品与服务的制度和系统的总

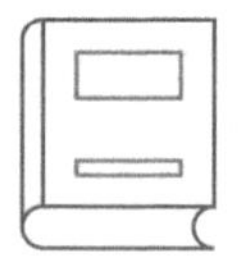



称，包括加强城乡公共文化设施建设、发布公共文化信息、发展文化生产力、为城乡居民文化生活及参与文化活动提供必要保障并创造条件。

公共文化服务体系是以政府为主导，以公益性文化单位为骨干，鼓励全社会公众积极参与，努力建设以公共文化产品供给、设施网络、资金人才技术保障、组织支撑和运行评估为基本框架的覆盖全社会的公共文化服务网络架构，以结构合理、发展平衡、网络健全、运行有效、惠及全民为基本建设原则，体现出基本性、公益性、均等性和便捷性的发展定位。

当今时代，文化逐渐成为民族凝聚力和创造力的重要支撑。公共文化服务体系以社会公众为服务对象，以覆盖城乡、结构合理、功能健全、适用高效为建设目标，具体来说，就是要最大限度地满足广大城乡群众读书看报、看电视、听广播、进行文化鉴赏、参加公共文化活动等基本文化需求。公共图书馆是公共文化服务体系的重要组成部分，也是促进全民阅读的重要力量，应该坚持与时俱进，不断完善服务职能、健全服务项目、创新服务手段、提高服务质量，切实保障广大人民群众的文化民生。

### （二）公共文化服务体系发展现状

公共文化服务体系建设是我国文化建设中的一项战略性系统工程，是各级党委、政府担负的重任，也是各级政府文化行政部门和公共文化服务机构的首要任务。近年来，国家财政和地方财政投入大幅增长，我国城乡公共文化设施网络体系不断完善，全国文化共享工程、广播电视村村通工程、数字图书馆推广工程、农家书屋工程、公共电子阅览室建设计划等公共文化惠民工程深入实施，公共文化资源日益丰富，队伍素质稳步提升，服务方式和手段不断创新，服务能力和服务水平显著提高，城乡公共文化服务体系呈现蓬勃发展的良好态势。目前，我国覆盖城乡、结构合理、网络健全、运营有效、惠及全民的公共文化服务体系框架基本建成，城乡群众看书难、看戏难、看电影难、看电视难、听广播难等一系列问题基本解决，从整体上看，我国公共文化服务体系建设已经进入强化管理、突出重点、整体推进、完善提升的新阶段。

## 二、公共文化服务标准

公共文化设施和公共文化资源要均衡布局，使每一位社会成员都能享受到政府提供的同等水平的公共文化服务。政府提供的公共文化服务应是近距离的、经常性的服务，随时随地都可以获得，非常方便。公共文化产品和服务应当是多样化的，服务对象也应该是多样的，要充分考虑到不同群体的文化需求。政府提供的公共文化服务不能以营利为目的，应具有公益性质，体现对人民群众的关怀，促进公民素质的提高和全面发展。

《中华人民共和国宪法》第二十二条规定：“国家发展为人民服务、为社会主义服务的文学艺术事业、新闻广播电视事业、出版发行事业、图书馆博物馆文化馆和其他文化事业，开展群众性的文化活动。”群众文化事业的蓬勃发展极大程度上丰富和充实了群众的精神文化生活，提高了人民的文化生活质量，且深受人民群众欢迎，已成为人们日常生活不可或缺的组成部分。

## 三、公共图书馆

公共图书馆是政府设立的公益性文化事业机构，是群众进行终身学习的“学校”，是承担政府群众文化工作职能、繁荣我国群众文化事业的业务单位。图书馆的建立体现了党和政府对文化建设的重视，体现了

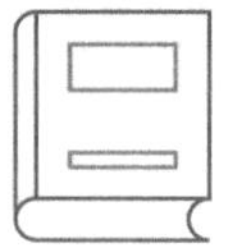



对人民文化生活的关心和重视，对充实人民群众精神生活、保障人民群众基本文化权益的责任担当。

图书馆的免费开放旨在保障公民的基本文化权益，促进基本公共文化服务均等化，发挥图书馆的基本职能作用，提高图书馆的服务能力和管理水平，以完善和增强服务项目、服务能力为重点，与建立图书馆基本文化服务经费保障机制相结合，实现图书馆设施免费开放。

图书馆的免费开放主要包括两个方面的内容：一是公共空间设施场地的免费开放，二是与其职能相适应的基本公共文化服务项目健全并免费向公众提供。图书馆免费开放中要为公众提供基本的公共文化服务项目，包括普及性的文化艺术辅导培训、公益性群众文化活动、公益性展览展示、时政法制科普教育、基层队伍和业余文艺骨干的培训、群众文艺作品创作的指导等基本文化服务项目，并逐步使之健全，向公众免费提供。为保障基本职能实现而提供的一些辅助性服务（如办证、存包等）也全部免费，应切实做好图书馆的免费开放工作，采取有效措施把工作落到实处。在免费开放的背景下，公共图书馆应当严格执行《关于加强公共文化服务体系建设的若干意见》，维护图书馆的公益性质，不得以租赁、拍卖等任何形式改变公共文化设施用途。

除基本公共文化服务外，公共图书馆还开展了多种多样的公益性服务，以满足广大基层群众多层次、多样化的需求。在建立财政经费保障机制的前提下，各图书馆应将工作重心放在开展基本公共文化服务活动上。基本公共文化服务之外的公益性服务，要降低收费标准，以成本价格向群众提供服务，不得以营利为目的。根据图书馆现有的业务干部配备情况，利用现有的文化设施引导和动员全社会的文化资源，积极参与到图书馆公共文化服务中来，向公众提供广泛多样、丰富多彩的公益性文化服务，不断拓展新的公益文化服务项目。根据群众的基本文化需求和社会经济发展的需要，逐步扩展免费服务项目。

公共图书馆不能因为免费提供文化服务而降低服务质量，相反，应强调服务意识，改善服务态度，将公众评价作为免费服务工作的衡量标准，不断提高公共文化服务的质量。有关部门要加强对图书馆免费服务的考核，重视公众意见的反馈，不断完善免费服务的内容和方式，努力提高图书馆免费服务的质量。图书馆应当把基本服务与非基本服务结合起来，保证为人民群众提供基本公共文化服务，并根据人民群众的文化需求和图书馆自身能力提供一些非基本公共文化服务。图书馆不仅要善用自身文化资源优势，还要广泛利用社会文化资源，充分发挥图书馆在基层文化建设中的重要作用。

图书馆是国家组织举办的公益性事业单位，在公共文化服务中体现着社会主义社会的价值导向，是保障群众基本文化权益的主要阵地。图书馆国办主体文化的地位和公益性质决定了图书馆在公共文化权益方面的着力点，充分体现了党和政府执政为民的本质、以人为本的核心价值观以及进一步推进政治、经济、文化、社会、生态协调发展的目标取向。加强图书馆建设，对满足人民群众日益增长的精神文化需求、促进社会主义精神文明建设、繁荣我国群众文化事业具有重要作用。

## 四、公共图书馆在公共文化服务体系中的作用

公共图书馆是由政府出资或社会力量捐资举办的公共文化事业单位，承担着文献信息搜集、整理、存储、传播、研究和服务等功能，是公共文化服务体系的重要组成部分。

公共图书馆在以政府文化行政部门为核心主体构成的公共文化服务体系中发挥着不可替代的重要作用。归纳起来，公共图书馆具有以下几个方面的职能。

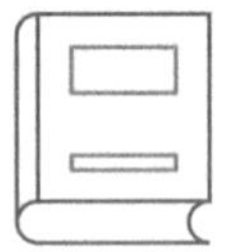



## （一）保存和传承文献信息的职能

公共图书馆是保存人类文化成果、传递科技信息、传播先进文化的重要场所。随着人类社会的不断发展，人类信息从最原始的口传心授、龟甲兽骨、纸草泥版、竹简刻字、手工抄录发展到近现代的纸本印刷、胶片、磁盘、数字光盘、硬盘、镜像站、云存储等形式，公共图书馆收集、记载、传播的记录人类活动变迁历程的文献信息，记载、保存和传承了人类社会的文化遗产和文献典籍，是人类社会活动的历史见证。图书馆广泛而完善地保存和记载了人类活动的各种资料，作为保存人类文明的知识宝库，图书馆在整个社会中占据着不可替代的重要位置。

## （二）传递文献信息的职能

公共图书馆收藏了大量文献信息资源，传递文献信息是公共图书馆的一项重要职能。通过向公众提供各种文献信息服务，使馆藏文献信息得到广泛的传播、利用，进而使其转化为科学技术和文化成果。通过互联网、广电网、移动通信网、数字图书馆、数字电视、移动手机、电子阅读设施等新型阅读平台，为公众提供信息咨询、检索、传递等服务，满足公众日常工作、生活、学习、娱乐等信息需求，实现公共图书馆传递文献信息的职能作用。

## （三）开展社会教育的职能

公共图书馆是广大人民进行终身学习和职业教育的重要阵地，承担着爱国主义教育、普及科学文化知识及信息获取技能培训等职能。随着现代科学技术的快速发展，人类文献信息知识老化异常迅速。公共图书馆应担负起阅读教育、自学教育、继续教育、远程教育等社会责任，为公众提供最新的知识和最新的信息，以满足读者阅读、学习、更新知识以及适应信息化社会发展的需要。

### （四）促进社会阅读的职能

公共图书馆拥有丰富的馆藏资源、良好的阅读环境、完善的服务网络等资源优势，在全民阅读推广活动中发挥着主导作用。公共图书馆可通过多种形式的阅读引导和阅读推广活动，促进读者在阅读内容、阅读习惯、阅读广度与深度等方面不断进步与发展。安排专业馆员进行阅读引导，引导公众多读书，读好书，读名著、读经典、读史书、读国学，营造全民阅读氛围，为促进公共文化服务体系建设日趋完善做出贡献。

### （五）完善休闲娱乐设施和服务的职能

随着社会经济的快速发展，人们对休闲文化的追求发生了重大变化，阅读休闲化、阅读个性化、阅读多元化等特征日趋凸显。公共图书馆应坚持“以人为本”的服务宗旨，完善读者阅览室、经典名著阅览室、公共电子阅览室、读者自修室、休闲茶吧、电影放映厅、音乐欣赏室等休闲空间设施，提供学术会、报告会、文化展览、知识讲座、免费电影等形式多样的休闲文化服务项目，以吸引更多的读者自愿、快乐、和谐地融入图书馆阅读活动，尽情体验自由阅读、轻松交流、宁静舒适的休闲文化氛围，促使人们轻松和谐相处、注重文明礼仪、提高精神境界，促进人与社会的和谐健康发展。

## 五、公共图书馆在公共文化服务体系建设中的工作

公共图书馆是公共文化服务体系建设中不可或缺的骨干力量。当前，应围绕转变服务观念、创新服务手段、完善服务体系、提高服务效能的目标任务开展服务工作，落实工作措施，保障公众的文化权益。

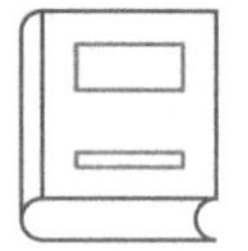



### （一）加强学习，提高认识

深入学习贯彻党的指导方针，充分认识加强完善公共文化服务体系建设的重要意义，明确新时期公共图书馆的社会职能和工作任务，推进免费开放服务工作，促进形成城乡公共文化活力竞相迸发、文化生活丰富多彩、文化权益保障有力的新局面。

### （二）抓住机遇，加快发展

公共图书馆应在国家完善覆盖全社会公共文化服务体系的宏观政策背景下，抓住机遇，加快自身发展，积极参与国家重大公共文化工程建设，如全国文化共享工程、数字图书馆推广工程、公共电子阅览室建设计划等，促进公共图书馆服务体系不断完善，实现公共图书馆存在的社会价值。

### （三）坚持以人为本，注重全面发展

保障人民群众的基本文化权益是公共图书馆工作的出发点和落脚点，公共图书馆应全面推进免费服务工作，加强免费开放宣传，开展阅读推广活动，以吸引更多的群众了解图书馆、走进图书馆。要坚持“以人为本”的服务原则，注重全面发展，营造开放、平等、尊重读者的环境氛围，积极开展公共图书馆免费开放基本服务项目，调整烦琐的借阅制度和不合理的开放时间，取消对读者的种种限制，从而保障公众平等、无障碍地免费获取知识和信息，满足读者多样化、多层次、多方面的文化需求。

### （四）创新服务理念，完善服务职能

传统图书馆在文献资料管理上重收藏、轻使用，现代图书馆必须树立“藏用结合、以用为主”的服务理念。公共图书馆应创造条件扩展服

务项目，完善社会服务职能，并形成具有地区品牌特色的文化产品，以满足读者多元化、个性化的阅读学习需求。同时，采取文献传递、通借通还、馆际互借等现代化服务方式，依托全国公共文化网络优势资源，推动公共文化向企业、社区和农村延伸服务，促进城乡公共文化服务体系不断完善。

### （五）加快公共数字文化建设，拓展公共文化服务能力

公共数字文化建设是利用现代信息技术拓展公共文化服务能力和传播范围的重要途径，对消除城乡数字鸿沟、满足公众日益增长的精神文化需求、提高民族文明素质、构建社会主义核心价值体系具有重大意义。通过参与全国文化共享工程、数字图书馆推广工程、公共电子阅览室建设计划，逐步完善公共图书馆服务体系，推进公共数字文化服务进农村、进社区、进家庭，实现公共数字文化资源的无障碍共建共享，为农村基层群众、未成年人、农民工等广大读者提供数字图书馆服务，使公共数字文化发展成果惠及城乡广大群众，促进城乡公共文化服务均衡发展。

### （六）加强队伍建设，提高服务效能

新时期公共图书馆事业发展需要具备良好的思想政治素质、较高的专业知识水平及基本的计算机应用能力的复合型人才，才能更好地为读者提供服务，适应新时期公共图书馆服务体系发展的要求；但是，历史原因等诸多因素使得当前公共图书馆普遍存在馆员总量偏少、专业人员不足以及人员结构不合理、综合素质偏低、服务意识不强等问题，因而无法适应新时期公共图书馆服务体系发展的要求。必须加强公共图书馆人才队伍建设，通过完善机构编制、提高待遇保障、加强学习培训等政策措施，吸引优秀人才加入公共图书馆服务队伍，培养图书馆馆员的职

业道德意识、创新服务意识、团队合作精神以及全心全意为人民服务的奉献精神，最大限度地发挥公共图书馆的职能作用，有效提高公共图书馆的服务效能，并保障城乡群众的基本文化权益。

# 4

## 第四章

# 新时代数字图书馆管理

# 第一节　数字化的新面貌

数字图书馆是利用数字技术来处理和存储各种各样的图文并茂的文献的图书馆，它的本质是一种由多媒体构成的分布式信息系统。数字图书馆就是一个虚拟的图书馆，可以通过互联网访问，与实际生活中的图书馆一样，可以查阅资料。数字图书馆是通过检索来查阅图书的，它规模大、内容多，使用方便，无使用时间与空间的限制，是一个可以实现跨库的知识中心。

## 一、数字图书馆是没有边界的分布式合作体系

从理论上讲，数字图书馆是没有边界的，其长远目标是使任何人在任何时间、任何地点都能通过任何与互联网联通的设备获取所需要的任何信息与知识。这一目标不是靠一个数字图书馆系统就可以实现的，需要由全世界各个数字图书馆系统共同构成一个信息服务网络来实现。如今，随着网络触角迅速地向世界各个角落延伸，基于网络的数字图书馆分布式共享合作体系发展越来越完善，并在信息服务的诸多领域产生重大影响。另外，随着各国数字图书馆建设的发展，实现跨国界的数字图书馆共建共享日益成为全球共识，合作内容涉及资源共建、服务共享、标准规范研制和管理协调等多个方面，可以预见，未来数字图书馆建设将走向更加广泛的合作建设与协同服务。

近年来，在中央和地方各级政府的大力支持下，一些国家性、行业性与地区性数字图书馆项目相继启动，一个由国家、地区、行业、个体构成的分布式数字图书馆体系结构正在逐渐形成，并进一步朝着规范化、系统化方向发展。

正在建设中的国家数字图书馆是我国数字图书馆体系的核心，致力解决关系全局的重大问题，包括建立各数字图书馆系统的统筹规划与分工协作原则、建立标准规范体系和开放建设机制、建立互操作机制及组织协调机制、探索知识产权解决方案等，对支撑全国各数字图书馆系统的建设和发展起到重要作用。

各行业、各系统数字图书馆是我国数字图书馆体系的中坚力量，是行业数字信息资源建设与服务中心，是国家数字信息资源建设与服务的重要组成部分，其建设侧重于行业内数字图书馆建设的协调，行业信息和特色资源的建设，面向本行业用户的信息资源服务系统的建设。

应当指出的是，数字图书馆是一个跨学科的系统工程，它的建设和发展不仅是图书馆的使命，也不可能仅依靠图书馆自身的力量实现，而需要计算机科学、经济、法律、人文社会科学等多个方面的合作与参与。国内数字图书馆界也意识到了这一点，近年来，在由政府投资的各大国家级或行业性数字图书馆项目的实施过程中，跨领域的合作日益完善和深入。

## 二、数字图书馆是一个技术密集型的系统工程

现代信息技术给传统的图书馆工作方式带来了深刻而全面的变革，数字图书馆更是直接构筑于现代信息技术基础之上，依赖现代信息技术的发展而发展。在数字图书馆发展的各个阶段，围绕数字资源生命周期的各个环节，从资源的收集到存储、加工，到整合、传播，再到利用，

都少不了现代信息技术的支持。

为了解决数字图书馆建设和发展中的一些关键技术问题，自“数字图书馆”概念提出之日起，各类数字图书馆建设项目就得到了国内外各相关学科领域的高度关注和大力支持，比较典型的如斯坦福数字图书馆项目、卡内基•梅隆大学综合媒介数字录像和演说资料试验基地项目等。斯坦福数字图书馆项目的目标是设计并实现数字图书馆资源创建、发布、共享和管理所需要的技术框架与服务。该项目以信息的共享和传播模式、用户界面及信息检索服务为研究重点，为不断出现的大量网络化信息资源提供通用的检索方法，从而创造一个信息共享的环境。卡内基•梅隆大学综合媒介数字录像和演说资料试验基地项目的目标是建立一个大规模的联机数字影像图书馆，实现全内容的、基于知识的查询和检索。它综合应用了图像处理、语音识别、自然语言理解、视频分析的最新技术，展示了计算机多媒体信息处理的无限可能，为数字图书馆多媒体信息资源处理奠定了技术基础。

国内早期的数字图书馆关键技术研究与应用主要以一些科研试验性项目为代表。例如，1998 年国家图书馆与中国科学院计算技术研究所承担的科技部 863-306 攻关项目“知识网络——数字图书馆系统工程项目”，完成了数字图书馆体系结构的设计与开发，实现了可扩展、可互操作，具有多媒体资源加工、管理、存储、信息查询、检索与 Web 发布及海量信息存储等功能；建立了一套基于内容的、支持大规模加工用户联机事务处理的多媒体数字资源加工系统，实现了 5 个规模型多媒体资源库的跨库联合检索。

然而，技术也曾让人感到迷惑，甚至一度引发关于图书馆领域“技术”与“人文”的激烈争辩。在这场论争当中，不少的专家学者对数字图书馆建设过程中“技术至上主义”趋向表示忧虑。范并思教授亦在《信息化浪潮中的图书馆人文精神》一文中深刻批评了当前图书馆界“在引

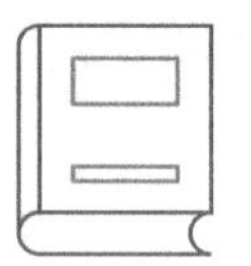



进信息技术时，过分偏爱技术，而忽略技术研究中的‘人文因素’”的现象。技术在未来数字图书馆建设中究竟应该发挥怎样的作用，或者说应该怎样发挥作用，值得业界同人颔首深思。

一方面，应再次强调对技术的依赖是数字图书馆的内在特征。目前，在数字图书馆建设与服务中仍然有许多关键技术问题没有得到很好的解决，而且随着现代科学技术的不断发展，以及人们信息行为和信息需求的不断变化，未来的数字图书馆建设还将面临更多需要攻克的新的技术问题。

此外，我们还应认识到，数字图书馆的本质是“图书馆”，在其技术研究、应用与发展过程中始终贯穿着人文维度，而在当前的数字图书馆建设和服务活动中，对技术的滥用和浅用有一定的普遍性。

应将图书馆学发展的人文思想与技术创新思路有机结合起来，技术不再仅被当作简单的工具手段，技术创新本身包含的丰富的人文思想受到重视，基于这种认识，图书馆的技术发展具有了长远的战略意义。

如今，数字图书馆建设已在世界范围内全面展开，并日益成为新时期人们快速获取信息资源的重要途径。未来数字图书馆将沿着什么方向发展，将演变为何种形态，尚未可知。就目前而言，可以确定的是，未来数字图书馆将继续以技术为基础，更加注重对新技术和新媒体的使用，并进一步借助先进技术实现数字图书馆建设的愿景。

## 三、数字图书馆是以用户为中心的知识交流环境

由于固定建筑和静态馆藏的限制，传统图书馆在知识交流方面面临时间和空间等多个方面的障碍，人们不得不穿街过巷去探寻那些蕴藏着知识宝藏的神秘建筑，而且除了告知图书馆馆员自己所需要的书籍以外，他们并不在图书馆里与其他人真正地交谈。诚然，这里也是一个“知

识交流的环境”，只不过是与书页背后的“人”之间的穿越时空的对话罢了；而数字图书馆构筑于现代计算机与网络技术基础之上，在支持和拓展人类知识交流方面有着先天的优势，它不再是传统意义上的藏书建筑，而是一个以用户需求为中心、拥有海量数字资源的虚拟性和现实性并存的多功能信息空间。在这里，人们可以在自家的书房或工作台上轻松地获取图书馆提供的信息，他们甚至不知道这些信息是否来自某个“图书馆”，但是如果对这些信息产生某些疑问或想法的话，可能会在这个空间中马上找到一两个甚至是一群人来做些深入又有趣的对话。

这种新的体验着实令人兴奋，由此也可以看出，“交流”作为一种贯穿始终的社会需求的重要意义。不管是计算机和网络技术本身的发展，还是构筑于二者基础之上的数字图书馆的各阶段演进，根本上都受到这一需求的牵引和驱动。在数字时代，人们想要参与社会交流，首先必须与计算机进行交流。必须承认，数字图书馆发展至今并不是十分完美，计算机对人类信息需求和行为的理解偏差依然是横亘在人与人之间的实实在在的交流障碍。从复杂的联机检索代理到数字图书馆统一检索门户、从单一的静态页面到多媒体信息资源整合传播，数字图书馆的建设者们在人机交互界面的研究与设计方面可谓煞费苦心。如今，数字触摸屏显示技术、自动读屏技术、语音识别技术、虚拟现实技术等新兴人机交互技术已经在部分图书馆中得到应用，有了这些技术，数字图书馆所能提供的知识交流环境必将会变得越来越“宜居”。

即便如此，人机交互也不是知识交流的真正目的，人与人的联系与合作才是一切交流的主旨。数字图书馆之所以到目前为止仍没有实现前人所预言的完全虚拟化，也不能取代任何一种类型的传统图书馆，很大程度上是因为传统图书馆提供了“人与人之间”同室相处、相互交流的场所感和同在感，而这是当前数字图书馆所无法给予的。处于知识交流语境的“知识”，也还远远不能够通过现有的数字技术充分表达，或者

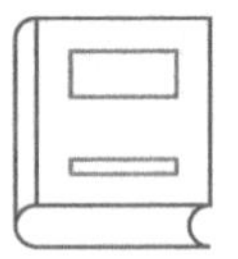



通过现有的网络技术实现完整传输。从表面上看，我们可以与互联网上的任何人达成共识，但就目前而言，还是与同一办公室内的同事之间的默契更值得信赖。

如何使机器更好地理解和表达用户的想法及感受，如何帮助用户与用户更亲密地相处，是数字图书馆发展中始终面临的巨大挑战。

在 21 世纪的今天，信息化对经济社会发展的影响更加深刻。互联网在全球的普及程度空前提高，深刻影响着人们获取和利用信息的方式，同时加强了人们日常生活中对信息的重视和依赖程度。随着网络基础设施及个人信息设备的普及和完善，以及人们对信息需求的不断增加、信息行为的不断成熟，今天，世界各国数字图书馆的建设与发展已经迎来了新一轮的机遇和挑战。

我们应清醒地认识到，数字图书馆虽然极其依赖技术，但技术远不是数字图书馆的全部。正如 W Y 阿姆斯在《数字图书馆概论》一书中所说的，“计算机和网络是非常重要的，但它们仅仅是技术，而数字图书馆是人、组织、技术三个主角相互影响、共同演绎的精彩故事……怎样应用这些技术还依赖于我们自己。”半个多世纪以来，人们对数字图书馆的憧憬和认识，以及通过数字图书馆获取信息与知识的强烈渴求，才是最终推动数字图书馆从无到有并逐步发展成熟的强大力量，满足读者需求才是数字图书馆建设的灵魂。

## 第二节 用户行为与需求

随着数字环境的变迁，人类传递信息、获取信息、交流信息的方式都发生了前所未有的变革。图书馆作为信息的集散地，在经历了传统图书馆、现代图书馆之后，正向数字图书馆发展。数字图书馆用户的信息行为也必将随着数字环境的变化而发生改变。

### 一、数字环境的变迁与用户信息需求的提升

数字环境的形成是一个渐进的过程，从我国数字图书馆发展的历程来看，数字环境发生了巨大变化，这种变化引起了用户信息行为和需求的提升。现有的理论研究成果阐明了数字图书馆在不同发展阶段的特征。第一代数字图书馆又叫作电子图书馆，具有馆藏资源的数字化、远程获取的便利性等特点，在数字资源尚不丰富的时代，基本满足了熟悉印刷型文献使用方式的用户的信息资源需求，同时激发了用户对数字资源的需求。第二代数字图书馆是基于资源的数字图书馆，解决了第一代数字图书馆资源匮乏的矛盾，在很大程度上满足了用户对信息资源的需求，但海量信息的存储与管理、各种资源类型和结构的数据库的出现，导致用户获取信息困难。为解决这一问题，出现了集成式检索、跨类型检索、跨库检索以及搜索引擎的一站式信息检索方式，用户更倾向于采用搜索引擎的一站式信息检索方式。第三代数字图书馆将是基于知识网

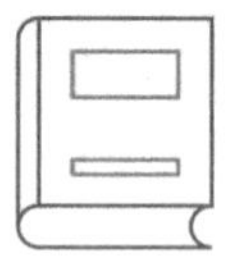



络的数字图书馆，由数字图书馆向知识中心演变。它以知识管理为特点，提供数据挖掘和知识发现功能，支持用户的知识网络学习和交流，满足用户更高层次的需求。在新的信息环境中，用户会产生新的信息行为，一般来说，用户的信息需求领先于数字环境，即所谓数字图书馆建设的需求驱动；但如今信息技术高速发展，形成了技术驱动趋势，技术的推动作用促使用户去适应新的数字环境，即新的数字环境和新的用户行为交叠出现，而在新的数字环境中用户需求又被激发出来，形成用户信息需求与技术驱动的交替和螺旋发展。随着信息技术的不断发展，用户群体的信息需求将持续提升。

不同社会群体的信息需求存在巨大差异，这种差异源于数字鸿沟的存在。数字鸿沟是指不同社会群体之间拥有和使用现代信息技术存在的差距。随着信息技术的逐步普及，经过我国多个信息化、数字化项目的实施，如农村党员干部现代远程教育、农村中小学现代远程教育、全国文化信息资源共享工程等的实施，基层数字环境有了较大的改变，农村的宽带普及率和数字文化覆盖率得到了大幅提升，激发了基层用户的信息需求。

## 二、数字图书馆用户行为与需求

图书馆用户行为是指用户在信息需求和思想动机的支配下利用图书馆过程中的表现和活动。我们将数字图书馆用户行为限定为用户利用数字图书馆过程中的表现和活动。在数字环境中，数字图书馆用户行为表现为用户的信息行为，即用户在数字环境下的所有信息交流和信息获取活动。

在信息社会，人类的信息行为已经引起了人们的高度重视。数字化给人类带来了海量、便捷、高效的信息，除了信息交流的正面效应以外，也带来了负面的影响，如数字信息滥用的危险。数字图书馆在尽力满足和迁就用户需求的同时，是否会造成用户信息获取的依赖？放弃深度阅读的在线阅读和下载，仅在网络上获取信息，记忆并非来源于读者自身的经验，而是从网上下载获得。此外，信息崇拜下的人文研究已成通胀写作，网络使论文的编辑、拼接甚至抄袭变得更加容易。

在社会信息交流中，不同群体间存在着信息使用的巨大差异，用户信息行为不尽相同，或许这应该是社会教育需要解决的问题，也是用户信息素养应该关注的重点内容。“搜索”不等于“阅读”，“搜索”无法代替“思考”，“复制+粘贴”不能代替“撰写”，数字图书馆作为一种为用户提供服务的信息机构，需要不断为用户创造更好、更便利的信息服务，不因强调“阅读”行为的重要性，而交给用户一个糟糕的“搜索”系统。我们知道一些用户恶意下载，也知道一些用户将数字图书馆的资源用于“复制+粘贴”，但这不是技术造成的错误。因此，我们需要知道我们的用户在想什么，需要研究图书馆用户的信息行为。

根据对现有文献的研究和分析，一般可以将数字图书馆的用户信息行为概括为以下几种：①浏览行为。浏览行为可以辅助评价一个网络信息站点的资源利用程度。②查询行为。查询行为的研究在所有数字图书馆用户信息行为研究中占主导地位，也是数字图书馆致力提供的最主要的功能。③获取或借阅、吸收行为。④其他行为。所谓其他行为，过去多指用户侵权行为方面的研究，近年开始有关于信息用户抱怨行为等方面的研究。

用户信息行为的规律性已被管理科学研究的先行者所证实并予以总结概括，主要有穆斯定律、最小努力原则、马太效应与罗宾汉效应、信息吸收极限定律、可近性选择规律等。

1. 穆斯定律

穆斯发现一个信息系统，如果对用户来说取得信息比不取得信息更

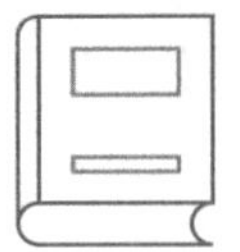


伤脑筋、更麻烦，这个系统就不会得到利用。也就是说，如果用户取得信息比不取得信息更麻烦、更伤脑筋，他会放弃对这一信息的需求。

2. 最小努力原则

齐夫认为，每个人在日常生活中都必定要在他所处的环境里进行一定程度的运动。他把这种运动视为在某种道路上行走，而且将受一个简单的基本原则的制约，该原则称为“最小努力原则”，即人们力图把自身可能付出的平均工作消耗最小化。

3. 马太效应与罗宾汉效应

一方面，对于为数不多的信息需求量较大的用户，随着时间的推移，其信息需求量逐渐高于平均水平，这部分用户在行为上表现为力图占有更多、更新的信息资源，在信息来源不充分的情况下势必影响其他用户的需求，这就是信息需求中的马太效应；另一方面，大多数用户的信息需求水平总是比较平衡的，即为信息需求的罗宾汉效应。这一原则可理解为信息的积聚和平均效应。

4. 信息吸收极限定律

用户的信息吸收包括信息的接收、处理、理解和利用等环节，然而用户的信息吸收能力是有限的。在一定范围内，随着信息输入或激励速率的加快，用户对信息做出反应和吸收的速率也会相应地加快；但当信息输入和吸收速率超过某一临界值时，其信息反应和吸收速率反而变慢，甚至会出现用户思维停顿的现象，这时便会出现信息过载现象，即达到了信息吸收的极限。

5. 可近性选择规律

美国学者 M E 索普通过调查研究得出结论，一个信息源在物理距离上越易接近，被利用的可能性就越大。“可近性”这一概念在图书情报领域主要是指用户与图书情报信息资源之间的相互关系，包括用户与图书情报信息资源之间的物理可近性、用户与图书情报信息资源之间的智力可近性、用户与图书情报信息资源之间的心理可近性。

在过去的几十年里，数字图书馆的迅猛发展创造了各种各样的数字资源和数字化服务，但用户的需求并没有发生大的改变，用户仍然要求便捷地获取多种信息资源，获取利用这些资源的适用的工具，得到舒适的服务设施。

综上所述，在数字环境下，图书馆用户信息的本质需求没有改变，但其具体的使用形式发生了变化，因此仍然遵循用户信息行为相关定律和原则，具有传统用户信息行为和需求的属性；同时，面对新的信息搜索形式，具有横向、跳跃式、存储式和浏览式的特征。

# 第三节　服务宣传与推广

数字图书馆伴随着互联网的发展而诞生，在这个只见第一不见第二的时代，它的光芒被搜索引擎所掩盖。数字图书馆已发展成为新时代图书馆提供的一项全新服务。由于现代图书馆的理念在国内刚刚被业界和社会公众所接受，数字图书馆要想成为公众重要的信息来源还有很长的路要走。按照李国杰等人的观点，任何技术的发展都可以划分成以下 4 个阶段：①专家使用阶段；②早期流行阶段；③公众认识阶段；④广泛使用阶段。从技术层面来分析，数字图书馆正处于第三阶段，即公众认识阶段，此时广大社会公众对该项技术有了初步认识和认同感。数字图书馆需要通过服务确立和证明其在社会信息交流中的地位和价值，发挥数字图书馆的效用，使其被更多的用户所接受，得到更广泛的应用。

## 一、提高数字图书馆的开放性和网络可见性

数字图书馆从资源、平台和用户层面来说都自成一体，具有相对完善的体系，但相应地缺乏数字图书馆之间以及数字图书馆与其他系统之间的信息交流和开放。在互联网飞速发展的时代，必须打破数字图书馆之间的壁垒，包括理念、技术平台和用户群体的壁垒。数字图书馆系统应该向互联网开放，而不仅仅是将互联网平台作为接入手段。要提高数字图书馆的开放性和网络可见性，首先，数字图书馆应能被搜索引擎索

引，以提高网络可见性，使用户从搜索引擎也能访问数字图书馆、利用数字图书馆的资源；其次，改变要想利用数字图书馆的资源必须登录数字图书馆网站的使用要求；最后，除数字图书馆网站外，还应把数字图书馆的服务和接入端送到用户身边，有机嵌入用户信息环境，使其成为用户信息环境的组成部分。提高数字图书馆的开放性和网络可见性是良好推广的开端。

## 二、推动数字图书馆立法

数字图书馆在国家信息交流系统中具有重要的地位和社会经济价值，应在决策立法方面推动更多的数字图书馆立法和规章制度出台，明确数字图书馆在信息社会中的地位，体现数字图书馆在信息社会中的作用与价值。

## 三、宣示数字图书馆的价值目标

数字图书馆建设者比较关注数字图书馆给图书馆发展带来的变革。实际上，对于数字图书馆服务的宣传和推广，首先应明确数字图书馆在社会公众中的价值，确定数字图书馆的服务目标。在社会公众中推广数字图书馆的价值目标，明确其公益性服务的定位。树立统一的数字图书馆的社会形象，建立数字图书馆网站和服务的统一标识，各个数字图书馆的名称可以有个性化、本地化的要求，但是提供公益性服务的数字图书馆可以使用统一的标识，这样有利于增强社会公众对数字图书馆服务的认同感。

在数字图书馆建设过程中，应明确数字图书馆的建设目标。数字图书馆建设应结合当地及各领域的资源特色不断发展，并确立一定时期内数字图书馆的建设目标，以满足社会公众的预期要求，提高社会公众的参与度和关注度。此外，有必要制定和明确数字图书馆的通用服务标准，推广和宣传数字图书馆的服务程序、服务标准，使用户能够在不同的数字图书馆享受到相同水平的服务。

## 四、提升公众的信息素养

具有信息素养的人往往是那些受过训练而能将信息资源应用到工作中去的人，他们通过学习获得了使用各种信息工具的技能和技巧，强化了信息查询、获取、利用能力及解决问题的能力。数字图书馆的服务需要有一定信息素养的公众参与，同时数字图书馆在服务过程中也会对公众的信息素养提升产生良好的影响作用。数字图书馆应充分利用自己的平台和阵地，积极开展对公众利用信息资源能力的培训和推广，以提高社会公众对数字图书馆资源、服务和活动的认识。

## 五、关注用户体验，提升用户黏合度

用户体验（User Experience，UE）指的是软件应用和审美价值，主要由四种因素构成，即品牌（Branding）、可用性（Usability）、功能性（Functionality）、内容（Content）。

数字图书馆的界面设计从以资源为中心转向以用户为中心，注重用户体验和交互功能的提升，从“可以使用”到“易于使用”进而到“乐于使用”。数字图书馆不仅为用户提供信息服务，还要关注用户在信息搜索和获取过程中的体验，让用户接受信息服务的过程成为一个便利、愉快、有趣的过程。数字图书馆网站应具有视觉影响力和丰富的功能，以增加使用过程的趣味性，并通过各种方法提高用户对数字图书馆系统使用的黏合度。

## 六、社会公益宣传

数字图书馆的形象宣传对于服务推广具有重要价值。由于数字图书馆具有公益性，更需要开展社会公益宣传。绝不能仅满足于数字图书馆开通的一次性新闻报道，而应通过各种媒体刊登数字图书馆的公益宣传广告或宣传数字图书馆。邀请名人担任数字图书馆的代言人、收集用户利用数字图书馆效果的案例等进行数字资源的推广宣传。

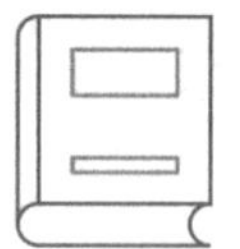



# 第四节　用户服务优化发展

数字信息资源的快速增长以及数字图书馆建设技术的成熟，奠定了数字图书馆建设的物质基础。数字图书馆建设的目的是更好地为读者服务，用户服务是数字图书馆存在和发展的根本所在。数字图书馆的用户有哪些特点，数字图书馆的服务应具有什么特色，如何为数字图书馆的用户提供完善的服务，是解决数字图书馆用户服务的中心问题。

## 一、数字环境下图书馆服务理念的变化与发展

随着科学技术的发展和人类社会的不断进步，图书馆本身的内涵也日渐丰富，在众多先进技术的影响下，图书馆工作发生了深刻的变化。图书馆作为公共服务体系的重要组成部分，也日渐朝着数字化、自动化和网络化的方向发展。数字化时代图书馆的建立与发展，极大地提高了图书馆的整体服务水平，同时对于管理和服务提出了更高的要求。在这种形势下，必须建立新的管理模式和服务理念，以促进管理效率与服务水平的不断提高。

### （一）图书馆服务理念的演进

1876 年，美国著名图书馆学家杜威提出图书馆读者服务的“三适当”准则，即“在适当的时间，给适当的读者，提供适当的图书”。这

条准则将图书馆的开放、资源的选择和提供与图书馆服务结合起来，对确立图书馆服务理念具有开拓性的意义。1931 年，印度著名图书馆学家阮冈纳赞提出图书馆学五定律，为确立现代图书馆服务理念奠定了思想基础。“二战”后，西方图书馆界提出“服务至上，读者第一”等图书馆服务理念，从以藏书为中心转向了以读者为中心，充分体现了对读者的尊重、对服务成效的重视。进入 21 世纪，现代图书馆的开放、平等、免费、个性化、人性化等服务理念逐步确立起来，为国内外图书馆界所认同并逐步接受；同时，各类图书馆积极进行数字环境下服务理念的探索和创新。

## （二）数字环境对服务理念的驱动和影响

图书馆的服务理念源于社会、公众和环境对图书馆的要求和期望，是图书馆自身发展和自身价值的体现。长期以来，图书馆在保存和传播知识、服务民众方面发挥了巨大的作用，而现代信息技术的出现为图书馆更加方便、广泛、有效地服务社会带来了革命性的影响。

### 1. 信息技术推动的影响力

信息技术的推动改变了图书馆的外部环境和各个组成要素，信息技术逐渐渗透到图书馆机体中。图书馆成为信息技术应用的前沿，相关技术也逐渐被各类图书馆引入和探索应用。在这里，信息技术不仅是一种手段、一种工具，更是实实在在地融入了图书馆机体中（阮冈纳赞提出的图书馆学五定律之一“图书馆是一个生长着的有机体”），成为一种新的服务，一种不同于传统图书馆的场景。这种技术实践促使图书馆不断探索和形成新的服务理念，进而指导图书馆开展进一步的服务实践。

### 2. 馆藏数字化的影响力

进入 21 世纪，资源数字化的浪潮滚滚而来，推动了图书馆馆藏资源的数字化和网络化建设。数字资源建设是数字图书馆建设的重要内容，甚至一度成为数字图书馆建设的核心，并强调系统建设的“内容为王”。如今的数字图书馆的馆藏动辄以T级、十T级、百T级的存储容量标榜自己的巨大存储能力，把印刷型资料数字化、把图书馆搬到网络上，已成为一种趋势。数字信息环境不仅具有海量的信息内容，还具备动态知识交流的基础，图书馆应突破文献数字化和传递网络化的限制，利用知识组织体系把各类信息对象组织起来，形成专业的信息分析和知识挖掘能力，帮助用户发现知识内容。在数字环境中，图书馆服务由文献服务向知识服务延伸。

3. 用户需求和体验行为的驱动力

在网络时代，图书馆只是信息网络上的一个节点，信息资源的收集、整理、组织和利用远不是图书馆一种机构所能完成的。用户获取信息资源的首选渠道已不是图书馆和数字图书馆，用户的网络体验和信息行为将不可避免地影响到他们对数字图书馆的利用、评价和体验。因此，数字图书馆的用户环境不能自成一体，而应当是开放性的，它必须遵循社会信息交流系统中关于数字资源组织、利用和服务的规则，尊重用户的信息搜索习惯，适应用户的需求。将数字图书馆的服务融入用户的信息环境，送到用户的桌面和用户移动终端上，形成一个开放、泛在的信息环境，这就是用户需求和体验带来的实践和数字图书馆新的服务理念。

## （三）新服务理念讨论

数字环境下，图书馆的服务理念是随着数字环境的发展而不断演变的。我们从远观、中观、近观三个不同的视点来探讨新服务理念。从远观视点来看，应消除信息鸿沟，促进世界文化和科学遗产的交流与利用。数字图书馆通过服务来体现自身在数字环境中的存在价值。从中观视点来看，应为用户提供一个数字化、网络化的良好服务环境，提高用户获取与利用信息的能力。数字图书馆的服务能力保持与网络环境同步，并融入社会的信息背景中。从近观视点来看，应体现信息专业化服务、在线咨询服务、个性化服务，将服务嵌入用户的信息环境，纳入用户的工作流程；协助用户进行知识内容发现，由文献服务向知识服务延伸。

## 二、数字图书馆用户服务及其发展

数字图书馆用户服务是数字图书馆的终极目标。今天，数字图书馆已不再是一种趋势，也不再是一个愿景，它通过用户服务变成了现实图景，成为我们身边数字信息环境的一部分，成为现代图书馆创新服务的新形式。

### （一）数字图书馆用户服务的概念

数字图书馆用户服务是用户获取数字图书馆资源的方式、途径、内容及规则的具体体现。数字图书馆用户服务的概念可以归纳为：数字图书馆用户服务是现代图书馆服务的组成部分，它利用新技术或以网络的方式，提供数字馆藏和相关数字资源的检索、发现、获取或推送、咨询、教育等服务。

### （二）数字图书馆的用户服务策略

研究和讨论服务策略，目的在于探索如何使数字图书馆资源与用户服务之间形成有效衔接，构建有效的服务体系、服务规则和可持续的服务保障。《数字图书馆服务政策指南》第七条从服务方式、服务推广、服务途径等方面对此做了描述，对数字图书馆的服务部署、服务要求、服务方式等做了明确的指引和规范，从理论和实践上扎扎实实地把我国数字图书馆的用户服务引向一个整体、规范的服务平台。数字图书馆的用户服务策略应基于用户需求的满足和数字图书馆内容传播的有效体现两个方面来考虑。

（1）随着互联网的普及和发展，数字图书馆可以在一个地区、一个系统实现全覆盖，与地区的信息网络服务融为一体。数字图书馆用户服务方式要紧密跟随互联网用户的使用体验，并在互联网的信息传播、交流方式及用户体验等方面做出贡献。

（2）公告和展示数字图书馆的服务内容，积极做好宣传推广工作。树立数字图书馆的社会形象，使其为社会和公众所知，从而为公众所用。深入了解服务对象——用户的需求和行为，以及社会发展的需要，以促进数字图书馆的发展。

（3）科学规划各种服务途径，结合实体图书馆的体系建设，如总分馆制、多馆合作协作、数字图书馆联盟等，使用户能够方便、就近获得数字图书馆服务，以提高数字图书馆对于用户的可接近性。

（4）降低服务价格和成本。对于收费的数字图书馆服务，应以非营利为原则，明确收费要求，为用户提供高效优质的信息服务。对于免费提供的数字图书馆服务，则必须减少用户在使用服务时所花费的时间和精力，避免不友好的用户系统给用户造成使用障碍。对于用户来说，他们关心的是服务是否容易获取以及获得文献所需的时间。因此，数字图书馆在进行系统设计与提供服务时应充分考虑节约用户的时间和精力。同时，对于数字图书馆而言，也应考虑自身运营成本，在数字图书馆进行内容建设时要注意资源共享，避免重复建设造成的资源浪费。

（5）从服务提供到用户体验的转变。数字图书馆靠服务来体现自身价值，但仅有服务是不够的。“商品是拿来用的，但服务是要靠体验的”，用户使用数字图书馆系统平台，希望获得良好的感受和满意的效果。用户体验已成为互联网企业竞争中的一个重要因素。数字图书馆作为通过互联网提供服务的系统平台，必须不断改进系统的用户体验。

（6）只有积极培养具有服务意识、信息意识及专业技能的数字图书馆馆员，才能做好数字图书馆系统维护工作，才能为用户提供优质高效的信息服务。用户不能只依赖人机界面来获取数字图书馆的服务，还需要有参考咨询服务、专业信息服务以及个性化的信息服务来满足自己的需求。

（7）积极吸收新的信息技术，以促进数字图书馆的发展，使其拥有强大的生命力和可持续发展能力。提高数字图书馆服务的效率，降低服务成本，促进数字图书馆的服务创新。积极跟踪信息技术的发展，及时引入和推广新的服务方式。

（8）加强交流与合作，通过资源共享为用户提供更好的服务。共享与合作是促进数字图书馆发展与提高服务能力的重要途径。数字图书馆之间的合作可以加快数字图书馆的整体建设，避免重复建设，少走弯路；同时，加强与社会信息交流系统的合作，树立和体现数字图书馆在社会信息交流系统中的地位和作用，可以进一步增强数字图书馆资源及服务的能力。

（9）继续开展前瞻性研究，推动数字图书馆创新服务方式。作为行动指南的技术研发，必须具备前瞻性和可持续性。数字图书馆的具体实践，必须尽快形成让公众接受和欢迎的数字图书馆服务模式，并成为图书馆服务的组成部分。在此基础上开展丰富多样的数字图书馆服务，提供多种技术手段支持的服务形式，供读者选择。

### （三）数字图书馆用户服务方式

数字图书馆用户服务方式关系到数字图书馆如何被公众接纳，如何成为社会公众学术研究、信息交流及文化生活的组成部分。在图书馆开始提供部分数字信息服务时，很多图书馆制定了详细的收费规章，如上机费、数据库开库费、单篇文献下载量等，这些规定都是对图书馆原有服务体系和收费规则的延续。由于没有统一的标准，各图书馆只能在借

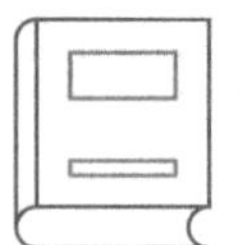



鉴传统服务经验的基础上制定各自的收费规则，服务方式五花八门。到了 21 世纪，数字图书馆已经成为一个可以独立或完全通过网络提供服务的虚拟图书馆，其服务方式也需要重新梳理和规范。在西方公共图书馆领域，公共图书馆的免费服务理念十分明确，数字图书馆的服务形式和属性也有明确的要求。在 20 世纪末和 21 世纪初，国外的图书馆专家对数字图书馆公益性服务的介绍令国内同行感到惊讶。当时，许多图书馆在进行数字图书馆规划时，对于部分运行经费还考虑通过用户服务收费来补充。国内的数字图书馆大多还处于建设和构建过程中，图书馆界对技术、资源建设、功能实现等问题关注得较多，无暇去考虑数字图书馆的运行和服务方式等问题。

数字图书馆用户服务方式是对数字图书馆这一由图书馆提供的“信息服务”存在形式的一种定位和明示。目前，由于数字图书馆建设的主体和环境不同，各类数字图书馆的用户服务方式存在较大差异，有的按文献数量计费，有的按年度计费，有的按团体计费，有的按会员计费，也有的提供免费服务，总之，缺少一个数字图书馆服务的整体要求和规范。文化和旅游部与财政部在 2011 年年初颁布的关于公共图书馆免费开放的政策，明确了公共图书馆服务的公益性要求，确定了公共图书馆基本服务免费开放的总体趋势。尤其是《数字图书馆服务政策指南》对数字图书馆的用户服务方式做了具体的阐述：①数字图书馆的服务应立足于公益性，在尊重和保护知识产权的前提下提供广域网范围内的免费服务。②收费的服务应依据有关政策，明确收费细目和收费标准。

国家法规和行业指南对数字图书馆用户服务方式原则做了明确的定位，数字图书馆用户服务已经从一种可以各行其是的随意状态、尝试性应用行为进入一个有章可循的规范层面，成为图书馆服务的重要业务组成部分。因此，数字图书馆用户服务方式应当坚持公益性原则、互联网范围，以及必要收费时的收费标准明示。对政府投入建设的数字图书馆，在尊重知识产权的前提下主体信息资源应该提供互联网公益性服务已经成为图书馆界的共识。

在数字图书馆用户服务方式逐渐清晰和明确的情况下，经过多年的服务实践，数字图书馆提供的服务内容可以概括为以下几个方面。

### 1. 资源搜索与导航服务

数字图书馆提供一站式或异构统一的元数据、馆藏数据、目录数据、专题数据库等资源检索服务，同时实现对各类载体文献（包括多媒体资源）的检索，以及对象数据的显示、链接及获取，实现对数字图书馆联盟组织或地区的资源搜索和发现服务，提供网络信息资源的专题导航。

### 2. 资源获取服务

数字图书馆提供在线的图书、期刊或各类数字资源的全文阅读服务，在版权许可的情况下提供全文下载服务；对没有在线的原文提供原文传递服务；通过网络提供馆际互借服务；提供资源搜索与获取的一站式服务，以实现“即搜即得”目标。

### 3. 网络参考咨询服务

数字图书馆提供交互式咨询服务接口，实现用户与虚拟咨询员之间交互式的在线或离线讨论；解决用户在使用数字图书馆过程中发现的问题，对具体的检索过程进行指导，针对用户的专门需求提供信息推送等服务。

### 4. 个性化信息服务

通过技术手段实现信息筛选和智能比对，为用户提供定题、个性化、智能化的信息服务。数字图书馆拥有丰富的馆藏数据以及互联网信息利用能力，可以深入社会生活的各个方面，挖掘用户信息需求，为用户提供个性化的信息服务。用户可以根据自身信息需求定制专属信息服务，数字图书馆采用电子邮件、专用信息发送等互联网信息推送技术向用户

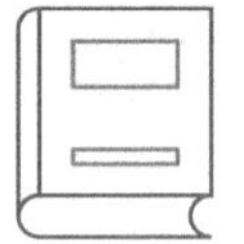



提供专门信息。

5. 在线学习和用户教育培训

数字图书馆为用户提供信息资料、知识内容、教学课件等，构成远程学习环境，并帮助解答学习问题咨询等；为用户提供信息素养教育，提高其利用数字图书馆的能力和信息素养。

6. 数字资源保存服务

数字图书馆对所拥有的数字资源以及用户所贡献的数字资源进行有效保存，并提供长期使用服务。

7. 数字图书馆门户服务

数字图书馆门户是数字图书馆的资源、服务、应用的集中入口，具有用户登录管理、资源展示、搜索、咨询、导航、推荐、个性化页面、版权声明和管理等功能。数字图书馆门户是一个国家或地区文化的展示窗口。

### （四）数字图书馆用户服务的发展与创新

影响数字图书馆用户服务发展与创新的外在因素为社会信息化的背景趋势，内在因素为用户需求的驱动和数字图书馆技术的创新。

1. 确立数字图书馆用户服务的社会地位和形象

在社会信息化大背景下，必须通过数字图书馆提供的有效用户服务，持续产生影响，逐步确立数字图书馆的社会地位和形象。在纸媒时代，图书馆是获取信息的首选渠道。在网络媒体时代，搜索引擎成为获取信息的第一选择。在学术人员和专业人员看来，数字图书馆已经成为仅次于搜索引擎的信息来源，而在普通群众看来，数字图书馆与他们的工作和生活没有交集，因此必须通过用户服务树立数字图书馆的社会形象，使之深入公众的社会生活。

### 2. 将数字图书馆服务内容融入信息大环境

提高数字图书馆的开放性和可接近性。打破数字图书馆系统的自成一体、独立封闭的格局，与其他信息交流系统有接口沟通、数据交换和信息共享。数字图书馆的目录和内容可以通过搜索引擎为社会公众所知，用户通过他们的信息平台能够顺畅地接入数字图书馆，数字图书馆的服务内容和使用方式与公众的信息环境融为一体，以缩短与公众尤其是基层民众的心理距离，使他们在自己所熟悉的信息环境中就可以享受数字图书馆的用户服务。

### 3. 数字图书馆用户服务创新

数字图书馆用户服务应与社会信息化发展同步，并伴随用户的信息获取和网络体验不断创新。接下来从以下几个方面探讨数字图书馆用户服务创新的趋势。

（1）知识单元服务或知识体系服务。

在目前的复合图书馆时代，数字图书馆提供的文献具有较强的文献载体属性，传统文献的数字化馆藏仍然是数字资源的主体。未来的数字化馆藏随着原生数字资源的产生，其文献载体属性将逐渐淡化。应用信息处理技术可以对馆藏数字资源进行知识的单元化处理，应用数据库技术和搜索技术不仅能进行全文搜索，还能进行关联搜索、键值搜索、语义搜索等，因此数字图书馆用户服务可以提供知识单元服务与知识体系服务。

（2）个性化互动服务。

数字图书馆用户服务必须改变用户单向获取信息资源的现状，增强数字资源整合与获取过程中的交互性，提高智能化水平；引入互联网交互性的体验；在用户和数字图书馆接触的过程中及时做出沟通和响应。

（3）信息跟随服务或信息嵌入服务。

随着信息技术的快速发展，计算机与人的关系由“人围着计算机转”

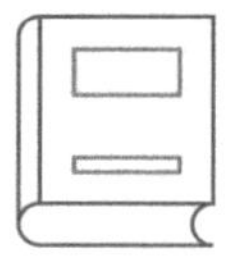



转变为“计算机围着人转”，信息获取也是如此，从以往的定时、定点获取信息发展到随时随地获取信息。信息随时跟着人在转，通过手机、计算机等即时、在线获取或发送信息。数字图书馆用户服务也应嵌入用户的信息环境中，提供一种没有数字图书馆的数字图书馆服务，通过信息软件（如数字图书馆客户端）在用户终端的植入，使数字图书馆跟随在用户身边，植入用户的信息环境中，实现信息共享。

（4）终端无关或移动服务。

随着技术的发展和政策的推进，数字图书馆中的数字资源可以通过各类信息接口与用户的各类信息终端进行信息交流。信息内容与传播通道无关，信息内容与信息终端的具体形式无关，如对于同一内容的数字资源，用户可以通过计算机、移动电话、数字电视、平板电脑等获得并进行信息交流。

（5）应用集成服务与分散服务。

应用集成服务将数字图书馆多元信息、服务、应用集成起来，以满足用户全方位的信息服务需求；同时，对于特定的领域或用户对象提供单一、分散的服务，以满足专业应用、单一应用信息服务的需要。

## 三、数字图书馆用户服务联盟的建设与发展

数字图书馆建设发展到以用户为中心的阶段，研究和建立数字图书馆用户服务联盟具有重要的意义和作用。

### （一）数字图书馆用户服务联盟的意义

数字图书馆用户服务联盟是在数字图书馆联盟的基础上，以用户服务为核心，构建的用户服务的合作与共享机制。数字图书馆联盟等合作组织在数字资源共享、数字图书馆技术、服务平台等多个方面发挥了积

极作用。数字图书馆联盟的构建和需求一般是从数字资源的联盟开始，联盟成员需要建立一个信息存储量大、覆盖面广的数字资源库。通过联盟的技术资源合作，能够完成单个成员馆所无法完成的任务，形成一个统一的技术平台。数字资源建设开发的最终目的是促进资源更好地利用，合作式的数字图书馆相关服务的优势远大于单个数字图书馆的服务。从这个意义上来说，数字图书馆联盟也是数字化服务的联盟。从数字图书馆联盟的定位分析来看，数字图书馆用户服务联盟是数字图书馆联盟作用的最终体现。

此外，在数字图书馆的资源建设、技术开发逐渐成熟后，聚合服务效应也会逐步体现出来。通过用户服务联盟能够将这种聚合服务扩展到更多的联盟成员馆，也能使不同数字图书馆的用户享受到联盟同样的数字图书馆服务。

### （二）数字图书馆用户服务联盟的建设

数字图书馆用户服务联盟可以建立在数字图书馆联盟的基础上，也可以建立专门的数字图书馆用户服务联盟。在数字图书馆联盟基础上建立数字图书馆用户服务联盟，需要在数字图书馆联盟的协议或章程中明确服务联盟的要求或具体的服务协议，建立服务组织，明确服务条款。在各个数字图书馆之间单独建立用户服务联盟，需要专门制定服务联盟协议或章程，建立机构，明确服务要求，建设服务评价体系，统一用户服务平台和管理体系。数字图书馆用户服务联盟的建立避免了数字资源建设、技术平台的协调等复杂问题，有利于数字图书馆用户服务的快速推进，形成区域或数字图书馆用户服务联盟成员馆之间的协同服务。数字图书馆用户服务联盟既可以是一个综合性的服务联盟，也可以是某一单项的服务合作，可以根据需要及合作的效果再行推进。

组建用户服务联盟，更重要的是应从用户的信息需求出发，以满足

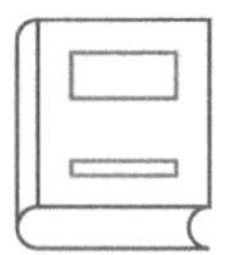



用户需求为目的，寻求数字图书馆间的服务合作。下面对用户服务联盟的具体形式展开讨论。

1. 数字图书馆服务联盟或虚拟图书馆服务联盟

数字图书馆服务联盟或虚拟图书馆服务联盟在联盟成员馆间建立统一的数字资源检索平台或入口，统一揭示各成员馆的馆藏资源和数字资源，各成员馆的用户登录后即可检索成员馆的馆藏资源和数字资源，如中国数字图书馆联盟、国家科技图书文献中心（NSTL）、浙江网络图书馆、深圳文献港等。

2. 数字参考咨询联盟

建立数字参考咨询联盟，能够充分发挥服务联盟成员馆的各类资源、人才优势，为用户提供统一标准的数字参考咨询服务。这种服务联盟不涉及原有机构资源的购买和归属、使用权问题，组织咨询专家为用户提供网络咨询服务，如上海网上联合知识导航网、广东省联合参考咨询网、浙江省联合知识导航网等。

3. 数字资源“一卡通”或“卡卡通”

数字图书馆间达成数字资源的使用协议，实现各自用户卡号对合作数字资源的登录（卡卡通），可以用统一的账号登录共享的数据资源（一卡通）。

### （三）数字图书馆用户服务联盟的发展

数字图书馆联盟在一些地区、行业得到了快速发展，合作与共享已成为业界共识，需要落实的是具体的技术、方式和组织问题。它必将走向更大范围、更加广泛和更有深度的联盟形式。用户需求也驱动着数字图书馆联盟走向真正共享的时代，开辟一个数字资源无缝链接、便捷使用、充分体验的数字环境。联盟的未来发展将是数字资源和数字图书馆技术与互联网的融合，只有数字图书馆用户才是图书馆需要管理、维护和服务的对象。

用户服务联盟的发展需要做好以下两个方面的工作。

### 1. 联盟成员馆明确目标和定位

联盟是一种合作形式，需要各成员馆间自愿达成共识，通过章程来约束各自的行为。因此，明确目标和任务，将有助于增强对成员馆的吸引力和凝聚力。在联盟的定位上明确联盟成员馆的平等关系，淡化官方色彩，将有利于推进联盟的工作。1997 年，美国“国家数字图书馆联盟（NDLF）”在联盟名称上去掉了“国家”一词，改为“数字图书馆联盟（DLF）”，此举的目的有二：一是强调联盟并非美国政府组织，二是试图建立打破国家界限的数字图书馆基础设施。

### 2. 改革与完善联盟的管理模式和运行机制

从美国数字图书馆联盟的运作机制来看，联盟成员享有决策权，对于联盟成员的加入有着严格的条件，那就是必须有重大的研究和开发能力，必须对联盟有所贡献。因此，美国数字图书馆联盟的整体实力非常强，这十分有利于联盟的发展。成员馆加入联盟后，由各成员馆选出的指导委员会对联盟进行管理，成员馆之间是伙伴关系，在业务上是协作关系，这种管理模式和运行机制有利于联盟的高效运作；而我国的联盟更多的是一种行政关系，加入的门槛较低，联盟的活力和发展也相应地受到制约。

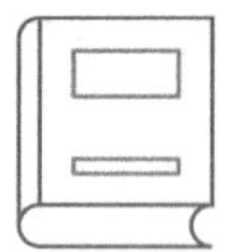



# 第五节　知识产权管理

数字图书馆是以网络为依托的信息空间，其目的是通过互联网把集合的信息资源广泛而又及时地提供给读者。在数字图书馆的建设和运行中，信息收集、复制和传播必然会涉及较多、较复杂的知识产权问题。

## 一、数字资源建设与服务中涉及的知识产权风险

数字化带来侵权问题。数字化技术的发展使得知识产权更容易被复制和传播，侵权行为愈发猖獗。网络盗版、侵犯商业秘密、盗用他人创意等问题屡见不鲜，对知识产权所有者的利益造成严重威胁。

### （一）数字资源开发与服务的知识产权风险

#### 1. 馆藏资源数字化版权风险

馆藏资源数字化是指图书馆利用新型信息技术等将馆藏印刷文献、缩微文献、视听文献等使用传统介质的文献转化为计算机能够识别的二进制编码的数字化信息的过程。

图书馆在对馆藏作品进行数字化时，要根据作品的不同类型采取不同的版权措施，对于已经进入公共领域和不受版权保护的作品（如法律法规、时事新闻、历法等），图书馆可以进行数字化并提供网络传播服务，而不需要征得版权人同意，也不用向其支付报酬。对于保护期内的

作品，“为陈列或者保存版本的需要，复制本馆收藏的作品”属于合理使用范围。“为陈列或者保存版本需要”在《信息网络传播权保护条例》中被限定为“已经损毁或者濒临损毁、丢失或者失窃，或者其存储格式已经过时，并且在市场上无法购买或者只能以明显高于标定的价格购买的作品”。

因此，馆藏文献的数字化必须满足几个条件：①本馆收藏；②合法出版；③市场上无法购买或者只能以明显高于标定的价格购买的作品；④已经损毁或者濒临损毁、丢失或者失窃。

## 2. 数字资源产权的不确定性导致的版权风险

数字图书馆的资源来源是多渠道的。除了采购、交换、接受捐赠等方式以外，还包括通过自动知识发现等机制获取海量信息。即使获得授权，也存在授权瑕疵问题，如国内许多数字化产品包括数字化期刊、数字化图书、学位论文、技术标准等并未完全解决的版权问题。即使是那些宣称已解决了版权问题的产品也很难保证全部版权清晰。版权不清晰是版权风险产生的根源之一。

著作权法规定了职务作品、委托作品、合作作品、演绎作品、汇编作品、未发表作品、外国作品等不同的作品形式。对于易产生著作权归属纠纷的作品，如个人作品、法人作品、职务作品和合作作品，数字图书馆在使用的时候要根据法律判断作品的归属，履行诸如付酬和获得授权等相应的义务；对于易产生著作权侵权纠纷的作品（易侵犯在先权利人的权益的作品），如演绎作品和汇编作品，既要获得演绎作品和汇编作品著作权人的许可并支付报酬，也要获得演绎作品的原作者、汇编作品中享有著作权的原作品作者的授权并支付报酬；对于易产生著作权认定纠纷的作品，如时事新闻和标准，要区分新闻作品与新闻事实、强行性标准与推荐性标准，对于新闻作品和推荐性标准，必须支付使用报酬并获得许可。

数字化馆藏信息资源的产权瑕疵并不仅限于其“非法出版”上，还包括该信息资源本身就侵犯了第三人的知识产权或（和）其他权利形成的瑕疵。从性质上而言，由于馆藏资源本身存在权利瑕疵，提供商对图书馆的出售或者许可行为是无处分权行为，其合同并不是当然无效，而属效力待定的合同。如果权利人追认或者出卖人（许可人）取得处分权的，转让或者许可合同自始有效，权利瑕疵消除；但如果权利人未追认或者出卖人事后也未取得处分权，转让或者许可合同的效力是值得研究的，可能发生第三人（权利人）向买受人（图书馆）主张权利的情形。在这种情况下，买受人（图书馆）属于善意，但能否适用善意取得制度，向出卖人主张权利瑕疵担保责任也是值得深究的。在通常的物权中，买受人是难以适用善意制度的，但图书馆作为公益服务的特殊主体，其中的交易环节中涉及可能同时包含许多作品的知识集合形成的新作品，如果因为一个作品的瑕疵导致整个集合作品的交易无效，容易引发市场的不稳定性，因此有着特殊性。

3. 数字化文献传递的知识产权风险

我国处理馆际互借和文献传递至少应该关注两个问题：一是纸质文献传递与数字文献传递的区分，二是特殊文献传递的注意义务。对于第一个问题，如果传递纸质文献，可以划分为传递原件和传递复制件。如果是传递原件，实际上已经不涉及著作权问题，而是所有权问题，是所有物的出借，因此不是侵权行为；而如果传递的是复制件，则制作复制件的行为属于著作权中的复制，其数量受到图书馆“合理使用”制度的限制，不会对著作权人造成实质性的损害。如果传递的是数字作品，因为数字作品实际上不存在原件的问题，所以传递数字作品是一种复制行为，在没有例外合同的情况下应该有数量上的限制，或者通过技术措施限制传递的份数。对于第二个问题，要针对特殊文献的具体类型进行具体分析。例如，传递学位论文，因为学位论文是一种未发表文献，在传递过程中应注意其发表权，图书馆在传递论文的过程中必须尊重知识产权，要在论文归档时与作者签署有关协议。

4. 数字媒体服务的知识产权风险

数字媒体服务是数字图书馆的服务项目之一。在数字图书馆环境下，媒体服务的范围大大拓展，相关的知识产权问题也越来越复杂。知识产权风险主要包括馆内放映、声像出租、馆际互借、网络传播、视频编辑、数字典藏、声像翻录等类型。对于馆内放映而言，图书馆公益性放映有合法来源的有关研究、教学参考、电影资料片、电影制品属于合理使用；播放其他类型的电影需要得到著作权人的许可，营利性播放其他类型的电影还需要取得相应的许可证。对于声像出租，图书馆提供有偿声像出租服务是一种侵权行为，即使出租的制品属于正规渠道取得的正版制品。对于馆际互借，出借原件一般不会发生著作权问题，而出借复制件主要涉及复制权及其权利限制问题。对于网络传播，图书馆在馆舍范围内对本馆收藏的合法出版的数字作品可以进行网络传播。视频编辑主要涉及修改权、保护作品完整权、技术措施和权利管理信息的保护问题。数字典藏和声像翻录主要涉及复制权的问题。因此，声像服务也存在广泛的知识产权风险。

5. 数字资源导航和移动阅读的知识产权风险

数字资源导航是图书馆进行数字图书馆虚拟馆藏建设和组织网络信息资源的最主要的手段。它利用超链接技术对网络上的相关学科资源进行搜集、评价、分类、组织和有序化整理，并对其内容进行简要的解释，以方便用户查询。数字资源导航服务最主要的方式是对相关内容进行超文本链接。网络阅读丰富了图书馆的服务内容，但会带来相应的知识产权风险。部分电子图书数据库产品实质上是由海量中文图书资源组成的庞大知识库及检索系统，也是一个知识搜索及文献服务平台。《信息网络传播权保护条例》第十四条规定：“对提供信息存储空间或者提

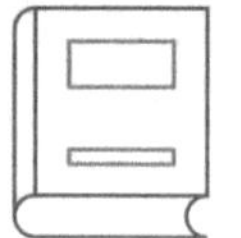



供搜索、链接服务的网络服务提供者，权利人认为其服务所涉及的作品、表演、录音录像制品，侵犯自己的信息网络传播权或者被删除、改变了自己的权利管理电子信息的，可以向该网络服务提供者提交书面通知，要求网络服务提供者删除该作品、表演、录音录像制品，或者断开与该作品、表演、录音录像制品的链接。”也就是说，在一般情况下，链接服务是不需要经过权利人许可、不向其支付报酬的，权利人特别声明的除外，当权利人发现自己的作品被链接而不同意该链接执行时，链接者应当及时断开链接，否则将被视为侵权。图书馆网站常用的超文本链接主要分为主页链接、深层链接、视框链接、埋置链接等类型。

上述规定是指主页链接、深层链接、视框链接和埋置链接等容易构成不正当侵权，这是图书馆数字资源导航和移动阅读需要注意的问题。

6. 数字业务外包的知识产权风险

数字业务外包主要是指图书馆基于契约，将一些非核心的、辅助性的业务外包给外部的专业化厂商，利用他们的专长和优势来提高图书馆的整体效率和竞争力。通过实施业务外包，图书馆可以降低经营成本，弥补自身能力的不足，集中资源发挥自身核心优势，从而更好地满足用户需求。积极开展图书馆业务外包已经成为大势所趋。图书馆涉及著作权的业务外包主要包括技术支持业务外包和资源建设业务外包。其著作权问题可以进一步细分为图书馆软件开发外包业务中的著作权、图书馆网站制作外包业务中的著作权、公有信息数据库外包业务中的著作权、可以合理使用信息的数据库外包业务的著作权、受版权保护的信息的数据库外包业务的著作权、图书馆涉外外包业务中的著作权等。

### （二）数字化技术进步与制度滞后导致的知识产权风险

数字化技术的快速发展使得相关法律制度难以跟上其发展步伐，知识产权保护的法律法规相对滞后，无法及时应对新的侵权行为，给知识产权保护带来了困难。

1. 数字化新环境与相关版权规则滞后之间的矛盾

数字图书馆由三部分组成，即数字图书馆硬件、传输、内容资源。与这三个部分关系密切的复制权、发表权、网络传输权、汇编权等权利最容易受到侵害。数字化技术不断创新服务环境，而知识产权规则的稳定性乃至滞后性必然带来二者的矛盾。

2. 版权规则的不确定性带来的风险

《信息网络传播权保护条例》涵盖了信息网络传播有关的权利限制、技术措施、权利管理信息、网络服务提供者责任及其责任限制等法律问题，内容十分广泛，其中许多规定都直接或间接地与图书馆相关，是图书馆在网络信息服务中应遵循的基本规则，是保障数字图书馆业务发展的重要制度。其中包含的一些基本概念本身在数字信息环境和泛在信息环境中面临着不确定性因素，这需要图书馆给予密切关注。制度环境在不断变化，而制度环境的改变将增加图书馆的法律风险，其知识产权风险管理需要密切关注制度的动态变化和发展趋势。

3. 授权与付酬机制不完善带来的知识产权风险

数字图书馆需要进行海量的数字信息资源建设，同时向公众提供大量的信息资源服务。在数字图书馆工程中，现行版权授权与付酬机制的不完善给数字图书馆带来了风险，如哪些资源需要授权，如何获得授权，如何保证授权的有效与高效，付酬标准如何确定，等等。

## 二、数字图书馆版权保护策略和措施

### （一）建立知识产权管理责任、制度与政策

数字图书馆应建立知识产权管理责任、制度与政策，科学地解决在

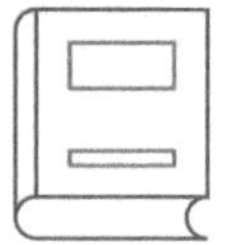



数字图书馆建设中所面临的知识产权问题，寻求法律的保护。

1.对数字资源与数字图书馆风险进行客观评估

对风险进行客观评估是建立完善的管理制度的前提。我国建设的数字图书馆工程具有不同模式、不同目标，如中国数字图书馆工程建设坚持以公益性为主、以资源建设为核心、统一标准规范、开放建设与利益共享、开发与引进相结合等原则。其总体建设目标是通过资源建设工作的组织与实施，建成超大规模的、高质量的分布式中文数字资源库群并提供网络服务等多种服务。中国科学院的建设指导思想是以用户需求为建设目标，坚持建设过程的用户导向，通过联合与合作实施开放性建设，通过规范管理实现工程化建设和可持续发展，保障项目建设为科学院知识创新工程和国家创新体系有效地发挥作用。

我国数字图书馆有些是基于资源建设的模式，有些是基于服务的模式；有些是基于文献资源的战略储备目标，有些是基于现实需要的目标；有些提供的是综合性的服务，有些仅提供学科资源服务；有些面向系统，有些面向全体公众。不同模式的数字图书馆面临不同的知识产权风险。制定知识产权管理方案必须结合数字图书馆自身特点，科学评估存在的法律风险，科学核定自主知识产权的价值。这是科学管理知识产权、避免侵犯他人知识产权的基础。

2.完善数字资源与数字图书馆知识产权管理制度

制度化是知识产权管理有效与高效的关键因素。知识产权是诉讼中的权利，或者说，没有诉讼，知识产权的价值就无法体现出来；没有诉讼，知识产权的风险也无法体现出来。一旦诉讼出现，被诉一方往往会非常被动。这就要求我们在数字图书馆建设中必须高度重视知识产权法问题。

图书馆知识产权管理制度应该兼顾可操作性和前瞻性。可操作性是根据业务类型，针对不同的工作岗位，制定的操作规范中对涉及知识产权的地方尽可能地阐明并详细规定工作方式。不同部门的知识产权操作相互关联，构成整个图书馆知识产权的制度体系。可以针对数字化建设、文献传递与馆际互借、信息网络发布、声像服务、网站建设与网络导航、虚拟参考等不同业务类型分别制定相应的规则。同时，规则要落实，不能流于形式；规则要有弹性，不能僵化，要随着法律环境的变化和图书馆业务的发展不断变化。

前瞻性是根据图书馆所处环境的变化对知识产权政策发展的预见以及为该预见所做的准备。图书馆知识产权环境最大的变化包括信息环境的改变、制度内容的改变、业务类型的改变和资源分布的改变。信息环境的改变主要表现在泛在信息环境的形成，制度内容的改变主要表现在信息网络传播权的规制，业务类型的改变主要表现在开放、合作与远程业务的迅速发展，资源分布的改变主要表现在免费资源、增值资源和集成资源的比重变化。这四个因素相互作用，共同影响着图书馆知识产权风险规避策略的制定。图书馆的知识产权管理制度应该对此有前瞻性的认识。

### 3. 制定数字图书馆知识产权管理政策

对于知识产权管理，领导的决策是关键。知识产权涉及数字图书馆的可持续发展问题，信息资源建设、信息资源服务及信息资源管理中的每个环节均可能涉及。要解决知识产权问题，关键是建立健全版权管理内部工作制度。制度不健全，无疑会增加侵权和被侵权的风险。

数字图书馆的版权管理工作要取得实效，必须保证在整个工作过程中进行知识产权规范化管理。知识产权管理工作要做到规范有序，就必须建立一整套制度、规则和程序，这有利于版权管理工作的规范化和科学化，也有利于提高管理效率。通过建立有效的工作运行机制，建立健全的规章制度，实行明确的责任制，明确各个工作部门应该遵守的版权的基本准则和规范以及各自的职责，并将版权管理工作融入数字图书馆

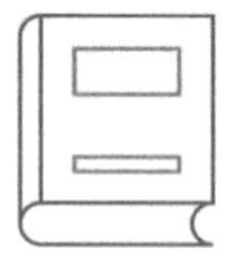



的各项工作之中，以减少和避免版权管理工作的随意性和无序性，提高管理效率。健全的版权管理工作机制包括知识产权管理工作的组织与领导、人员安排、规章制度与监督机制、一定的经费投入、运行机制、必要的表格、工作蓝本。编制相应的知识产权工作手册，对员工进行知识产权培训是非常必要的。

解决数字图书馆知识产权问题的措施应当简明，付费的方式应当简单，程序不应复杂。数字图书馆面临的知识产权挑战是存在的。解决或预防知识产权纠纷，有赖于对现行版权法的正确运用，有些依赖国家对知识产权政策的调整，有些依赖司法对现有法律的解释（只有最高人民法院的解释才具有司法上的效力）；否则会增加知识产权保护的成本，知识产权保护就会成为包袱。

### （二）应将知识产权成本纳入数字图书馆建设与服务预算

知识产权管理方案在实施过程中不仅需要设立岗位、提供人力资源保障，而且要配置相应的经费。版权中的财产权是作者的重要权利。作者对版权进行利用，以获得经济利益，是实现财产权的重要方式。超出了合理使用范围，使用者均应当支付报酬。这表明，图书馆实施知识产权管理方案，成本也是不可避免的。图书馆在向主管部门或政府机构申请经费支持时应将版权成本纳入预算中。

### （三）应设立数字图书馆知识产权馆员岗位

为了避免发生侵权问题，需要在图书馆设立有关知识产权管理的岗位。知识产权管理方案的制定、实施、反馈是一个长期的过程。分析图书馆的法律环境、评估方案的实施效果等，都需要有熟悉法律知识和图书馆业务的专门人员。在信息社会，知识产权法律规范变化发展速度很快，图书馆需要设立专门的版权机构和工作人员，负责知识产权方案的制定、实施、评价和修订。

### （四）充分利用合理使用原则发展公共利益

在解决数字图书馆知识产权问题时应灵活运用现有的法律法规。数字图书馆的知识产权问题，如文献资源建设、文献传递、文献管理中的知识产权问题，都应以现有的版权法为根据，要防止对保护范围的不适当扩大，防止知识产权对数字图书馆的伤害。

图书馆获得信息资源的途径有两种：一种是获得法律的授权，另一种是获得合同的授权。从法律授权的角度出发，图书馆规避知识产权风险可以采用三种方式：一是充分利用各种公有信息，二是充分利用开放存取资源，三是充分利用“合理使用”的权利豁免。

第一，充分开发公有信息资源。数字图书馆的海量信息中，有一部分属于公有信息。图书馆可以充分利用这部分信息开展服务。所谓社会公有信息是指不受著作权保护（至少丧失了著作权中的财产权），任何人都可以无偿使用的信息，包括以下四类：第一类，不适用于著作权保护的作品。如我国的法律、法规，国有机关的决议、决定、命令，其他具有立法、行政、司法性质的文件，时事新闻，通用表格，等等。第二类，著作权过期资源。著作权中的财产权都有一定的保护期限，其财产权过期后任何人都可以使用，既不必征得著作权人同意，也无须缴纳任何有关费用，但在使用时不可侵犯作者的署名权、修改权和保护作品完整权等人身权利。第三类，部分外国作品。在我国，外国人、无国籍人的作品在中国受到保护必须具备以下三个条件之一：①作者所属国或者经常居住地国同中国签订协议或者共同参加国际条约；②首先在中国境内出版的；③首次在中国参加的国际条约的成员国出版的，或者在成员国和非成员国同时出版的。对于不符合以上条件的外国作品在我国不受到保护。第四类，达不到我国受著作权法保护的独创性标准的。并不是

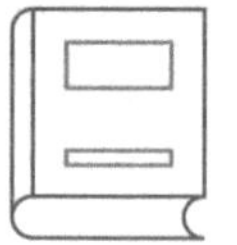



任何信息在我国都受到著作权法的保护，它必须不是抄袭的，并且其创作凝聚了一定的智力劳动。

第二，充分利用开放存取资源。根据《布达佩斯开放存取倡议》给出的定义，开放存取是指论文可以在公共网络中免费获取，它允许所有用户不受经济、法律和技术限制地阅读、下载、复制、散发、打印、搜索或超链接论文全文，允许自动搜索软件遍历全文并为其编制索引，允许将其作为软件的输入数据，允许有关它的任何其他合法用途，除非登录使用互联网本身有障碍。开放存取并不意味着要求版权所有者放弃所有权，或者将作品归入公共领域。开放存取资源和公有资源是不同的。开放存取并没有否定著作权的存在，相反，开放存取以承认资源享有著作权为前提，只是将著作权纳入特有的运营规则。开放存取资源可以免费获取，是在网络环境下发展起来的一种新的重要学术交流模式。图书馆应充分利用开放存取资源来扩张馆藏。图书馆可以实现对“开放存取”的全文链接，为作品建立索引，利用这些作品为用户提供阅读、下载、复制、传播、打印和检索等服务。

### （五）规范数字资源与数字图书馆合同

图书馆在网络环境下的合理使用权利被限定为本馆馆舍。随着网络技术的普及，如果仅在馆舍内提供服务，则和图书馆社会化、远程化、网络化的服务相违背。对于服务和法治的两难处境，通过合同获得授权是最主要的解决办法。从合同授权的角度出发，图书馆规避知识产权风险可以采用三种方式：一是采购合同的约定授权，二是集体管理机构的约定授权，三是网络搜索、链接的默示使用授权。

1. 采购合同的约定授权

采购合同的合法性和约定内容的针对性是图书馆通过合同获得使用授权的基本着眼点。

（1）采购合同的合法性。

要求资源提供方具有相应资质，并对其授权内容具有合法权利。首先要考察资源提供方的资质问题。例如：如果是购买电影的放映权，提供方必须有电影授权资质；如果是购买数据库的网络使用权，要确保该数据库本身是没有版权纠纷的。如果该数据库收录的文献属于侵权作品，这种权利瑕疵将影响图书馆对数据库的正常使用，甚至可能将图书馆带入侵权纠纷的泥潭。

（2）约定内容的针对性。

要求约定内容必须是针对图书馆具体从事的行为设定的。该合同应包括如下条款：①许可使用的权利种类；②许可使用的权利是专有使用权还是非专有使用权；③许可使用的地域范围、期间；④付酬标准和办法；⑤违约责任；⑥双方认为需要约定的其他内容。图书馆需要的常用权利是复制权和信息网络传播权，图书馆的许可使用方式是非专有使用，许可地域和图书馆服务对象密切相关。

建立健全采购合同制度，与具有适格资质的资源提供商约定作品的复制权和信息网络传播权使用事宜，是图书馆适应网络环境提供服务的重要举措。

### 2. 集体管理机构的约定授权

作为海量信息处理机构，图书馆和资源提供方以一对一的授权方式开展信息服务是非常不现实的，而且现代社会人员流动频繁，寻找权利人本身就是一件较困难的事情。通过著作权集体管理机构可以部分解决这个问题。《中华人民共和国著作权法》第八条规定，著作权人和与著作权有关的权利人可以授权著作权集体管理组织行使著作权或者与著作权有关的权利。依法设立的著作权集体管理组织是非营利法人，被授权后可以以自己的名义为著作权人和与著作权有关的权利人主张权利，并可以作为当事人进行涉及著作权或者与著作权有关的权利的诉讼、仲

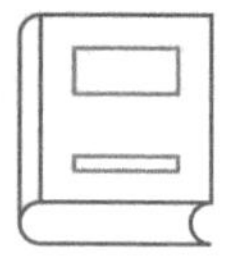



讼、仲裁、调节活动。

3. 网络搜索、链接的默示使用授权

对于图书馆而言，图书馆可以利用搜索和链接的功能构建图书馆数字资源导航系统；但是，当图书馆接收到权利人的禁止链接和搜索的声明以后，要立即停止链接，否则即构成侵权。

### （六）采取有效技术措施

技术途径作为法律授权和合同授权的补充机制在保护知识产权方面发挥着重要作用。技术途径在图书馆的知识产权风险规避方面的作用表现在两个方面：一是利用技术措施保护图书馆收藏的他人享有著作权的作品，二是利用技术措施保护自己的增值开发信息不受侵权。

### （七）加强数字图书馆对信息资源的增值利用工作

对馆藏文献进行增值加工形成增值产品与增值服务是规避著作权风险的重要路径选择。例如，信息咨询形成的产品集合了图书馆馆员的智力劳动，常常因为具有了著作权法要求的独创性而受到著作权法的保护，形成了自己的知识产权产品，在具体业务中主要包括以下内容：①参考咨询的问题库、知识库、专家库等；②在定题服务中设计的定题服务方案、检索策略、构建的定题服务数据库等；③在战略情报服务中，对从海量信息资源中捕捉到的有战略价值的情报加以科学整合，形成的研究报告。

数字图书馆也可以通过对不享有著作权的文献进行深度加工，整合一切相关信息资源，生成高附加值的信息产品，从而享有著作权。通过自建特色数据库，开发新的数字资源，可以形成特色文献库，也可以形成自主知识产权。

## （八）加强著作权教育，提高读者的知识产权素质

网络环境中，图书馆承担的版权责任可能是因为用户利用作品的违法行为引起的，应该对用户利用作品的行为进行有效的引导。图书馆可以实行对用户的合同化管理，将用户利用作品中保护著作权的规则、方法、责任等内容包含在图书馆与用户签订的合同条款之中；但仅仅依靠这种方式来消除用户的非法使用行为并提高用户的知识产权意识是不现实的。用户版权意识和版权保护技能的普及与提高是一项持续性的工程。因此，不能把签订合同当成图书馆对用户管理活动的结束，而应看成对用户版权教育和培训活动的开始，图书馆应以各种方式宣传著作权知识，提醒用户注意保护版权，并告知用户侵权的后果，同时加强对用户利用数字化作品方式方法的监督指导，以便纠正其不良行为，消除侵权隐患。

## （九）推动数字资源和数字图书馆的立法进程

目前在国内，数字资源与数字图书馆属于新兴事物，与之相适应的法律与政策尚不完善，图书馆界应该更多地推动立法以促进图书馆的建设与发展。

# 5

# 第五章

# 新时代云图书馆管理

# 第一节　云图书馆平台的架构与实现

云图书馆是指基于互联网技术提供数字化图书，读者通过网络可以随时随地在线阅读、借阅和管理图书的网络平台。相较于传统图书馆，云图书馆具有无时空限制、数字资源无须物理存储、大众阅读成本更低等优势。目前，许多图书馆已经开始建设或与第三方合作运营云图书馆，以方便读者获取图书馆资源，促进阅读普及。

## 一、计算与图书馆

计算的本质是提高效率和发现规律。图书馆中储存了大量的人类知识成果，通过数字工具的思想与手段实现对馆藏文献及其内容的有序化、高效化管理与应用，始终是图书馆的核心工作和不懈的追求。

### （一）人类文字符号

人类对世界的认知与人的知觉密不可分，通过视觉、触觉、嗅觉、听觉、味觉等方式感知外部世界，特别是视觉和听觉，可以使人的感觉对外部空间获得极大的延伸，也使人类对外界信息感知的内容变得极为丰富，且不需要有直接的身体接触。视觉和听觉的特性，为人类语言和文字的产生、发展及利用提供了最基本的符号基础。

人类的语言符号可以分为两种：一种是有明确意义的文字体系，另

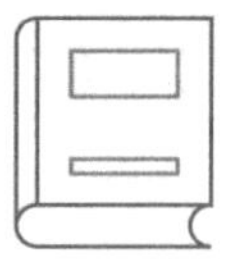



一种是不具有特定意义的符号体系。文字体系是人类用来记录和交流的基本工具，符号体系则是人类用来运算、进行逻辑推理的基本工具。

文字是基于人类认知的抽象视觉符号，是人类进行信息传递的工具，是人类知识的载体，也是人类思维的表达形式。人类语言文字的符号化特征使得计算机能够对其进行处理和运算。

通过计算机对人类的符号系统进行处理，不仅可以有效地管理和存储图书文献，还可以促进图书文献的广泛传播与共享。

### （二）图书馆的计算特征

在日常生活中，人们为了使复杂的工作或事物能够有序化、条理化，往往会根据计算和比较的结果来确定提高效率、减轻劳动的方法。随着时代的发展和科技的不断进步，图书馆在图书文献与知识的管理上对计算工具与技术的利用程度也在不断地发展和深入。

早期由于对大量数据的处理能力有限，主要是对图书文献进行分类和排序，随着计算机技术在图书馆领域的广泛应用，一方面深化了对图书文献形式的管理，制定了更全面的机读编目数据，并通过人工智能技术进行自动构建主题词表和对图书进行自动分类的探索，同时，利用文献的数字化存储和传输技术开展图书馆信息化服务；另一方面，利用图书馆语义网技术、人工智能算法技术对文献内容管理做了大量的尝试性工作，在知识管理、知识挖掘、数据关联等领域进行了实践和探索。

### （三）图书馆业务的计算与优化历史

早期图书馆出现后，为了便于管理和使用，对图书进行了大量的分类工作。亚历山大图书馆曾把文献分为史诗、抒情诗、历史、哲学等几大类，并对每大类进行了细分。为了方便存放和借阅，图书馆把所有图书都进行了登记、分类和编目，并标明书名、来源、出版时间及原藏地，标明行数或字数及估价、作者、编校者，甚至原收藏人姓名。

1. 制定分类方法

现代图书馆为了图书有序化工作更加合理与科学，对图书分类进行合理规范。根据17世纪英国哲学家培根关于知识分类的思想，杜威将人类知识分为记忆（历史）、想象（文艺）和理性（哲学，即科学）三大类，1876年出版的《图书馆图书小册子排架及编目适用的分类法和主题索引》（杜威十进分类法），成为全球各地图书馆广泛使用的分类法，《中国图书馆分类法》（简称《中图法》）是当前我国绝大多数图书情报部门推广使用的分类法，是新中国成立后编制出版的一部具有代表性的大型综合性分类法。

2. 图书馆自动化

图书馆自动化管理系统起源于20世纪50年代的美国。美国海军兵器中心（NOTS）的研究员利用IBM 701机器进行的单元词匹配检索试验打开了信息检索技术的大门。1958年，IBM公司研究员卢恩进行了著名的自动抽词试验，从此开创了自动分类、自动标引、信息检索等多个涉及图书情报学技术领域的研究。20世纪70年代，以OCLC（联机计算机图书馆中心）等为代表的联机编目中心相继出现。20世纪80年代，图书馆自动化系统正式步入集成化、商品化时代。

3. 数字图书馆

数字图书馆是一种拥有多种媒体内容的数字化信息资源，能够为用户提供方便、快捷、高水平的信息化服务。Michael Hart在1971年将美国《独立宣言》输入计算机开创了数字图书馆的新纪元，同时使美国《独立宣言》成为第一本数字图书。1994年9月，美国国家科学基金会正式公布了一项为期4年投入2440万美元的“数字图书馆首创计划”。1994年，美国国会图书馆推出数字化项目，并获得1300万美元

的资助、捐款和国会拨款，不仅逐步实现了本馆馆藏数字化，而且领导与协调全国的公共图书馆、研究图书馆，将其收藏的图书、绘画、手稿、照片等转换成高清晰度的数字化图像并存储起来，通过互联网供公众存取利用。

4. 开放存取

开放存取（Open Access，OA）是 20 世纪 90 年代在国外发展起来的一种新的出版模式，旨在促进学术交流，扫除学术障碍。这是国际科技界、出版界、学术界、信息传播界为推动科研成果通过网络自由传播而发起的运动。

5. 移动图书馆

移动图书馆（Mobile Library）最初是指图书馆利用汽车等交通工具，到远离图书馆的地区开展图书借阅服务。随着网络信息技术的快速发展，文献复制、传递的方式脱离了对物理图书的依赖，以有线和无线的网络为主要途径。移动图书馆采用无线移动通信网络、以无线互联网接入的方式传递服务，使人们摆脱图书借阅对时间、空间和地点的依赖，使用各种移动终端（如平板电脑、笔记本电脑、手机等）方便灵活地查询图书信息、浏览与获取文献资源。移动图书馆是一种新兴的图书馆服务，是对数字图书馆电子信息服务的延伸与补充。

6. 智能图书馆

数字互联之后，物物互联成为人们关注的焦点。智能图书馆是图书馆发展的必然趋势，也称智慧图书馆。从感知计算的角度来看，智能图书馆=图书馆+物联网+云计算+智能化设备，通过物联网实现智慧化的服务和管理，实时主动地获取相关的感知数据，并在对感知数据进行分析和处理的基础上，为图书馆工作人员提供一个智能化的管理平台，为读者提供一个无处不在的智能化的服务环境。云计算、物联网与图书馆的结合可以高效灵活地将资源和服务有机整合起来，以实现任何载体、任何人、任何物、任何时间、任何地点的互联互通。泛在图书馆是智能图书馆的最终表现形式。

泛在图书馆的提出是顺应现代技术发展，依据通信技术、信息技术、射频技术的应用前景而产生的。“泛在（Ubiquitous）”一词来源于拉丁文“Ubique（到处，处处）”，在英语中其为“无所不在、普遍存在”之意，“泛在”一词在当代作为描绘未来世界的专用词汇，最早是由 IT 业界知名学者、世界泛在计算创始人之一的日本东京大学坂村健教授提出，坂村健于 1984 年发布了著名的内嵌式操作系统 TRON，并提出要针对全社会的需要开发一套理想的计算机结构和网络。依托于互联网的“未来数字图书馆可以使每一位公民都能够通过多种方式联入因特网，克服地理、语种和文化的限制，友好、多形式、迅速高效地在任何时间、任何地点获取人类的所有知识”。

## 二、图书馆云计算

现在，几乎所有与计算机相关的事物都被冠以“云”，我们经常会看到和听到“云计算”“云存储”“云软件”“云终端”“云安全”“云杀毒”等术语和名词，云计算到底是什么？它与图书馆之间到底存在怎样的联系？

### （一）对图书馆云计算的理解

云图书馆可以定义为构建于互联网上，并为读者提供服务的虚拟图书馆，云图书馆就是利用云计算技术和理念构建的图书馆基础设施和服务，是在云计算技术的支撑下将分散的图书馆设备、数据、资源等与用户紧密联系在一起，在互联网上以云图书馆应用平台向用户提供统一界

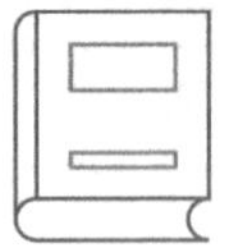



面的新型图书馆服务。云图书馆是一个大型的、存在于网络中的数据库。云计算作为一种技术手段和实现模式，使计算资源成为向公众提供服务的社会基础设施，将对信息技术本身及其应用产生深刻影响。随着信息社会的快速发展，文献信息资源的集约化特征受到了严峻的挑战。信息资源的存在方式正在从模拟状态向数字空间转变，信息资源的利用环境也正在从物理空间向虚拟空间转变，图书馆在经历了互联网时代、Web时代、网络时代、Web 2.0 时代之后，进入了云计算时代。作为组织和传递知识的机构，图书馆与云计算的融合已成必然。当云计算作为一种开发环境实现平台构建时，相关数据存储在“云海”之中，用户在任何时间、任何地点都能以某种便捷的方式获得“云”中相关的信息或服务，因此云图书馆就成为基于云计算的大型信息超市和大型图书馆联盟。

## （二）传统图书馆与云计算

传统图书馆的分散性导致图书馆各自为政，资源无法得到充分利用和开发。数字图书资源供应商也对传统图书馆提出了新的要求，数字图书资源以海量的内容和低廉的成本，通过计算机和网络向用户提供服务，导致传统图书馆的利用率大大降低。与此同时，数字图书馆也面临着搜索引擎巨头的挑战。

云计算给图书馆带来了挑战，也带来了机遇，机遇与挑战并存。以云计算服务为手段，确立云图书馆架构体系和服务，组建图书馆数字联盟，以云图书馆建设为契机，变革图书馆服务模式，能够更加贴近用户个性化应用，同时可以衍生出更多的新的服务项目。

从更高层次上来说，甚至可以将云图书馆理解成将全球大大小小的图书馆视为一个整体来对待，是云时代基础上的更深意义上的固定联盟。每个图书馆都可作为单一的服务器介入其中，开放存取的地域和等级限制将完全消失。情报分析、书目检索等都将进入智能化时代。信息技术的不断进步将图书馆馆员从简单琐碎、枯燥乏味的劳动中解放出来，使其能更好地发挥知识导航员的作用。图书馆的服务要素和服务结构都将发生巨大的改变，图书馆的服务模式也必然要经历更加深刻的变革。应充分利用云计算技术，尽早搭建图书馆云平台，在现实的基础上架构图书馆资源共享和图书馆大联盟，实现真正意义上的图书馆协同、图书馆服务和图书馆联盟，打造云时代的图书馆。

### （三）复合图书馆与云计算

从图书馆的整个发展过程来看，复合图书馆是一个非常重要的发展阶段，是介于传统图书馆与数字图书馆之间的一种过渡形式。在今后的很多年，复合性都将是图书馆发展的核心要素，但其形态、性质及水平都将随着信息环境的变化而不断深入发展。对于当前图书馆而言，与其说复合图书馆是一个概念，不如说复合图书馆是一种环境。正如黄宗忠教授给出的定义，复合图书馆是一个在机构框架下传统图书馆与数字图书馆共存互补的有机整体，是实体加虚拟的物理场所和信息空间。研究复合图书馆与云计算的结合，是云图书馆理论和实践的重要组成部分。

信息环境的变化日新月异，技术也变得越来越社会化，并深入用户心里。信息消费者通过各种设备和新的平台进行沟通和互动。图书馆作为信息技术的提供者发挥着越来越重要的作用。通过信息技术整合基础设施和变革服务模式，改变了图书馆的 IT 基础设施，云计算作为一种技术应用和商业运营模式，将海量的数字信息链接在一起，实现了图书馆数字化的云平台和云联盟，为数字资源的共建、共享、共知提供了新思路。面对新技术环境给图书馆带来的巨大冲击，尽早制定云计算发展战略是复合图书馆提升核心价值、实现跨越发展的生存之道。

复合图书馆的发展离不开技术体系的支撑，其最大优势在于以集合的、因地制宜的方式实现本地与外地资源、印本资源与电子资源的无缝

链接和存取。技术是实现复合图书馆目标的重要基础。云计算通过采用网格技术、虚拟化技术、并行算法技术，用价格低廉的服务器集群代替价格高昂的专业服务器，实现大规模的高速计算服务。云计算就是“以公开的标准和服务为基础，以互联网为中心，提供安全、快速、便捷的数据存储和网络计算服务，让互联网这片‘云’成为每一个网民的数据中心和计算中心”。从某种意义上来说，云图书馆是一种较高发展阶段的复合图书馆，利用云计算技术对复合图书馆的信息资源进行有效整合和集成，并通过云图书馆平台快速进行资源查找和处理转换，使用户根据需求访问计算机和存储系统，拓展信息化服务，贴近个性化应用，是构建复合图书馆技术体系的关键步骤。

## （四）云计算对图书馆的战略影响及带来的发展机会

云计算技术在图书馆的应用，将会给图书馆带来一系列革命性的变化，主要变化有以下几种。

### 1. 极大地降低图书馆的建设和运行成本

为了跟上信息技术的快速发展，图书馆往往需要不断地更新硬件设备，不断购买新的软件进行系统维护，对于图书馆来说，数据库系统和硬件的维护需要花费较高的成本。云计算的应用将会改变这种状况，图书馆不需要购买大量的硬件设备和软件系统，也不用担心服务器崩溃的状况发生，仅需要一个浏览器就能够满足用户的所有需求，其他事情将由云计算服务提供商代为解决。云计算在图书馆的应用可以最大限度地降低图书馆的建设和运营成本。

### 2. 真正实现信息资源共享

在云计算环境中，图书馆的信息资源将存储在“云”端，“云”里有成千上万台服务器在为不同的用户提供服务。图书馆的相关信息可以实现异地存取，也可以由某一个图书馆群共享，或者仅供本馆用户使用，用户就像使用图书馆一样在世界各地的云图书馆中漫游。云技术使用户的信息需求得到了极大的满足，从而实现了更大范围的信息资源共享。同时，采用云计算模式，相关图书馆之间可以共同构筑信息共享空间，从而有效提高了信息资源的利用效率。

#### 3. 提高图书馆工作效率，专注核心业务

在云计算环境中，图书馆中几乎所有的业务支持系统和资源服务系统都可以通过云计算服务提供商来提供，云计算服务提供商凭借超高的云计算存储、处理技术及超强的计算能力为用户提供服务，极大地提高了图书馆的工作效率，并有助于原先进行基础设施与应用程序维护、升级的图书馆馆员拓展新的服务领域，使图书馆的人力资源更专注于核心业务。

#### 4. 云计算为图书馆提供超强的数据资源存储能力

云存储技术能够全面、灵活地解决图书馆面临的数据资源存储问题。云存储技术可以对所有图书和多媒体数据进行统一查看和管理，还可以优化分布式数字图书馆远程数据访问的性能。云计算环境下的存储技术将会极大地改变传统的信息服务方式，实现数据库和图书馆之间更加紧密的应用整合，并可以更便捷地管理数据资源，云存储为有效满足图书馆资源存储需求提供了新的解决思路和方法。

云计算技术是图书馆重要的技术环境变量，它通过改变图书馆的基础设施，直接推动其管理运营机制变革，从而对图书馆的产业链和服务模式产生深刻的影响。云计算在技术和应用上的逐步完善为图书馆进入云时代，在全面整合分散在各馆的设备、协同各馆的应用、组织各机构的数据资源等方面提供了有力的技术保障。

### （五）重构图书馆的设施环境和运营机制

大多数图书馆经过多年的积累，已经建立了完善的信息化环境，实

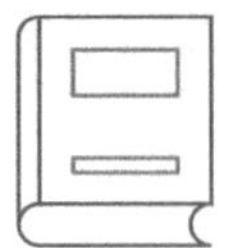



现了信息化管理和信息化服务。然而，各种应用依旧呈现出割裂的状态，比如图书编目系统、图书管理系统、参考咨询系统均来自不同软件生产商，其数据库结构各不相同，需要单独设立服务器，造成了图书馆信息化基础设施计算能力的巨大浪费。云计算技术整合了底层的基础设施，利用虚拟化技术将分散的基础设施整合到一起，进而把依托于各种异构技术（操作系统、数据库）的应用整合起来，形成统一的管理服务机制，不仅最大限度地提高了硬件设施的能力，而且进一步优化和简化了软件和各种应用，图书馆工作人员不必再关心“云”内技术事务，而可以专注于业务模块的使用。众多的区域性小“云”开始融合，众多的供应链“云”开始纵向融合，通过云计算技术的整合可以构成一个大规模资源应用服务池。

基础设施的优化将直接导致图书馆自身的业务管理流程发生变化，图书馆可以调动更多的精力，确立和发展各自的优势领域，集中精力提高自身的服务质量。从信息发现到资源传递，图书馆的运营机制不断重构，图书馆的物理和虚拟空间效能得到了最大限度的发挥和运用。

## （六）图书馆云计算的愿景和目标

对图书馆分散的网络设备进行整合，以获得更强的计算能力，建设成一个具有超强计算能力的图书情报处理与服务云图书馆；各机构间通过对信息设施的整合，建成一个包含了所有图书馆资源和服务的联合体，进而全面整合知识供应链；实现图书馆资源与服务的融合。从而更好地践行图书馆的使命，为社会提供更加开放、平等、高效的知识服务。

### 1. 优化基础设施，构筑图书馆的云计算基础架构

利用云计算技术，对现有的设备进行云计算整合，将分散的计算资源、异构的系统优化成全新的高性能服务器，并实现具有服务器自动扩展、数据库无限扩展、存储资源无限扩展、负载均衡自动调整能力的大

型网络应用，是图书馆的战略愿景。通过云计算整合，一方面，对机构内的网络设施进行私有云建设，优化机构内部的计算资源；另一方面，将丰富的计算资源投入公有云建设中，从而优化图书馆的基础云设施。

2. 变革管理模式，构筑图书馆的云联合体系

随着云计算的实施，图书馆内部的岗位设置需要进行相应的调整，传统的采访、编目、流通等部门的工作退居次要位置，而围绕着数字化资源设置的岗位将占据主导地位。同时，随着基础云设施的建设，设备、数据、资源实现了在“云”中共享，打破了传统的区域性合作模式，开创了新型的图书馆的云联合模式。

3. 变革服务模式，重塑知识服务价值链

随着云计算的逐步实现，图书馆由传统的向用户提供文献阅读和参考咨询服务，转变为向用户提供个性化的、结构化的、经过筛选和挖掘的知识服务。在云计算服务平台上，可以通过分析用户的偏好和信息需求特征，以及对资源进行挖掘和整理，最大限度地满足用户的需求；云计算平台成为最基本的资源传输通道，知识源的获取成本大幅降低，图书馆进行一次议价即可在云计算平台上购买图书和数据库等信息资源，而不必分散或采用联盟方式购买。

## （七）图书馆的云计算战略

在云计算环境中，图书馆必须重视自身的战略规划和战略发展，这是指导未来行动以及解决实际问题的组织定位和发展策略。从战略内容来看，主要包括图书馆的目标、使命、愿景等静态内容；从战略的制定与实施过程来看，主要包括战略规划、战略实施、战略控制等过程。图书馆的云计算战略解决的是如何确立各馆在云图书馆中的目标、使命、愿景，以及各馆的云计算战略规划的制定、实施和控制的问题。

图书馆云计算战略主要有设施型战略、应用型战略、技术型战略和

服务型战略四种类型。

1. 设施型战略

设施型战略是指将图书情报机构的设施部署到公有云中，使自身成为“云”中基础设施的一部分。图书情报机构实施云计算战略最基本的方式是对机构内的计算资源进行云计算部署，最大限度地发挥设备的作用，有条件的机构可以对其计算资源进行横向联合，形成公有云。

2. 应用型战略

应用型战略是指小型图书馆资金和馆藏规模较小，可以选择通过互联网直接访问并利用云计算提供的业务服务，在云图书馆平台上进行图书管理、图书编目、图书借阅等应用。

3. 技术型战略

技术型战略是指将开发的云计算应用软件、应用平台，包括云计算技术与部署服务，放在“云”中，供“云”中的图书馆使用，按照使用的时间和次数进行收费。

4. 服务型战略

服务型战略是指中等规模的图书馆可以根据自身需求选择云计算，如在线协作、合作伙伴整合等，小型图书馆则可以无所顾忌地使用云计算，因为服务提供商所提供的服务及安全保障通常会超出其需求范围。而对于另一个极端——高端用户，大型图书馆则需要采用一种混合模式。考虑到法律及风险管理等问题，大型图书馆会把比较敏感的数据和应用放在本地，部署到内部云或私有云中。

### （八）图书馆的云计算实施策略

图书馆的云计算实施策略主要有竞合策略、协同策略、联盟策略和产业集群策略四种类型。

### 1. 竞合策略

创造价值本质上是合作的过程，争取价值本质上是竞争的过程。图书馆与云计算服务提供商、云平台软件提供商、出版商之间构成了合作与竞争的关系，这些机构为图书馆提供了基本的技术支持和图书文献资源，又共同争取更多的用户。图书馆应该采用优势互补的合作策略，结合自身优势在合作与竞争中使服务具有更高的价值。

### 2. 协同策略

一个集群中的图书馆由于互相协作共享业务行为和特定资源，会比单独运作的图书馆具有更强的盈利能力。协同策略就是实现图书馆的协同服务效应和资源整合，以达到“一加一大于二”的效果，同时实现降低成本、增加收入、提升服务的目标。

### 3. 联盟策略

图书情报机构拥有共同的市场、共同的使用资源，通过云联盟方式，一方面减少了交易的中间环节，节约了交易成本，提高了经费利用率。另一方面可以形成图书情报服务规模，实现了优势互补、互利互赢，形成综合优势。

### 4. 产业集群策略

产业集群策略是把图书馆的服务职能、图书情报产业链条的各个环节，按照各自的资源优势，通过云计算平台部署形成彼此有机关联的集群效应，从而更好地提供增值服务。

技术是一柄“双刃剑”，云计算给图书馆带来了巨大的挑战，也使图书馆的发展面临着历史性的机遇，图书馆的云计算战略应该对其发展具有良好的指导意义，缺乏理论与实践的契合是目前云图书馆研究面临的最大障碍。技术弥合的差距、信息政策与相关法律的滞后等都在一定程度上影响了新技术环境下图书馆的发展，只有明确图书馆发展的战略

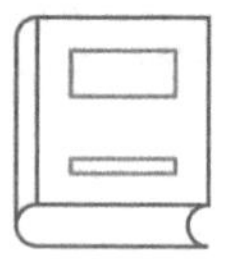



方向和建设模式并不断地探索和实践，才能更好地适应信息化社会发展的需要。

## 三、云图书馆平台的架构与实现

云图书馆平台是对图书馆传统应用平台在理论与实践上的升级，在功能要求、技术基础架构等方面有一系列的变革和要求。云计算作为一种共享技术的架构模式，可以将海量的数字信息连接起来，构建图书馆数字化的云平台和云联盟，为数字资源共建、共享、共知提供了新思路。云图书馆平台就是一个大型的图书馆计算机集群，通过并行计算可以将众多的图书馆整合起来，快速把资源查找和处理转换到需要的应用上，使用户能够按需访问计算机和存储系统。传统图书馆的分散性导致图书馆各自为政，无法充分利用和开发数字资源，而云图书馆平台给图书馆发展提供了一个巨大的契机，图书馆可因此拓展信息化服务，贴近用户个性化应用，变革图书馆服务模式。

### （一）图书馆云平台的功能要求

图书馆云平台作为面向图书馆用户和广大公共用户提供服务的平台，首先要尽可能满足图书馆的应用要求，图书馆对软件的需求主要体现在图书馆建设方面，比如图书编目、用户统一认证、计费、联合资源检索、数据和知识服务、数字对象存储等方面的需求；除此以外，在图书馆合作服务方面也有一定体现，比如馆际互借、特色数据库、参考咨询、学位论文等方面的需求。其次，图书馆云平台还要尽可能满足广大公共用户的需求，比如文献检索和浏览、学术科技动态跟踪、学术会议信息等需求。传统的图书馆平台软件仅为一个图书馆提供服务，而云平台则是为整个行业提供服务，具有传统图书馆平台软件无法比拟的鲜明特色，比如部署费用低，存储空间大，资源充分共享，最大限度地满足读者的个性化需求，等等。

## （二）云图书馆平台的技术基础架构

云图书馆平台主要是以底层后台设备集群技术为支撑，进行访问和流量的调度；采用跨平台技术，对不同图书馆的各种异构数据库进行元数据收割与管理；在此基础上，将各个图书馆现有的服务器整合到统一的云平台上，以统一的服务界面面向用户提供图书馆应用服务。建设云图书馆平台，是基于经济性、效率性、通用性等多种因素的综合考虑，采用技术手段全面整合图书馆资源，最终实现图书馆社会功能效益的最大化。在云时代，图书馆的管理和服务完全基于 Web 提供的服务展开，大多数图书馆不需要再购买传统的硬件服务器和软件，也不需要再聘请专业的计算机与网络维护人员，可以直接通过终端设备接入无时不在、无处不在的互联网对馆藏资源进行编目、借阅等工作，并通过互联网向公众提供专业的、具有特色的图书馆服务。

## （三）图书馆进入云计算平台的途径

云计算平台是专业的软件产品，图书馆不一定具备专业的开发能力，通常需要由专业的开发团队、公司或机构来完成云计算平台的构建。因此，图书馆首先需要安装图书馆云计算平台系统，使图书馆成为云计算平台的一个节点，然后根据图书馆的现有情况将需要提供云计算服务的资源和数据置于云计算服务中。

### 1. 图书馆理念的转变与提升

图书馆构建并进入云计算平台，首先要转变理念，在兼顾具体的实体图书馆的前提下树立“大图书馆、大服务”的观念。所谓“大图书馆”，就是将图书馆视为一项事业，将所有的图书馆集合在一起，以图书馆的

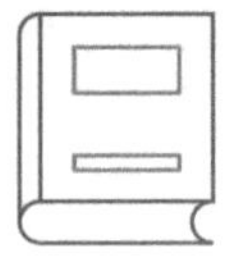


名义，共同守护人类文明和知识的殿堂。所谓“大服务”，就是本着图书馆的精神实质，面向全社会提供图书阅览、导引及服务，在这里只是借助图书馆云计算平台，把服务于社区、团体的意识扩展并延伸到整个社会。

### 2. 开发或选择云计算平台软件

图书馆云计算平台软件，作为图书馆云计算网络平台的操作系统，负责管理网络节点和数据访问的分配，以及向用户提供访问服务的界面。图书馆要进入云计算平台，必须在其服务器上安装云计算软件，通过云计算操作系统的统一管理，成为图书馆云计算平台上的一个节点，至此才能说图书馆已经成为云计算平台中的“云”。

### 3. 利用系统冗余架构图书馆云平台

目前大多数图书馆，特别是高校图书馆都购置了大量的软硬件设施，初步建成了面向学校内部的图书馆数据服务中心，并留有大量的设备冗余；馆与馆之间的数字资源和纸质资源都是相互独立的，这些图书和资源是巨大的重复和浪费；图书馆云计算通过硬件的集群把这些冗余集中起来，以云的方式将其进一步利用起来，把连接在一起的各图书馆资源和服务统一到一个服务界面，向更广泛的用户提供服务。云平台可用于应用业务模块的租赁，每个图书馆都配置了图书馆管理系统，这些管理系统的购置和维护也给图书馆带来了巨大的开支压力；但通过应用图书馆云计算的虚拟技术，每次进行图书编目、借阅管理等应用时租用云图书馆的这些服务，则会大大减少购置、管理和维护的成本。

图书馆既在“云”中又在“云”外。图书馆的服务器既是图书馆本地服务应用的提供者，又可以通过互联网参与到云计算服务中，通过面向终端公共用户的统一服务界面，实现信息资源的共建共享。统一服务界面是指图书馆云为用户提供的个性化的应用，在这里用户可以自由使用分布在云端上的资源和数据，只有需要借阅具体的图书和文献时，用户才会根据获得的索引查询结果，依据自己的选择和喜好决定借阅哪一个图书馆的图书。

4. 图书馆职能的拓展与转变

图书馆成为云计算平台的“云朵”之一，意味着图书馆服务职能从狭隘的为本地用户和成员服务扩展到为全社会服务，服务领域也得到了极大的延伸。同时随着图书馆云平台的功能多样化和管理智能化，图书馆馆员也将由学科导航、借阅指导等简单的服务职能朝着知识导引、学科领域专家等方向发展。此外，随着图书馆云计算的实施，图书馆的各类知识咨询服务也将成倍增长，这对图书馆向云计算平台迁移提出了新的挑战。

## （四）图书馆向云计算平台迁移

目前，云计算处于商用的初级阶段，云计算理念还需要用户广泛接受。作为一项重要的基础设施，图书馆在多大领域范围内架构这一平台，需要将哪些资源置于“云”中，在多大程度上进行信息资源共享，都是摆在我们面前的亟待解决的问题。

1. 确定将哪些图书馆置于云平台中

在快速发展的信息时代，大多数图书馆仅依靠自己的经费和馆藏文献信息资源是无法满足读者的多样化、个性化的信息需求的，图书馆融合和共建是一种必然趋势。只有通过云计算技术将图书馆应用和服务连接起来才能达成云平台上的联盟。图书馆首先要确定将哪些图书馆置于统一的云平台中，并进一步整合分享馆藏资源，通过由云计算技术构建的云服务界面提供给用户。可以把数字图书馆建设基础较好的图书馆作为发起馆，以技术的不断创新为保障，保障各个成员馆资源利用的最大化，迁移、改造和合作成本的最小化，并通过云计算技术的应用，将图书馆和终端用户开展科研与学术研究有机地结合起来，突破设备和地点

的限制，在文献利用、学术交流、情报跟踪等方面提供统一的服务。

2. 确定将哪些资源置于云平台中

通过云计算，图书馆之间可以构筑信息共享空间，众多的图书馆可以分享由大量系统连接起来形成的基础设施，在图书馆云中，用户可以实时获取云平台中的资源，从而避免了文献传递的延迟。各成员馆的相关电子资源亦会存储在云服务器中，从而最大限度地实现开放存取。图书馆无须再花费大量资金购买相同的电子资源，电子资源运营商也不必单独开发异构数据库进行图书编目、借阅和文献传递，使用云服务可以用较低的成本获得较高的效益，同时省去相关的维护费用；但是很显然，图书馆不能把馆内所有的数据资源都放在“云”中，有必要在本地保存一些常规的重要数据，一些特色数据库由于种种原因不便全部共享，云平台资源如何与本地资源进行恰当的融合和共享，也是一个值得关注的问题。

3. 确定将哪些数据置于云平台中

图书馆的数据主要包括借阅用户信息、馆藏资源、馆内图书编目等相对静态的信息，以及会议活动等动态信息，将这些数据置于云平台上形成完整的图书馆基本信息资源库，可以囊括图书馆所有的基本用户、馆藏资源、借阅情况等。用户通过图书馆云计算平台就可以自由查阅平台上的所有信息、自由借阅图书，获得前所未有的体验和服务，而不必关注图书具体来自哪个图书馆。

4. 确定将哪些设备置于云平台中

图书馆云计算平台的建设和运行，是借助互联网的联网技术和计算机集群技术把众多计算机和服务器连接起来实现协同服务的过程。图书馆应确定将哪些设备置于云平台中，挖掘现有设备中央处理器（CPU）、磁盘空间和网络带宽的冗余，通过云计算的集群技术连接现有设备，构成一个具有强大的运算能力、存储能力、通信能力的图书馆应用服务器，向图书馆和个人用户提供图书馆云计算服务。

5. 云平台的技术要求和应用服务

云计算平台是一个集硬件和软件于一体的网络服务平台，它对软硬件的架构提出了更高的要求。硬件方面主要是通过服务器集群技术和相应的并行算法将分布在不同地点的服务器连接起来；软件方面则是提供一个云计算网络服务平台，一方面管理不同硬件服务器的数据，另一方面提供统一的用户服务界面。

服务器集群强调利用封装技术将分布在不同地点的服务器连接起来，根据所设定的等级提供相应的虚拟、抽象、动态、可管理的云平台和服务。通过对数据库的管理和部署，提供大规模原始数据、半结构化数据和经过处理的结构化数据，并对这些数据进行存储、分享、管理、挖掘、搜索和分析，为用户提供智能化的服务。

图书馆云计算网络平台包括云计算网络操作系统和图书馆应用必需的服务。通过云平台提供一个特定的操作系统、一组应用程序集（通常是作为一个虚拟机）以及必要的应用和服务。从应用程序的架构的角度来看，主要是在一个集中的主系统部署核心应用软件，在其他不同地点的服务器系统上运行一个模型，或部署一个从属平台系统，由核心主系统统一管理和调配各种请求。

IT 深刻地改变了图书馆的社会生存基础，技术的每一次进步都给图书馆事业带来新的挑战，云计算技术也不例外。云计算作为一种技术与应用结合的理念，为图书馆的未来发展提供了全方位的指导。图书馆作为信息数据交流中心，可以充分利用现有设备启动安全无间断的信息服务，强大的无线接入功能将使图书馆的相关信息最大限度地实现开放存取。各图书馆独具特色的馆藏资源，也将纳入统一的图书馆云协同和应用中。一个新的图书馆云时代即将到来。全球图书馆通过“云”的联盟

整合、共享相关信息，能够最大限度地实现信息资源共建、共享、共知。随着云计算技术的逐步完善，各种云平台也必将被图书馆所接受。图书馆也将借着云计算发展的“东风”，提高自己的社会地位，从而更充分地发挥自身作用。

# 第二节　组织管理的新模式

云图书馆的组织构成的复杂性要远超以往任何时代，它以满足社会公众的信息需求为目标，由具有不同利益驱动的主体组成，主要包括图书馆、云计算技术服务商、数据提供商及相关机构。这些机构通过云计算技术结合起来，以自身资源优势为依托，为用户提供不同层面的服务和支持。不同的机构，其目标各有不同，云图书馆需要建立有效的机制，依据各自的使命、职能及驱动因素，调整各方利益，形成有效运行的云图书馆机制。

## 一、云图书馆的成员构成

云图书馆的成员构成主要有开发建设型云图书馆和云图书馆平台技术服务商。

### （一）开发建设型云图书馆是云图书馆的主导者

由于各图书馆进入云图书馆的途径和方式不同，其在云图书馆组织结构中肩负的使命不同，扮演的角色也不同。开发建设型图书馆可以自行充当云计算服务提供商，是云图书馆的主导者。云图书馆由众多不同性质的图书馆组成，这些图书馆之间彼此独立，不同性质的图书馆拥有不同的主管部门和服务对象，拥有不同的经费来源，在资源建设方面也

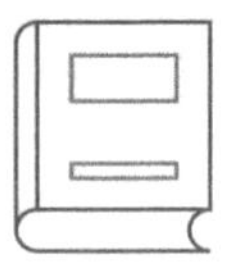



具有不同的区域特征，如何平衡各方利益，打破图书馆之间的组织隶属关系并合理进行利益分配，是图书馆进入云平台的关键。

### （二）云图书馆平台技术服务商是云图书馆的支撑

云图书馆平台技术服务商是云图书馆运行的依托，其主要驱动也是商业利益，云图书馆平台价值的实现主要取决于两个方面：一是其社会价值是否得到体现，二是其商业价值能否获得满意度并得到回报。

### （三）图书馆与云图书馆平台技术服务商的关系

图书馆离开了云计算技术就不能称之为“云”，云图书馆作为一个存在于网络中的大型数据库，其组织构成必然是众多图书馆与云图书馆平台技术服务商共同参与、共同建设、共同运营的有机结合体。云图书馆平台技术服务商提供云计算技术和平台，并依托图书馆的资源和服务，二者相辅相成，缺一不可。如果没有图书馆的支持，云图书馆平台技术服务商提供的平台只能称为知识服务平台，而不能称为云图书馆。

## 二、云图书馆的组织形态

由于云图书馆需要依托技术提供者的云计算服务平台构建，平台的提供者可以是有实力的大型云计算技术型企业、图书馆、公益机构等多种情况，因此云图书馆的核心成员选择云平台的角度和方式各有不同，各种功能性服务运营机构要成为云图书馆合作成员，其途径主要有以下三种。

### （一）开发运营型

那些有技术、有资金且馆藏实力雄厚的大型机构，又具备较为坚实的理论研究和技术研发能力，并已建立起完备的计算机网络服务系统，能够独立架构云平台，在云平台架构中既可以作为云计算服务提供商自行开发云服务，又可以作为图书馆云计算平台的主导者分享图书馆云计算平台的主要运营利益。

### （二）融合共享型

以节点方式进入云平台的机构，进入云计算时代后，以往狭隘的服务理念，尤其是仅为本地读者服务的理念将被彻底摒弃，图书馆与各类数据提供商将以各种合作或联盟方式实现数据、资源、服务的充分融合，共同作为一个知识殿堂的整体，面向全社会提供多样化的服务。在云计算时代，图书馆积极与社会接触，打破了传统文献处理的限制，面向网络环境，在信息的搜集、加工、组织、服务等方面以新的方式组织、控制、选择、传播信息，建立了辐射型的开放服务系统。

### （三）服务经营型

对于信息化建设投入较少且资金不足的机构来说，作为图书馆云计算平台的用户加入，不失为一种不错的选择。这种图书馆应根据用户的需求建立主动的长效服务机制，将封闭被动的浅服务模式转变为开放主动的深服务模式。云图书馆以用户为中心，将服务模式从“单纯服务型”转变为“服务经营型”，将服务推向市场，开展信息的深加工，提供信息资源的范围和载体更广泛。图书馆从文献资料的收藏者和提供者转变为信息产品的生产者、开发者和提供者，向多层次信息咨询服务转移。

## 三、云图书馆的组织机制

图书馆、云计算服务提供商、数据提供商和出版机构是云图书馆的

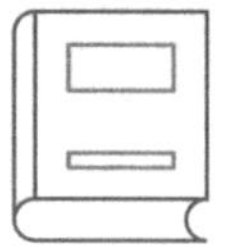



重要组成部分，不同机构的使命各有不同，目标与利益驱动也各不相同，建立一种有效的组织机制和运营体系是保障云图书馆发挥最大社会效益的基础。结合云图书馆的组织存在形式，建立一个由图书馆、出版机构和云计算服务提供商联合组建的云图书馆理事会，负责云图书馆的业务方向、经营思想、运营理念等战略层面的决策，指导云图书馆开展具体业务，共同运营云图书馆。

### （一）决策机构——云图书馆理事会

云图书馆作为一种重要的公共文化基础设施，在融合了公共事业机构、企业等机构的基础上开展服务，采用理事会模式构建内部组织机制，不失为最佳选择。西方社会在对公共服务机构的管理上普遍采用一种类似企业的管理方式，它通过理事→行政执行人→员工的组织架构，建立权力决策机构、管理执行机构、监督约束机构责任分工、相互制衡、精干高效的内部治理机制。为了有效地在战略上把握云图书馆的经营理念和使命，可以建立以图书馆为主体的具有法人性质的云图书馆理事会。云图书馆理事会由参与云图书馆运营的图书馆组成联盟和云计算服务提供商联合组成，作为云图书馆最高的权力机构，云图书馆理事会具有监督、决策、运行、管理等职能。云图书馆理事会下设云图书馆运营机构，专门负责云图书馆的运营与业务管理。云图书馆联盟可以由各省图书馆工作委员会牵头组织，由省级图书馆主导，联合各地区的各类图书馆组成。

### （二）执行机构——云图书馆运营平台

云图书馆运营机构，是经过云图书馆理事会授权执行云图书馆理事会的决议，依法对云图书馆开展管理、运营的执行机构。云图书馆运营机构接受云图书馆理事会的领导与监督，以云计算服务提供商为主、以图书馆为辅，通过云图书馆运营平台提供图书馆服务。云图书馆运营机构的主要运营内容如下：第一，代表云图书馆与各类图书出版商、数据提供商开展商务合作，把拥有不同性质著作权的电子作品及时补充到云图书馆中；第二，向图书馆提供云图书馆应用平台中的应用，使图书馆能够在云平台上运营图书馆业务；第三，开展云图书馆的创收业务，在保证云图书馆公益性质的前提下实现云图书馆的利润目标。

## 四、云图书馆的组织特征

### （一）组织模块扁平化

云图书馆在组织构成上表现为多种功能性模块之间的横向合作，这些功能性模块包括提供知识与信息服务的图书馆、电子数据提供商、出版商以及提供图书馆云计算应用平台的技术提供商，这些功能性模块与云图书馆的运营机构之间是合作关系，在云图书馆中拥有平等的地位，从组织结构的角度来观察云图书馆的组织结构，呈现出扁平的平行合作关系。

### （二）应用模块多层次

云图书馆的体系结构可以分为应用层、平台层、数据层、基础设施层和硬件虚拟化五个部分。每一层可以来自一个云计算服务提供商，也可以来自多个云计算服务提供商。云图书馆技术与服务提供者面向图书馆提供图书馆云计算服务，向广大图书馆提供云图书馆应用与管理平台的综合服务，图书馆作为机构用户，一方面使用云图书馆平台为固定的读者和用户服务（私有云图书馆），另一方面可以参与到互联网中面向社会读者提供服务（公有云图书馆）。

### （三）组织关系松散耦合性

组织模块之间的联结程度一般分为紧密耦合与松散耦合两种类型。松散耦合是指模块之间具有明显的异构特征，在相应规则下运作的最完整的组织模型。使用松散耦合的方法可以改造企业间的跨组织合作。云图书馆的同类功能的组织模块之间、不同类功能的组织模块之间都是相对独立的，拥有不同的驱动因素，各组织模块聚合在云图书馆旗下的方式和形式有很大的差异。

## 五、云图书馆的组织管理对象

图书馆引进云计算技术的目的在于运用组织、调度、通信、反馈等管理手段和方法优化图书馆资源配置，重组图书馆服务结构和流程，以便更高效地为读者服务。根据管理对象不同可以将云图书馆组织管理分为对机构成员的管理、对业务功能的管理和对基础设施、数据资源等的管理。

### （一）对机构成员的管理

云图书馆作为一个虚拟平台，可以把分散的图书馆服务整合到云服务平台上，在其云合作模式下必然会有许多实体馆和联盟成员加入。作为一个网络概念，云图书馆实际上是图书馆联盟。通过云图书馆平台，可实现联盟馆之间的有效协作和网络上的互联互通，实现数据和服务的无缝链接，对这些原本分散的、异构的、自治的图书馆进行统一的管理。

### （二）对业务功能的管理

图书馆的业务功能主要包括图书借阅、图书编目、新书推荐、参考咨询等，每个图书馆的业务功能都是重复的，具体的差异主要体现在馆藏资源的不同、服务用户的地域上的差别等。云图书馆不仅能够有效地把图书馆共同的业务功能整合到一起，还能为每个图书馆保留这些差异化的个性特征。同时，通过在云图书馆平台上运行这些服务，还可以扩大图书馆的用户服务范围，扩展图书馆服务的业务功能，将分散的图书馆有机地整合到一起。

### （三）对基础设施、数据资源等的管理

云图书馆需要依托大规模 IT 基础设施运行，由于国内大多数图书馆重复购置了大量的服务器和图书馆应用软件，因此就需要整合这些重复的资源。目前，图书馆的信息化建设仍然呈现各自为政的分散局面，云图书馆通过对这些分布在不同地点的图书馆的服务器、带宽等物理资源进行整合，以云图书馆服务节点的方式有效地整合 IT 资源，形成虚拟的共享资源池，包括物理机器、虚拟机器和其他资源，比如存储局域网络（SAN）、防火墙、网络装置等，通过云计算先进的虚拟化技术形成基础设施资源池，提供各种云服务共享，并通过网格技术实现工作负载均衡分配，以提高云服务的并行处理性能。

## 六、云计算时代图书馆的转型发展

现代社会首先是一个技术社会，云计算作为近年来兴起的一个新理念，得到了图书馆界的广泛关注，对图书馆信息技术的应用模式和发展走向产生了深刻的影响。

云计算可以称为一种信息资源集中和虚拟化技术，它将直接改变传统的信息接收、信息决策以及信息处理和控制的方式，在云计算时代，内容和服务将成为图书馆生存的焦点。云计算落地图书馆，给图书馆界

带来了广阔的想象空间，但云计算的破坏性创新特点也使我们在期望之余难免会产生一些担忧和不安。云时代图书馆如何转型发展，成为摆在我们面前迫切需要解决的一个现实问题。

## （一）云计算时代图书馆的理念

互联网的精神实质是自由、平等和分享，云计算是最能体现这种精神的计算模式，它实现了人们使用计算机从桌面方式走向网络方式的思维方式的转变，为图书馆提供了无限的可能，为存储和管理数据提供了巨大的空间，提高了图书馆的信息存储安全性和服务能力，为完成各类应用提供了强大的计算能力。

### 1. 动态优化

作为一种计算和应用平台，云计算开辟了一种全新的服务模式，零散的数字资源由统一的平台进行优化整合，并重新分配和使用，相关数据存储在“云海”之中，用户可以在任何时间、任何地点以某种便捷、方便、安全的方式获得“云”中的相关信息或服务。用户的要求提交后，云平台可以动态地提供和分配资源，成为一个基于云计算的大型信息超市和大型图书馆联盟。图书馆应该打破各自为政的壁垒，开展广泛的合作，同时，图书馆应该与云计算技术全面结合，选择合适的云计算平台，在虚拟化环境中采用动态优化技术获得用户期待的性能和资源供求的动态平衡。

### 2. 高效低碳

要实现云图书馆的服务，应避免像Google那样在世界各地建立无数庞大的服务器集群，这无形中造成了能源的消耗，尽管谷歌宣称与建造大型高性能服务器相比，其云计算技术已经为低碳经济做出了巨大贡献，但图书馆建立云计算服务有着更大的优势。由于早期的信息化建设，大多数图书馆已经购置了专有服务器，如果图书馆将各自的闲置计算资源分享出来，将会构成堪比Google甚至超过Google规模的服务器集群，且无须另行购置服务器，这一方面节省了大量的资源和能源，另一方面在信息资源的组织、检索和共享方面具有比以往更强大的优势，能够在拥有充足资源的情况下高效快速地提供服务。

云计算最大的特点在于软件、硬件都是服务，“云”带来了新的选择，图书馆可以自主建立云计算环境，也可以由云计算服务提供商来提供处理能力。从云计算服务提供商那里租用IT基础设施，可以使运营成本大幅降低，图书馆不必再通过持续不断地投资来更新和维护IT基础设施，可以把自己的IT业务外包给云计算服务提供商，并按实际使用量付费，彻底改变过去那种自给自足的传统作坊模式，从分散到集中、从高消到低碳，传统的IT功能被弱化，新的IT运维模式生动地体现了技术的进步，顺应了历史发展的潮流。

### 3. 智慧共享

从并行计算、网格计算到云计算，信息技术逐渐变得更加智慧。图书馆也需要通过云计算变得更加智能化，以实现更大意义上的资源共享、互联互通。

现有的图书馆由于建馆目的和地域限制不同，其服务对象往往是局部的、固定的，而通过云计算技术，图书馆的服务对象得到了最大限度的延伸，图书馆的图书文献、数字文献、设备设施，乃至图书馆工作人员，都成为云图书馆的宝贵资源，打破狭隘的服务思想，树立服务全社会的理念，成为图书馆未来发展壮大的关键。专业的云计算服务提供商、先进的数据中心、严格的权限管理策略可以帮助图书馆和用户最大限度地实现智慧共享。各图书馆以互联互通的图书馆网络作为支撑，馆际互借、资源共享都通过网络协议来实现，整个行业就是一片“云海”。

### 4. 普遍均等

公平、自由、便捷地使用图书馆是图书馆人不断追寻的目标。普遍

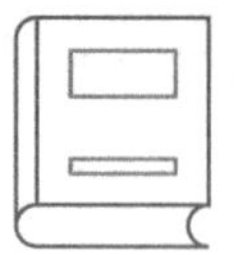



均等、惠及全民是图书馆精神的核心所在，智慧与服务的文化精神是中国图书馆精神之发源与基点，云时代更应坚持公共服务普遍均等，兼顾城乡之间、地区之间的协调发展，统筹规划、合理安排，形成实用、便捷、高效的图书馆服务网络。“崇尚智慧、至诚服务”成为可能，“信息自由普遍获取、普遍平等服务”这一国际图书馆界的“价值观”将更早得以实现。

## （二）云计算时代图书馆的深刻变革

IT 即服务是云计算发展的最终目标，也是云时代图书馆发展的美好愿景。基于云计算的图书馆数据资源的整合以及应用开发模式的创新，将使图书馆在多个层面上发生巨大变化。

### 1. 由分散走向融合

图书馆与云计算的融合，将会使图书馆各自为政的局面出现极大的改观，由于每个图书馆都在云计算平台上运行，资源、数据的融合变得非常简单，图书馆根据自身服务特色开展广泛合作，在云计算互联网平台上合理分配资源、互通有无，使其走向规模化、集约化。与此同时，实体馆可以集纳云计算平台带来的优势，更加专注于对本地读者群体的个性化服务。

互联网是一个相互依赖的世界，云图书馆是图书馆界的大联合。每个图书馆都必须将自己视作云图书馆的一分子，贡献全部，各取所需，实现最广泛意义上的共建共享。

### 2. 由“阵地服务”到“跨界服务”

“从用户来馆到我们到用户中去”是现代图书馆服务理念的重大转变。云计算使得多个信息源实现无缝集成，为图书馆实现跨界合作与服务提供了现实可能性。图书馆借助云计算平台能够更好地进行个性化服务定制，实现跨时空推送服务，改变以往的单纯等待用户到馆，被动接收用户的服务方式。例如，图书馆与搜索引擎等数据界面的跨界合作，可以有效契合用户的使用习惯，将图书馆的信息服务集成到用户终端，从传统服务转向知识聚合，以用户为驱动，显著提高服务能力。

3. 从知识收藏到开放存取

传统图书馆以收藏为主，而云图书馆是一个高效的信息存取和传递中心。开放存取、学科信息门户、虚拟参考咨询、知识整合成为云时代图书馆的主要功能。用户使用图书馆，关键在于他们能够获得什么样的资源，而不是图书馆本身拥有多少资源。云图书馆应该是一个全球知识合作联盟，不仅要便捷地为用户提供信息，还要成为用户不可或缺的信息共享空间。

4. 信息技术由外围辅助作用转变为核心支撑功能

传统图书馆依赖于物理馆的存在，不断扩大藏书规模，以此来向读者提供借阅服务；而在云计算环境中，图书馆服务成为一种基于信息和知识的基础设施，数据资源的存储和提供方式截然不同，云图书馆必须满足用户使用的信息行为，超越传统图书馆的服务方式，信息技术由以往的外围辅助作用转变为核心支撑功能。图书馆的资源和服务都是依托图书馆云计算平台运行的，云计算成为一种技术手段和实现模式，图书馆和用户在不知不觉中通过云平台实现了计算和数据的共享，社会网络成为信息服务的主要场所，信息技术成为云图书馆的核心支柱。

### （三）云计算时代图书馆的转型发展

IT 已经深刻地改变了图书馆的社会生存基础，技术的每一次进步几乎都给图书馆事业带来新的挑战，都应引起图书馆人的关注，云计算技术也不例外。云计算作为一种技术与应用结合的理念，为图书馆的未来发展提供了全方位的指导。在新的信息技术发展环境下，图书馆应审时度势，迎接挑战，转型发展。

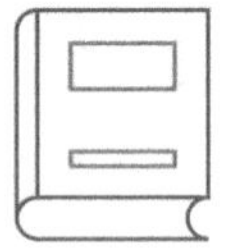



1. 树立云理念

以人为本是图书馆服务的永恒理念，但信息技术的变动性特征要求这一理念必须与时俱进。“以不息为体，以日新为道”要求图书馆人以坚持追求为本体，以不断创新为途径。思想是行为的先导，因此图书馆馆员应首先树立起“云”的意识，转变服务理念。

2. 开展云服务

在短期内，图书馆作为云服务的接受者或许更加务实，但从长远发展来看，随着云计算技术的逐步完善，在软件平台层次和动态数据处理层次，图书馆作为云服务提供者依然非常值得期待。图书馆应进一步从动态数据、软件开发等方面开发云服务。

3. 保障云安全

云图书馆发展的最大障碍在于云平台的安全问题，将哪些数据置于“云”中主要取决于数据的安全性要求。随着图书馆云时代的到来，数据保护、终端防护、虚拟环境中的风险管理等信息安全问题变得更加复杂和棘手，图书馆界必须合纵连横，共同解决云图书馆的安全问题。

4. 实现云共享

同质化竞争是互联网行业的一个显著特征，每当一个新的概念或理念出现时，企业就蜂拥而上，对于图书馆来说，数据库供应商的同质化竞争也需要加以控制。云计算作为一种应用模式，其推广和应用将会对产业链产生深远的影响，整个产业将进行大的整合，并细分出更多相关服务企业。云计算的最大效益在于共享而非竞争，因此图书馆的数据库供应商必须改变商业模式，才能最大限度地降低运行成本，提高资源利用率。

# 第三节　云图书馆的安全与法律问题

诚然，云计算能为图书馆带来资源利用的优势，但当前云计算技术尚未成熟，由云计算所引起的安全问题、技术问题、法律问题以及知识产权问题尚未找到一个好的解决方法。云计算在带给图书馆管理与改革的机遇与挑战的同时，也为图书馆带来了新的不确定性问题。

## 一、云图书馆的安全问题

云计算的应用，很大程度上是一些IT服务商推进的结果，对图书馆界更是如此。安全是云计算最大的问题，云计算改变了服务方式，却并未颠覆传统的安全模式。传统问题仍然存在，新问题更加凸显。云计算是一个逐渐发展的过程，用户对云计算的信心决定了云计算的使用和推广效果。短期的效益是显而易见的，但在长期的发展过程中，云计算不可避免地会遇到一些新的障碍和挑战。作为一种新的技术，云计算并不完美，而图书馆在云计算环境下分享基础设施，实现信息资源共建共享，云图书馆提供信息服务泛在平台，用户可以从“云”中获得即时服务，并按需付费，也必然存在着一系列的安全问题。

### （一）第三方平台的安全问题

云图书馆的数据是通过云计算服务提供商提供的，云接入端、虚拟

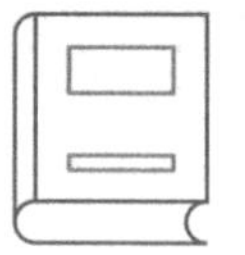



服务器、基础设施等都存在着相应的安全问题。图书馆将自己的数据迁移至云端，用户搜索和响应也在云端进行，这在很大程度上削弱了图书馆的主动性和控制能力。不同图书馆存储在“云”中的数据是否仍具有独立性？各用户使用数据的隔离状态如何？一个节点发生故障时，其他节点能否迅速补充？

云计算是一种按需应变的服务，云计算服务提供商提供的第三方平台应该做到根据用户不断发展变化的要求提供相应的硬件、软件和服务，在数据保护及虚拟化安全等方面实现自由操纵和控制。云平台是云图书馆进行数据存储和应用的基础，云计算服务提供商提供的平台硬件条件与技术水平关系到云图书馆的服务质量与安全状况，因此云平台服务的连续性、安全策略、事件处理和分析能力决定了云图书馆的可靠性和安全状况。

## （二）用户身份认证和访问控制方面的安全问题

云计算环境下的用户身份认证对于数据安全有着至关重要的作用，只有通过认证的授权用户才能访问“云”中相应的信息资源，可以通过单点登录，也可以通过相关的第三方认证或者特权管理等严格控制不同用户对资源的访问。对于云图书馆而言，组织的信任边界是动态的，甚至会超出 IT 的控制，外包与协作也容易导致用户身份和访问控制遭受意外风险。非法用户一旦控制了用户账户的证书，就很容易窃取到用户的信息活动和资料，必要的时候，云计算服务提供商应采用强大的双因素控制和认证技术，屏蔽用户和服务商之间的一些容易引起共享的身份混淆，以避免云服务被非法用户劫持，传统的认证技术在云计算环境下显得力不从心，能否在任意的云服务系统中建立严密的共享认证和身份联邦，并提供多级精细化的授权，是云计算服务提供商必须首先解决的安全问题。

### （三）云计算运营和监管方面的安全问题

云计算是架构在互联网之上的，因此资源的跨地域存储和本地化监管之间的矛盾会更加严重。图书馆作为用户而言，只知道数据来自“云”中，至于是哪些服务器在处理、资源到底存储在哪一片云中都不得而知，用户和云计算服务提供商之间的关系因为这种不确定性而变得更加不可控。各国在限制互联网和云计算方面可以出台不同的法律法规，规定条款及执行力度都会有所不同，对于一些跨国经营的云计算服务提供商而言，云计算运营和监管方面的安全问题形势堪忧。

## 二、云计算环境下的图书馆与著作权保护

云计算在图书馆领域的深入应用将会给图书馆带来一系列革命性的变化，极大地降低图书馆的建设和运营成本，真正实现信息资源共享，为图书馆提供超强的数据资源存储能力，有利于提高图书馆的工作效率，有利于馆员开发新的业务领域，等等。云计算在给图书馆带来无限优势的同时，也存在着著作权保护方面的问题。

### （一）云计算环境下的图书馆与著作权保护的冲突

图书馆文献利用与著作权保护的冲突由来已久，只不过传统图书馆环境下，基于著作权法保证作品使用者的权利和著作权人的权利之间的平衡这一立法宗旨，著作权法给予了图书馆合理使用的权利，由此图书馆在著作权权利人面前争得了一席之地。随着信息技术的不断发展和数字技术的不断应用，人类进入网络时代，受著作权法保护的作品和其他资料的存储、传输、存取、复制开始以前所未有的容量、速度和准确度进行。数字技术对著作权中的复制权形成了前所未有的威胁，再加上网

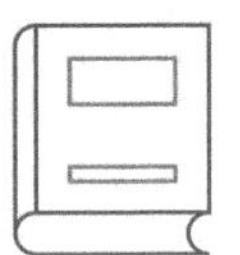



络的开放性，全球各地的网络用户都可以进行网络信息交换，一旦权利人的作品被上传至网络，任何人都可以对作品进行复制、修改、传输，权利人及法律无形中失去了对作品的控制能力。因此，图书馆的合理使用的权利一度受到质疑，图书馆信息资源利用与著作权保护的冲突加剧。云计算技术的发展以及在图书馆领域的应用使得在不久的将来图书馆的信息资源要存储在云端，由云计算服务提供商统一管理和调度并向用户提供服务。云计算的核心思想是整合和共享，这与著作权法对私权进行保护是对立的，云计算服务提供商的介入使得图书馆与著作权保护问题更加复杂。云计算服务提供商通过互联网对图书馆托管的信息资源进行传输，改变了传统的作品传播方式，而且对著作权制度规划并维护的利益格局形成了冲击，图书馆一旦把权利人的作品托管给云计算服务提供商，并上传到“自由、开放、共享”的“云”中，权利人的作品便成为“嫁出去的女儿，泼出去的水”，仿佛断线的风筝一样令图书馆和权利人难以把握。每一个进入“云”中的用户都可以成为该作品的使用者和传播者。传统著作权制度所赋予权利人的对作品的一系列专有权利，在具有极强的网络传输能力的“云”环境下变得“徒有虚名”，而著作权法赋予权利人的许可使用并获得报酬的权利变成了一种“期待利益”，但作品的使用者——公众和传输者——云计算服务提供商获利颇丰。图书馆引入云计算使侵犯著作权的风险增加，云计算的超强计算能力和网络传输能力使侵权的危害性更大、更具隐蔽性，甚至更加不可控；同时，云计算服务提供商服务对象的全球性与著作权保护的地域性之间的矛盾更加突出。

随着著作权人保护作品及自身利益的呼声不断高涨，著作权制度出现了权利扩大的趋势，国内外诸多与图书馆利用作品有关的著作权案件的判决结果无不在向图书馆界传达着这样的信息，图书馆正走在守法与违法的缝隙之间，云计算环境下的图书馆将面临更加严峻的法律环境，稍有不慎就有可能被提起诉讼。云计算环境下的图书馆应当在这种利益博弈中求得生存，并为实现资源共享和公众服务继续努力。

## （二）云计算环境下的图书馆与著作权保护的协调

传统作品数字化后由云计算服务提供商托管会产生一系列著作权问题，这里的传统作品主要是指馆藏的纸质图书和期刊。图书馆把数据库托管给云计算服务提供商之后也会出现一系列著作权问题，主要有以下几个方面。

（1）图书馆把不属于著作权保护范围或者已经超过著作权保护期限的作品数字化后交给云计算服务提供商托管。

由于该作品要么不受著作权法保护，要么已经进入公有领域成为人类共同的精神财富，因此图书馆对这类作品进行托管不产生侵权风险，不会产生著作权问题。

（2）图书馆把基于著作权合理使用原则取得的作品数字化后交由云计算服务提供商托管产生的著作权问题及协调。

根据相关法律规定，图书馆享有对馆藏作品进行有限的数字化的权利，图书馆只要坚持不涉及数字作品的发行和商业性传播，而且将传播控制在一定范围内，如只进行馆际传播和馆内传播，就不会侵犯著作权人的权利，问题是图书馆如果把通过合理使用原则取得的馆藏作品进行数字化后交由云计算服务提供商托管，就会使这个问题变得十分棘手。

首先，云计算服务提供商是一种商业性公司，以营利为目的；其次，用户接受云计算服务提供商提供的服务不同于图书馆提供的服务，需要按需付费；最后，云计算服务提供商有可能对这部分作品进行再次复制，并进行大范围传播，这种以营利为目的的商业性大量复制无疑会严重影响著作权人的合法权益，而且已完全改变了著作权合理使用的初衷，图书馆难免陷于侵权的被动地位。为了使自己免于诉累，图书馆在托管自己的数据信息时需要采取一些措施：一是对这部分数据进行用户限制或加密，这种做法虽然保证了图书馆免于承担连带侵权责任，但不利于云计算技术在图书馆的应用和信息资源共享，并不是解决问题的良策；二是图书馆在托管这部分信息资源时应征得著作权人的许可，并支付相应的报酬，由于图书馆是一个公益性的机构，且在把信息数据托管给云计算服务提供商后，由云计算服务提供商向用户提供，并按需收费，图书馆并未从中获利，因此图书馆应要求云计算服务提供商根据作品使用情况垫付这部分著作权使用费，图书馆应积极与云计算服务提供商及著作权人就这部分作品的使用方式、使用范围、使用期限等问题签订许可协议，特别要对违约责任和赔偿额度做出约定，否则一旦造成侵犯著作权人的信息网络传播权的后果，图书馆与云计算服务提供商要承担共同侵权责任。

（3）将已支付了著作权使用费的作品数字化后托管给云计算服务提供商产生的著作权问题及协调。

从本质上看，对作品进行数字化只是借助数字技术将人类的自然语言或者其他符号转换成计算机可识别的机器语言，这种因符号转换构成的对作品的使用如果控制在一定范围内（如本馆馆舍内的服务对象），本身并不会对作品的正常利用和著作权人的利益产生影响，图书馆把馆藏作品数字化后，只要不将这些复制品进行市场销售，不长期放在网上供用户无限复制，就可以基于合理使用原则获得豁免；但是如果图书馆把该类数字化作品托管给云计算服务提供商，由于云计算服务提供商利用互联网向用户提供服务，而网络传播的及时性、无限复制性、交互性和传播的全球性使这部分数字作品无法控制在本馆馆舍服务对象范围内，也就不可避免地会对著作权人的权利造成侵害。

网络传播作品是权利人的一项专有权利，权利人有权控制对其作品的网络使用。因此，图书馆要想不受到侵权指控，就必须在托管这类数字作品时进行技术保护，使用户只能在网络上浏览而无法下载，或者征得著作权人同意并支付报酬，而这部分报酬应当由从中获利的云计算服务提供商来垫付。

（4）图书馆自建数据库托管产生的著作权问题及协调。

数据库是对信息进行收集、整序、存储与高速传递处理的一门技术，在传统服务中，图书馆根据读者的需求对相关的文献资料进行选择或编排而提供的定题服务，可以基于合理使用原则获得豁免。云计算环境下，图书馆自建数据库托管后可能产生新的著作权保护问题，因此需要对自建数据库进行具体分析。

第一种情况，如果所选择的入库资料已进入公有领域或者不受著作权法保护而建成的数据库，图书馆可以自由使用，也可以以托管的形式交由云计算服务提供商管理，当然，如果自建数据库的结构设计方法体现出开发者在分析被描述对象的基础上以参数形式做出的定性、定量和定向描述的独创性，那么这种数据库结构设计凝聚了开发者智慧，是一种独创性知识成果，则图书馆对该数据库结构设计享有著作权，图书馆在托管时可以与云计算服务提供商就该数据库结构设计的使用及相关费用进行协商。

第二种情况，如果所选的入库资料仍处于著作权保护期内，不论是输入作品的一部分还是全部，也不论是输入其他数据库的一部分还是全部建成新的数据库，如果建立的是在馆内使用的非商业性数据库，即为个人使用或教学科研目的而制作的数据库，图书馆均可以基于合理使用原则自由使用，但是图书馆要把这类数据库托管给云计算服务提供商进行商业化应用，则不再享有合理使用豁免。根据著作权法的有关规定，使用该类作品应当征得著作权人许可并支付报酬，同时明确使用范围、使用期限和使用方式。取得著作权人许可而制作的数据库，所需的投资都比较大，图书馆在此类数据库制成后需要同该数据库结构设计一并加

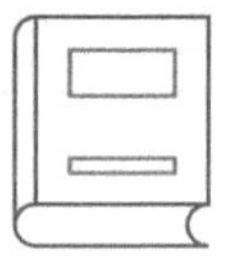



强著作权保护，主要包括添加著作权说明，采用加密或水印技术，在托管给云计算服务提供商时可以要求其根据访问量支付一定报酬。这也是图书馆对自建数据库进行著作权保护的常用措施。

第三种情况，无论是图书馆编撰的二次文献、三次文献还是有关资料的汇编，或是对特色地方文献和古籍进行整理做出具有独创性的注释而建成的数据库，图书馆都可能对其享有全部或部分著作权，这不仅是图书馆的重要馆藏，也是图书馆的无形资产，图书馆尤其要加强对这部分数据库著作权的保护。对这类数据库，图书馆可以暂时不托管，或者采用加密技术和访问限制进行著作权保护。

（5）图书馆托管采购的数据库产生的著作权问题及协调。

对于图书馆通过向数据库商采购而获得使用权的数据库来说，著作权人为了保护自身利益，在销售时多以合同或许可协议的形式对数据库的使用方式、使用期限、使用范围等内容做出明确的规定，因此图书馆只要遵守合同约定就不会产生著作权侵权风险。图书馆若把这类数据库托管给云计算服务提供商，必须事先就该类数据库的使用签订协议，该协议对数据库的使用条件、使用方式、使用期限等内容的规定不得宽于图书馆与数据库商之间签订的协议，为了保障图书馆权益，图书馆与云计算服务提供商签订的协议中最好对违约责任和赔偿数额等做出明确的规定，这类数据库托管给云计算服务提供商后，云计算服务提供商严格按照合同约定使用数据库，否则图书馆极有可能承担违约责任和著作权侵权责任。在这类数据库托管中，数据库使用协议在调整数据库商、图书馆、云计算服务提供商之间的法律关系过程中起关键性的作用。图书馆在托管该类数据库时一定要做好数据库使用协议的签订工作。

## （三）云计算服务提供商与图书馆之间的著作权问题

在云计算环境下，图书馆将自己的数据交给云计算服务提供商管理，图书馆应该完全拥有被托管数据的知识产权；但是这些数据被存储在云端，对数据的访问、管理、维护等工作都是在“云”中进行的，图书馆甚至不知道自己的数据存储在“云”中的哪个位置，从理论上讲，云计算服务提供商不能非法使用托管数据，但在现实中，云计算服务提供商深知“数据核心”原理，因而他们会千方百计利用这些数据，并以数据整合、数据挖掘、知识服务的名义使用图书馆托管的数据，特别是对图书馆托管的特色数据，云计算服务提供商更有可能利用其技术优势进行不合理的使用。这种对图书馆享有著作权的数据的使用无疑损害了图书馆的利益，因而产生了新的著作权问题。建议图书馆在把数据托管给云计算服务提供商之前，双方应就托管数据的使用达成协议，尤其要对图书馆享有著作权的数据未经许可使用造成的后果做出明确约定，当然这种约定的前提是不得违反法律规定和损害社会公共利益。

云计算在图书馆领域的应用刚刚起步，还有很长的路要走，但云计算环境下的图书馆与著作权保护问题已经凸显，依靠现有著作权法和相关司法解释来解决这种冲突已显得力不从心，随着云计算在图书馆领域的应用的不断推进，国家应该不断加强电子版权、网络版权等方面的立法，使云计算在图书馆领域的应用和著作权人权利保护达到一种平衡，从而实现更大范围的资源共享。

# 6

## 第六章

# 新时代图书馆少儿服务管理

# 第一节　新时代图书馆少儿服务工作

少儿是一个比较特殊的读者群体，阅读对少儿的健康成长有着非常重要的影响。公共图书馆是少儿汲取知识的一种教育培训平台，能够为其提供更多的知识。要强化公共图书馆少儿服务及管理，使其发挥出应有的价值和作用。

## 一、图书馆少儿服务工作的内涵

公共图书馆的服务对象为全体社会成员，服务对象广泛，而少儿图书馆的服务对象是少儿，是有针对性的。图书馆少儿服务工作包括少儿思想道德教育、公共图书馆意识教育、公共图书馆使用常识、阅读指导与推广、信息素养教育等。

### （一）少儿思想道德教育

著名教育学家蔡元培先生说过："教育不专在学校，学校之外还有许多机关，第一是图书馆。"

公共图书馆拥有的文献信息资源是其他社会教育机构所无法比拟的，公共图书馆可以利用丰富的馆藏文献资源、舒适宁静的阅读环境及良好的服务，培养未成年人良好的思想道德素质。

第一，馆藏文献的教育作用。少儿具有强烈的好奇心和求知欲，他

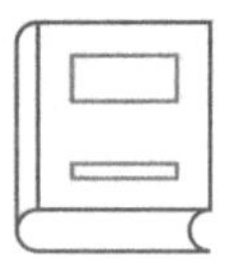



们渴望获得更丰富的知识。图书馆里有着各种各样的馆藏书籍、报刊和多种载体的文献资料，这些丰富的知识满足了少儿的求知欲望，少儿读者可以尽情地在图书馆里查找和阅读他们所感兴趣的各种书籍和文献，享受愉悦的阅读过程，遨游在知识的海洋中。根据少儿的需求特点，公共图书馆一般藏有《巍巍中华魂》《中华美德读本》《中华美德故事精选》《美德故事》《钢铁是怎样炼成的》等有关少儿思想道德教育的图书及其他载体的文献，这些寓意深刻的思想道德教育文献从理论和实例两个方面对少儿良好道德的培养以及高尚道德情操的形成起到了重要的教育作用。

第二，阅读环境及读者活动的感化作用。良好的学习环境和文化氛围是读书学习、陶冶情操、提高个人文化素质的必要条件。公共图书馆少儿读者服务部门开展的寓教于乐的少儿活动，不但满足了少儿读者的兴趣爱好，也充实了他们的精神生活，使其道德境界得到提升。

第三，馆员的言传身教作用。新时期的图书馆馆员既是文献的传递者，也是“知识的导航员”“终身的教育者”。少儿读者正处在成长阶段，尚不具备较强的是非观念和辨别能力，而长期为少儿读者服务的图书馆馆员了解少儿的阅读心理、阅读倾向及阅读需求，能够引导少儿读者使用正确的阅读方法主动获取知识，培养他们健康的阅读心理。公共图书馆在开展各种少儿读书活动的过程中，图书馆馆员的文明举止和热情服务也使少儿读者在潜移默化中受到教育。少儿读书活动不仅丰富了少儿读者的知识，也净化了他们的心灵。

### （二）公共图书馆意识教育

少儿处于半成熟、半独立、半依靠这样一种错综复杂的启蒙阶段，他们对客观事物的反映只能是近似的、粗浅的反映，有时甚至会产生相反的反映。他们对各类可读性书籍都带有好奇心和盲目性，对一些不健康的读物也会产生错误的感觉。因此，若不加以正确引导和教育，只是粗鲁地想要提高少儿的阅读兴趣和阅读能力，结果往往会适得其反。少儿只有在经过耐心的指导后才会取得良好的阅读效果，树立起正确的图书馆意识。

教育是人类特有的一种社会实践活动，这里所论及的教育，是动词的“教育”而非名词的“教育”，是广义的“教育”而非狭义的“教育”，实质上是对少儿如何利用图书馆的引导和帮助，它比一般的环境影响作用更大。在少儿利用图书馆或平时阅读时，家长、老师、图书馆工作人员要及时了解他们的阅读兴趣有无偏颇、阅读方式是否正确。有的少儿刚到图书馆（室），由于不知道相关规则，害怕被人嘲笑，不敢借阅；有的少儿在借阅时不知道看什么书比较好；有的少儿读书不少，但收获不大；有的少儿因课余时间太紧张，到图书馆（室）的时间太短，且不会使用目录，只好走马观花，别人看什么他看什么，没有根据自身特点有选择地进行阅读，因而错过了许多对自己有帮助的书籍，长此以往，部分少儿对到图书馆阅读失去了兴趣和信心，少儿读者数量也就越来越少。此外，课外阅读也存在无人指导的情况，如今，街头书摊（店）越来越多，一些内容不健康的书籍、音像电子出版物的出现，也影响了少儿的成长。

针对各方面存在的问题，各级图书馆（室）、学校、家庭要根据少儿自身的特点和他们的个性差异，充分发挥自身的教育职能和作用。

首先，要因势利导、因材施教，注重知识传播的新颖性、趣味性和生动性。应尽快增加新书的种类和数量，“清”“堵”不健康的书籍，增加部分现代化的视听和阅读设备，经常运用新的内容和方式来刺激少儿的阅读欲。少儿生性活泼，对“动”的事物要比对“静”的事物敏感几十倍，他们所获取的信息80%来自视觉，这种信息在少儿的大脑中储存的时间最长，甚至可能终生难忘。好的图书是美好心灵的“添加剂”。

一个人的智力开发、知识领域的开拓、道德观的建立、文明习惯的养成都要从娃娃抓起，从小施教，成以大材。引导少儿阅读有意义的书，往往比简单地直接说教更能达到理想的育人效果。

其次，要有计划、有目的、分不同年龄段宣传推荐读物。对于阅读能力较弱的少儿读者，主要采用生动形象的方式进行阅读指导与推广，可以提供低幼读物或者各类识字游戏，还可以组织形式简单的“小管理员和小读者”的游戏，加深少儿对图书馆的印象和理解，从而将抽象的符号和概念与直观、形象的事物联系起来，使少儿感觉到图书馆是一个知识宝库。对于小学低年级的读者，则要采用引导性、趣味性、直观性等有机相结合的方式，组织这部分读者实地参观图书馆的工作环境和工作流程，使其对图书馆有一个全面的认识，并由图书馆工作人员进行详细讲解，告诉每位小读者书中蕴含着无穷无尽的知识、看书能使我们学到许多本领以及社会名人利用图书馆做出丰功伟绩的事例，以提高少儿的读书兴趣和阅读能力。

最后，要使少儿有一个正常、稳定的情绪，使其自觉、自愿、主动地利用图书馆，这样才能使阅读达到良好的效果。对于小学高年级读者和初中读者，要教导结合，启发思考，可以通过读书报告会、交流会、写读后感等方式建立小读者阅读档案，从而掌握少儿的阅读动向，让他们在深刻理解图书内容上狠下功夫，培养少儿课外自觉阅读的良好习惯，扩大延伸课堂教育功能，进一步开发少儿的智力，拓展其视野，同时帮助少儿克服在阅读过程中遇到的各种困难，掌握各类检索工具及其使用方法。

### （三）公共图书馆使用常识

公共图书馆使用常识包括开馆时间、服务方式、咨询电话、馆藏介绍、各部门服务介绍、读者卡的功能、读者卡的使用权限、借阅图书的数量、借阅期限以及怎样办理读者卡等。

少儿图书馆是孩子充满书香的家，它的整体氛围应当是充满童趣的、活泼的，洋溢着轻松的氛围，整体色调是孩子喜欢的明亮简单的原色，辅以多种鲜艳的色彩组合。书架、阅览桌椅、地毯和墙上的贴画都是五颜六色的。这里的书多是封面向外充满艺术气息地排列着的，颜色绚丽、琳琅满目。此外，这里亦有供儿童观赏的小型绿色盆景，如小绿萝、小吊兰等可以净化空气的绿叶植物。孩子们喜欢这样多姿多彩的环境，在这样的环境下，他们表现得非常安静乖巧，这种色彩空间运用也有利于激发孩子的想象力和创造力。

少儿图书馆的所有设施都是根据小朋友的身体特点量身定做的，书架很矮，阅览桌和阅览凳也是矮的，便于小朋友们查找和阅读书籍；桌子和凳子形态各异，凳子坐上去非常舒适，还有各种各样的休闲摇椅。沙发的设计非常舒适、柔软，卡通装饰可以吸引孩子们在此阅读。孩子们可以选择自己喜欢的姿势享受沙发的服务，困了还可以睡在上面。此外，少儿图书馆还设有各种特色体验区域和活动空间，如内蒙古图书馆少儿馆设计了具有民族特色的真实蒙古包，在此孩子们可以切身体验蒙古族民族风情。

总之，少儿图书馆的一切都是为孩子们精心设计和准备的，都是孩子们喜欢且适合孩子的，这里到处充满了书的香味，是孩子们充满书香的家。

少儿图书馆是孩子们充满书香的精神乐园。图书馆是孩子们的童话世界，这里有全世界最著名的童话故事，有孩子们最喜欢的童话人物，比如灰姑娘、睡美人、白雪公主、青蛙王子等，在这里，孩子们不仅可以看到关于这些人物的纸质书籍，还可以通过多媒体播放器欣赏到关于他们的动画片，在纸质书籍与动漫效果的转换中，孩子完成了阅读、增长了知识，也获得了快乐。在这样的环境中，少儿必然会对阅读产生兴

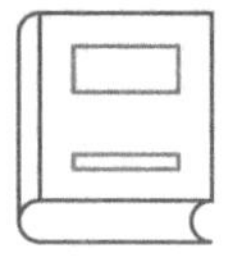



趣，从而喜欢上阅读。

少儿图书馆是孩子们的网上乐园。图书馆为孩子们构建了安全的网络环境，可以让他们无所顾忌地进行网上冲浪。在这里，孩子们可以看电子书籍、看电影，也可以查阅自己感兴趣的资料，甚至可以玩惊险刺激的网络游戏。在这里，孩子们是自由的，他们的身体和心灵是放松的，也必然是快乐的。图书馆中的少儿服务为小读者提供了最为舒适的环境，让他们能够在学习的同时娱乐，而不会感到单调乏味。

### （四）阅读指导与推广

少儿图书馆作为为少儿提供阅读文献服务的专业服务机构，阅读指导与推广是其用户教育的重要内容。少儿图书馆的主要内容包括少儿阅读目标的树立以及阅读兴趣、阅读方法、阅读习惯的培养等。考虑到这部分读者的年龄较小，有不成熟、依赖性强的特点，指导少儿阅读的工作人员需要耐心、温柔地介绍图书馆的借阅制度、信息查询方式等，根据不同年龄少儿读者的阅读倾向和接受能力推荐不同的图书，并给予其适当的阅读指导，从获取知识、追寻真理、探索人生、提升自我、认识世界等方面引导少儿读者选择健康优秀的作品和读物，使其能够正确地阅读和利用图书馆的文献资料。同时，还要教育他们爱护图书、爱护环境设施、讲究卫生等，在正确指导少儿阅读的同时，也对其进行思想品德教育。

图书馆可以利用馆藏资源组织各种以阅读为主题的读书活动，并邀请家长和少儿参加关于阅读的故事会、讨论会、征文比赛、绘画比赛、亲子阅读交流会等，也可以举办各种以知识为热点的讲座、好书分享沙龙、民俗文化趣谈等活动，举办一些好书推荐活动和主题书展，把每月借阅量最多、质量最好的图书及时介绍给少儿读者，这对少儿阅读方向和阅读内容的引导有重要的参考意义。

### （五）信息素养教育

信息素养教育是一种以培养少儿信息意识和信息处理能力为目标的教育。

少儿是国家的未来，少儿的信息素养直接关系到国民素养的水平和国家信息化的发展。近年来，我国越来越重视少儿信息素养的提高，在《中共中央、国务院关于深化教育改革全面推进素质教育决定》中指出，我国要重视并培养学生收集处理信息的能力、获取新知识的能力、分析和解决问题的能力、语言表达能力、团队协作能力及社会活动能力。开展信息素养教育，提高用户信息素养是公共图书馆的服务内容之一。在网络环境下，创新少儿信息素养教育方式，提高少儿信息获取和利用能力成为公共图书馆需要认真研究的课题。图书馆加强少儿信息素养教育，是公共图书馆提高社会科学文化水平的使命要求，不仅能够提高少儿的信息利用能力，而且能够延伸图书馆的服务，提高图书馆的整体服务水平。

总的来说，公共图书馆开展少儿信息素养教育具有一定的资源优势、环境优势、政策优势和人才优势。

## 二、图书馆少儿服务工作的责任

在公共图书馆少儿服务及管理中，公共图书馆要发挥其应有的价值，应该针对公共图书馆各部门管理的需求制定相应的管理方法，从而最大限度地满足少儿读者的需求；同时努力提高公共图书馆少儿服务的水平和质量，加强图书馆工作人员的服务意识，并对公共图书馆少儿阅览室进行合理布局，使少儿读者能够在轻松、愉快的环境下进行阅读。以优质的服务激发少儿读者的阅读兴趣，充分发挥图书馆对少儿健康成

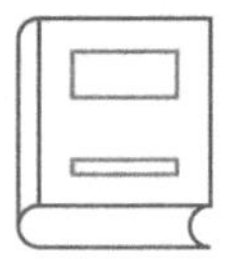



长的积极作用。

### （一）公共图书馆少儿服务工作的问题分析

公共图书馆服务少儿工作与少儿读者的需求相比，发展速度与规模相对滞后，仍存在不少问题。

1. 图书馆数量偏少

国际图联提出的标准是每 5 万人拥有 1 家公共图书馆，而在我国，每 40 多万人才拥有一所公共图书馆，距离国际图联提出的标准还有相当大的差距，特别是在西部地区、经济欠发达地区、乡镇和农村地区，公共图书馆数量更少，一些人将其形容为“盲点”，这些地区的人们几乎享受不到公共图书馆的服务。

2. 思想重视不够

一些政府管理部门对公共图书馆的作用以及保障少儿等弱势群体的权利缺乏必要的认识，投入不足，认为解决“吃饭问题”是首要任务，而“文化建设”可以慢慢来。一些公共图书馆注重优先为政府、为精英、为科研服务，而将为少儿等弱势群体服务摆到无足轻重的位置。少儿等弱势群体，包括少儿的家长，利用公共图书馆获取信息资源和服务的意识淡薄。可以说，管理部门、公共图书馆、少儿等弱势群体三方都不同程度地存在“思想重视不够”的问题。

3. 经费缺乏保障

由于经费缺乏保障，大多数县（区）公共图书馆每年的购书经费不足 5 万元，有的还不到 1 万元，有的甚至好几年没有购书经费，致使有的公共图书馆连常规服务都无法开展，因此不得不增加收费服务项目以弥补经费的不足；有的办打印社、图书文具店、影视厅、游泳池，甚至将房屋出租，免费为少儿等弱势群体服务成为空谈。

4. 队伍素质不高

从表面上看，公共图书馆的工作人员大都为本科学历，但专业性较弱，掌握心理学知识和计算机技术的馆员数量很少，复合型馆员人才普遍短缺，这种情况影响了公共图书馆工作的深入开展，公共图书馆的服务质量难以有效提升，缺乏足够的特色和魅力吸引少儿读者走进公共图书馆。

5. 服务意识不强

由于公共图书馆馆员多干不多得，少干不少拿，致使许多公共图书馆安于现状，应付开放，对于如何吸引读者以及如何充分发挥馆藏文献的作用考虑得不多，图书馆推出的早期阅读、亲子阅读等活动也只是应时之景，未能长计划、短安排，热闹一时，实效不大，这样的公共图书馆必然得不到社会公众的关注和信赖。

## （二）新时期公共图书馆少儿服务的责任

图书馆为每个人提供了平等的公开教育机会，提供了持久乃至终身的知识服务、信息服务，对于青少年更是如此。特别是在我国大力实施“人才强国”战略的新时期，提高公共图书馆对少儿的服务意识、服务能力和服务水平，具有重要的现实意义和深远的历史意义。

1. 促进少儿健康成长

公共图书馆作为我国公共服务体系的重要组成部分，在服务少儿方面有其自身优势。公共图书馆拥有丰富的馆藏资源和温馨宁静的阅读环境，有利于少儿学习更多的知识，也有利于减少社会媒体，特别是网络媒体，对少儿身心健康的不良影响，同时能够陶冶少儿的情操教养，提升少儿读者的思想道德素质。从这个意义上来看，公共图书馆在促进少儿健康成长方面发挥着非常重要的作用，这也是公共图书馆最大的优势所在，因此公共图书馆必须加强少儿服务管理，最大限度地促进少儿全

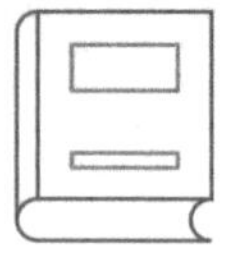



面发展、健康成长。

2. 推动公共图书馆服务创新

随着全媒体时代的快速发展，特别是随着以互联网为载体的“第四代媒体”和以手机为载体的“第五代媒体”的超常规、跨越式发展，新兴媒体不断涌现，各类平台越来越多，为少儿提供了广阔的阅读空间，这对我国公共图书馆来说是新的挑战，但也由于网络技术的快速发展给公共图书馆创新服务创造了千载难逢的历史性机遇。从目前我国公共图书馆大力发展网络图书馆、手机图书馆等就可以看出这种趋势。少儿可以说是最重要的阅读群体，他们对国家的未来发展有着极其重要的作用，图书馆只有重视少儿读者的阅读情况，加强对少儿的阅读服务工作，特别是服务模式、服务机制、服务体系及服务载体的创新，才能更多地吸引少儿读者，进而提升自身的竞争力。

3. 完善少儿教育体系

公共图书馆是少儿家庭教育、学校教育、社会教育“三位一体”教育体系的重要组成部分，是社会文化教育的重要载体，只有将家庭教育、学校教育、社会教育紧密结合起来，才能使少儿教育取得良好的成效。公共图书馆是“三位一体”教育体系的重要组成部分，能够有效联结家庭教育和学校教育，建立起良好的少儿教育网络。公共图书馆必须不断创新少儿服务理念和服务模式，形成与家庭、学校相互联系的教育网络，从而最大限度地发挥公共图书馆对少儿的教育功能，推动家庭教育、学校教育、社会教育“三位一体”教育体系的不断完善。

### （三）图书馆少儿服务职能

作为现代教育的重要组成部分，图书馆这一社会教育场所在培养人才方面发挥着重要的作用，它担负着教育少年儿童、提高少儿的综合素质、培养人才的重任。

### 1. 对少儿承担着重要的社会教育责任

少儿如同新升的朝阳，是祖国的未来，对少儿的关注和教育直接关系到国家的命运和前途。在 21 世纪，面对综合国力的竞争、人才的竞争，我国要继续伫立在世界强国之林，教育好下一代已成为国家教育工作的重中之重。少儿图书馆作为“知识的海洋”，一直致力于为少儿创造自主学习、独立教育的良好氛围，少儿图书馆的设立对于少儿读者的身心健康、品德修养、兴趣、学识的增进都大有裨益。少儿图书馆是校外对少儿进行理想教育、人生教育、思想道德教育的最广阔的课堂，做好少儿教育工作是少儿图书馆义不容辞的责任。

由于少儿正处在长身体、长知识的重要时期，他们需要综合教育，也只有接受综合教育他们才能成才。然而，当前我们对少儿教育存在两大误区：一是重视学校正规教育，而忽视社会教育（包括忽视图书馆的教育）。二是为孩子成长提供了充足的物质条件，却忽视了“精神食粮”的供给，造成少儿精神“饥饿”，以致精神“缺钙”。由于精神空虚，他们极易被社会上的歪门邪道所引诱，沉迷于打牌、玩游戏机（被称作“数码娃娃”）、赌钱等，产生心理障碍现象甚至是少儿犯罪行为。我国著名图书馆学家刘国均先生说：“少儿图书馆至少有两个作用：培养读书的习惯，使他们将来有一种接受良好著作的习性；陶冶少儿的性情，使他们不致流入歧途。”由此可见，少儿图书馆应责无旁贷地承担起对少儿进行社会教育的重任。

### 2. 加强对少儿读者“非智力因素”的培养

少儿是祖国及民族的希望和未来。受市场经济影响，加上青少年思想情绪不稳定，是非观念尚未完全成熟，以及独生子女家庭教育的问题和应试教育的弊端，有的青少年在心理上存在一定偏差。加强青少年素质教育是提升民族素质、建设和谐社会的重中之重，应受到全社会的高度重视和关注。不要过分看重孩子的成绩，而应注重孩子获得的能力，

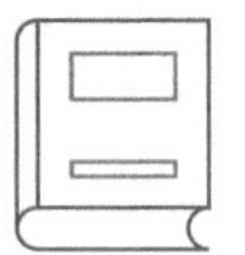



致力于使孩子具备一些比成绩更重要的技能，能力不单是指学习的能力，它应包括各个方面的能力，如生活的能力、与他人交往的能力、适应社会生存的能力、掌控情感的能力等，这些比学习能力更加重要。

在教育少儿读者的过程中，要把“非智力因素”的培养放在与“智力因素”培养同等重要的地位，全面提高少儿读者的素质。所谓“非智力因素”是相对“智力因素”而言的，“非智力因素”是指人类除智力因素外所具有的道德、品格、意志、情操、勇气等精神修养。随着社会的快速发展，人们不仅要有广博的知识，也要在品格、意志、情操等方面有深刻的修养。

“非智力因素”的修养程度，不仅是一个民族精神品质的发展标志，也是促进社会稳定的重要条件，同时能够推动“智力因素”的发展，或者说能促进个体“智力因素”更有效地为社会群体服务。当前，少儿图书馆在培养少儿“非智力因素”方面的作用更加突出。

### 3. 少儿图书馆承担着提高少儿思想道德素质的责任

少儿图书馆作为少儿学习的课外场所，是对少儿进行思想教育的重要阵地，少儿图书馆应把加强少儿思想道德教育作为重点服务内容之一。为了使少儿健康向上地成长，提高他们的思想道德素质，少儿图书馆应进一步加强少儿读者服务工作。

# 第二节　新时代图书馆少儿阅读推广

开展少儿阅读推广活动能够提高少儿阅读的兴趣，开阔少儿的视野，提高其阅读能力。当前，阅读推广活动得到了众多图书馆的认可，加强少儿阅读推广工作已经成为新时代图书馆义不容辞的责任和义务。

## 一、图书馆少儿阅读推广的现状

从现有的图书馆数据来看，我国图书馆少儿阅读推广的现状不尽如人意。

### （一）少儿阅读推广现状

#### 1. 公共图书馆少儿阅读推广的现状

当前，公共图书馆在少儿阅读推广实践中的努力和成果是有目共睹的，其在少儿阅读推广中的作用日渐凸显，但是在推广工作开展过程中也存在和面临着许多问题。

（1）少儿阅读推广缺乏统一规划。

少儿阅读推广是一项庞大、系统的工程，必须长期坚持，有计划地进行。目前，很多公共图书馆在开展少儿阅读推广活动时总是想到什么活动就办什么活动，缺乏统一的阅读推广规划。

（2）公共图书馆馆员专业能力不足。

公共图书馆在招聘少儿馆员时无法对其专业能力做出严格的规定，导致大部分馆员对少儿图书馆的专业知识知之甚少，甚至根本不具备专业服务能力，更谈不上为少儿读者提供深层次的阅读指导与规划了。

（3）学校和家庭对于少儿阅读不够重视。

目前，大部分中小学都设有图书馆、图书室或阅读角，里面收藏的图书也都是适合少儿阅读的。然而，现在推行素质教育的学校很少，大部分学校还停留在传统的应试教育阶段，学校的图书馆、图书室或阅读角也很少向学生开放，有的甚至不开放，仅将其作为应对上级检查的一种摆设。

随着时代的进步，越来越多的家长认识到少儿阅读的重要性，开始有意识地督促孩子多阅读，引导孩子爱上阅读。大部分父母会给学龄前少儿购买大量绘本形式的少儿读物；但是，孩子上小学后家长就开始盲目地给孩子购买大量书籍，且书目单一，使孩子逐渐对阅读失去了兴趣，效果反而不好。

## 2. 图书馆少儿阅读推广问题

阅读是人们获取信息和知识的重要方式，“书籍是青年人不可分离的生活伴侣和导师”，阅读对于少儿的成长有着至关重要的作用。少儿阅读推广活动作为全民阅读的重要组成部分，已经在公共图书馆界广泛开展，并取得了一定的成效，但在新时期如何拓展少儿阅读推广新模式，应该成为公共图书馆开展少儿阅读推广工作的新的研究方向。

第一，推广活动缺乏吸引力。图书馆前期开展的阅读推广活动大部分时间较为集中且活动效能较低，靠这些节日型、短效型阅读推广活动很难形成全民阅读的社会氛围。另外，图书馆开展的少儿阅读推广活动形式单一、活动内容枯燥，且功利性阅读活动占主导地位，对少儿缺乏吸引力。少儿活泼好动，服从管理的能力较差，枯燥单一的活动不利于其阅读能力和阅读习惯的培养。

第二，忽视少儿早期阅读。国内对少儿阅读的认识存在误区，认为少儿只有具备了基本阅读能力之后才可以开始阅读，又认为刚出生的婴儿对声音、图像等阅读内容缺乏感知，导致少儿早期阅读推广活动发展较为滞后和缓慢。

第三，缺少专业的少儿阅读推广人员。少儿阅读推广活动的开展离不开专业的少儿阅读推广人员，图书馆馆员作为公共图书馆开展少儿阅读推广活动的主体，担负着引导少儿阅读的重要责任，但部分图书馆馆员对于不同年龄段少儿的心理、行为规律及阅读需要缺乏有效判断，一定程度上阻碍了少儿阅读推广活动的有效开展。

### 3. 少儿数字阅读推广存在的问题与原因分析

在少儿阅读推广工作日益重要的今天，由于各方面因素的影响，目前少儿数字阅读推广仍然存在很多问题，现从公共图书馆、少儿读者、家长、数字资源商四个方面展开分析，追根溯源找出原因，为做好少儿数字阅读推广工作打好基础。

（1）公共图书馆对少儿数字阅读推广重视程度不足。

少儿阅读工作已经引起各级公共图书馆的重视，而其中的阅读方式之一——数字阅读尚不能满足少儿读者的需求。究其原因，一是公共图书馆的馆藏数字资源未能满足少儿读者的需求，一些市、县级图书馆因为硬件、软件、人员等方面的因素，对馆藏数字化工作并不是很重视；二是公共图书馆对少儿数字资源宣传力度不够，不少图书馆还停留在传统的重纸质资源馆藏、轻数字资源馆藏的传统资源采购思维，造成数字资源采购有限，甚至不采购的情况；三是缺少数字资源的读者培训等宣传推广工作，很多资源在引进后没有引起重视，趋于表面工作，取得的效果也不容乐观。

（2）少儿读者自身存在功利性阅读与应试性阅读的问题。

在中国应试教育的背景下，中小学生面临巨大的升学压力，存在课

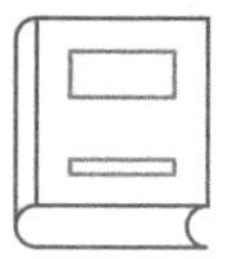



业负担重、心理压力大等现状。少儿读者更倾向于阅读与提高学习成绩、应对考试等有关的书籍，一方面，少儿读者没有太多的时间来浏览数字资源；另一方面，在有闲暇时间的情况下，他们会选择玩小游戏、浏览网页等休闲方式。

（3）家长对少儿使用数字资源顾虑较多。

目前中国还处于应试教育阶段，面对升学的巨大压力，家长的关注点往往在孩子的学习成绩及特长培养等与升学密切相关的方面，而轻视课外阅读，更加轻视数字阅读。许多家长认为计算机、手机等阅读媒介会对少儿视力造成伤害，影响少儿健康，因此禁止或者不赞同少儿使用数字资源，这直接影响了少儿读者进行数字阅读的频率。图书馆工作人员与家长、图书馆工作人员与少儿读者、家长与少儿读者之间关于数字资源的交流和互动较少，家长对少儿数字资源并不十分了解，而且互联网上充斥着各类信息，包括不利于少儿健康成长的信息，这也造成了家长们对孩子使用数字资源有所疑虑，对少儿上网等行为也较为反感。

#### 4. 乡镇图书馆阅读推广的现状

乡镇图书馆是最贴近农民的基层图书馆，是激发农民主动学习积极性的阵地，是农村文化建设的重要窗口。随着新农村建设步伐的加快，农民的文化需求进一步提高，于是乡镇图书馆建设就提上了议事日程，但还是与文化大发展、大繁荣的要求不相匹配。

（1）乡镇图书馆阅读推广现状。

公共图书馆阅读推广的发展日新月异，目前已经到了一个比较成熟的发展阶段，但乡镇图书馆阅读推广的发展才刚刚开始，需要国家、当地政府和公共图书馆引起重视并提高投入。

（2）在乡镇图书馆进行少儿阅读推广的必要性。

在乡镇图书馆开展阅读推广活动，能够让孩子们在生活中受到潜移默化的影响，使孩子从小爱读书、读好书，帮助他们养成良好的阅读习惯，也方便他们就近读到更多有价值的书，有利于拓宽他们的知识面，提高他们的思维能力和想象力。

### （二）少儿阅读推广的必要性

少儿正处于获取知识的重要阶段，公共图书馆为少儿阅读提供了丰富的图书资源。为提升少儿的阅读水平，培养少儿良好的阅读习惯，开展有针对性的少儿阅读推广活动十分必要。

#### 1. 少儿阅读关系国家未来

少儿知识、精神、思想的富有、独立和自由是国家未来发展的重要基础。剥去功利性阅读和浅阅读的外衣，如何使少儿形成良好的阅读习惯，努力学习，独立、自主地思考，树立正确的世界观、价值观、人生观，关系到整个社会、国家的长远立足和未来发展。正确的少儿阅读引导——少儿阅读推广势在必行。

#### 2. 少儿阅读是全民阅读的基础

通过少儿阅读推广活动提高少儿阅读的积极性，增加少儿阅读量，能够有效增进整个社会对阅读的重要性的认知，从而提高民众的阅读兴趣和阅读质量。少儿本身对很多事物都有新鲜感和好奇心，无疑是最容易吸引和发展的读者群体，可以通过少儿在社会民众中逐渐形成良好的阅读风气和正确的价值取向，从而引导更多的民众关注并开始阅读。

### （三）少儿阅读推广持续发展的有效途径

阅读对于少儿的成长有着至关重要的作用，不仅能使少儿完善自我、提升智慧，还能使其开阔视野、陶冶性情。因此，公共图书馆应在现有少儿阅读活动的基础上，进一步利用其资源、技术、人员、服务等优势来激发少儿的阅读兴趣和阅读热情，帮助他们从小养成健康的阅读习惯。

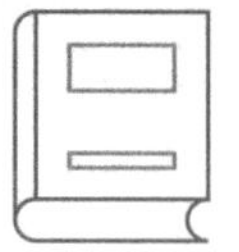



1. 优化阅读空间

公共图书馆作为少儿社会教育的主阵地，应重视其空间功能的有效发挥，为不同年龄段的少儿读者创造独特的，符合其生理、心理特点的舒适阅读空间，以吸引少儿读者走进图书馆、利用图书馆。

2. 加大宣传力度

目前，我国公共图书馆的少儿阅读推广活动因缺乏前期的宣传策划和广泛动员，活动效果不甚理想，推广普及的难度较大。因此，公共图书馆应充分利用自身优势，加强各项少儿阅读服务的宣传工作，使之常态化，以充分发挥少儿阅读推广的社会作用。

3. 加强各方合作

为了使少儿阅读推广达到理想的效果，公共图书馆应唤起全社会不同行业、不同层面对少儿阅读的关注和重视，整合各个行业少儿阅读服务力量，与社会各界共谋少儿阅读推广事业的可持续发展。

### （四）公共图书馆在少儿阅读推广中的角色分析

公共图书馆在少儿阅读推广中扮演着以下几种角色。

1. 阅读环境的营造者

阅读环境既包括阅读场所与设施，又包括阅读资源。作为阅读的最佳场所，图书馆具有其他场所不可比拟的优势。在地理位置方面，各地区从省市级图书馆到社区图书馆分布广泛，方便少儿及家长就近选择。在内部设施方面，现在很多书店、图书馆都提供了舒适的阅读环境，单独的空间、干净的环境，有较高的安全性和舒适度，同时这些区域区别于成人阅读区的安静井然，又多了一份自在与活泼，孩子们趴在地上看书，在画板上涂鸦，与同龄少儿沟通玩耍，在玩乐间培养了阅读兴趣。在阅读资源方面，图书馆作为政府财政支持的公益性单位，通过专业人员的采购拥有大量适合不同年龄段少儿阅读的优秀少儿读物。此外，图书馆还会不定期举办形式多样的少儿阅读活动。

2. 少儿阅读行为的指导者

少儿阅读行为包括阅读兴趣、阅读习惯、阅读内容的选择、阅读方法等。少儿时期是阅读习惯养成的最佳时期，因此在这一时期，少儿阅读需要一支专业的队伍进行正确的引导。公共图书馆从事少儿服务岗位的馆员大多具有相关学科背景，熟悉少儿教育与少儿心理；同时，公共图书馆拥有一支强大的志愿者队伍，可以有目的地培养一批少儿阅读导读志愿者，以分担馆员、家长、老师面临的少儿阅读引导方面的压力。

3. 家庭与学校阅读的推动者

公共图书馆要进行少儿阅读推广，培养少儿良好的阅读习惯，行之有效的办法就是与家庭、幼儿园、学校展开协作，通过促进家庭阅读与校园阅读的发展达到阅读推广的目的。通过与家长和老师的有效沟通，向他们普及少儿阅读推广的科学理念与方法，指导他们参与及分享少儿阅读推广活动，在促进自身工作的同时，最大限度发挥整体效益，从而全面促进少儿阅读习惯的养成和能力的提高。

### （五）少儿图书馆阅读推广途径

少儿图书馆有以下几种阅读推广途径。

1. 对图书馆的服务环境进行优化

对于少儿图书馆而言，服务环境主要是指图书馆在满足少儿的知识需求和阅读需求的过程中所构建的物质环境和人文环境。图书馆的建筑、空间环境、馆藏设备和文献资源等因素是图书馆物质环境的主要组成部分，人文环境则主要涉及以下几个方面的内容。

（1）图书馆的文化建设工作。

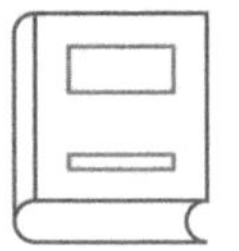



（2）图书馆馆员的职业素养。

（3）图书馆的人文氛围。

（4）图书馆馆员与读者及家长之间的关系。

良好服务环境的构建，对少儿环境感知和空间认知的发展有一定的促进作用，也可以规范少儿在公共场所的行为举止。在不断优化自身服务环境的过程中，图书馆需要遵循两项原则，即人性化原则和安全化原则，既要满足少儿的需求让他们有自己的空间，也要保证少儿的人身安全，两者缺一不可。

在优化少儿图书馆或少儿阅览室服务环境的过程中，图书馆管理人员也需要不断提升图书馆馆员的个人素质。从少儿阅读推广活动对图书馆馆员的要求来看，图书馆馆员不仅要具备良好的思想道德素质、业务技能和心理素质，也需要了解少儿教育学的相关知识。因此，业务培训工作的开展就成为图书馆馆员提升自身业务素质、掌握前沿阅读理念和阅读方法的有效措施。

### 2. 对阅读指导工作进行完善

由于少儿缺乏辨别能力和分析能力，因此他们在阅读过程中难以独立地选择适合自己的图书，对此，少儿图书馆的工作人员需要积极开展阅读指导工作，帮助少儿选择健康有益的图书。图书馆需要从少儿读者的兴趣和技能等方面着手开展阅读推广活动，因此开展阅读指导工作也是对少儿进行阅读技能培养的有效措施，少儿阅读能力的提升，可以使阅读推广活动的作用得到充分发挥。

### 3. 重视多方合作

馆际合作是对阅读推广工作进行优化的一种有效措施。这一合作机制的构建可以让图书馆的公共资源得到合理分配。品牌化、常规化和系列化是少儿图书馆活动的主要特点，在对来自全国少儿图书馆、家庭、学术组织和政府部门等的各方资源进行整合的基础上，对阅读推广活动进行完善，可以让这一活动的社会影响力得到显著的提升。少儿图书馆也可以让少儿文学作家和少儿文学专家参与到阅读推广活动中来，因此少儿图书馆需要时刻关注少儿文学作家或少儿文学专家的创作动向和研究动向，通过邀请专家、作家来图书馆参与活动拉近专家、作家与少儿及家长之间的距离，以促进少儿阅读推广工作的开展。

## 二、图书馆少儿阅读推广策略

图书馆作为少儿提高阅读水平的重要场所，在教育培养和阅读指导方面发挥着重要作用，其对于祖国未来的发展和新一代人才的成长发挥着不可忽视的作用。在公共图书馆中，少儿图书已然成为其馆藏资源非常重要的组成部分，传统图书馆主要担负着促进学生课外阅读及自主学习的重要任务，能够满足学生对课外知识的补充和延伸需要。在现代化社会中，公共图书馆也逐渐向着信息化、网络化方向进步，建立起共享式的阅读平台，并开展了一系列的少儿阅读推广活动，进一步提高了少儿的阅读质量，让孩子们在愉悦的状态下形成很好的阅读习惯，让他们真正地获取养分、健康成长。

近年来，我国经济飞速发展，网络环境有了明显改善，少儿阅读方式和阅读内容随着时代的变迁也有了很大的变化。早起阅读教育在整个的教育发展中是学习的基础保障，也是教育的灵魂所在。公共图书馆为了更好地提高少儿阅读的服务水平，应该紧跟时代步伐，扩大服务范围，完善少儿阅读推广活动。通过在实际生活中进行大量研究得出结论，阅读是人们获取知识的重要途径，不管是在学校还是在生活中，人类的知识有80%是通过阅读得来的。少儿时期是阅读能力发展的重要阶段，在这个时候对其进行阅读习惯的培养，可为少儿以后的学习和成长奠定良好基础，所以各大图书馆不断提高推荐力度、宣传力度，这对培养少儿

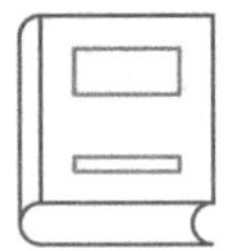



的阅读习惯、阅读兴趣具有重要意义。目前，我国少儿大多还不具备自我阅读能力，缺乏足够的知识水平，在图书的选择和阅读上都存在很大问题。少儿阶段，是其确立人生观和价值观的重要阶段，在这个阶段容易被一些不良书籍或者外界因素所影响，使心灵受到伤害。因此，公共图书馆必须做好相应的工作并严格执行必要的流程，切实做到从少儿的实际出发，根据少儿需求帮助其合理选择图书，确保少儿向着正确的人生观、价值观进步，提高其阅读能力和道德素养。

### （一）公共图书馆少儿阅读推广工作的策略

公共图书馆少儿阅读推广工作可以采取以下策略。

#### 1. 建立多元化的馆藏资源

馆藏资源包括纸质文献资源和电子文献资源两部分，它们是优化少儿阅读的重要物质保证。公共图书馆应进一步加强少儿纸质文献资源的引进。可以提前对不同年龄段的少儿进行问卷调查，了解他们最需要的书籍和最喜欢的书籍有哪些，从而使所购买的图书资源能切实满足他们的需求。丰富的图书资源和少儿感兴趣的书籍储备是吸引少儿进入图书馆的有效途径，要以满足少儿的需求为宗旨，凡是能满足他们的求知欲的图书，图书馆都应有所收藏。在载体类型上也要多元化，除收藏普通图书外，立体书、玩具书、电子资源等都应纳入其收藏范围。

#### 2. 建立完善的分级阅读模式

图书是一种需要理解和认知的精神产品，不同年龄段的少儿会有不同的阅读需求。公共图书馆为有效进行阅读推广，可根据少儿的生理特点设立分级阅读模式，使少儿获得更多收获知识的成就感。

#### 3. 提供舒适的阅读环境，营造良好的阅读氛围

良好的图书馆硬件设施是图书馆开展阅读推广的首要条件之一，优

雅安静的阅读环境、浓郁的阅读氛围更能吸引少儿读者，有利于少儿潜心入境地专心阅读。公共图书馆环境包括物质环境和精神环境。物质环境主要是指图书馆环境的布置与装饰；精神环境主要是指馆员与读者群体在借阅活动中所营造出的浓厚的阅读氛围。营造一个益于少儿阅读的环境，对公共图书馆做好少儿阅读推广工作具有重要作用。公共图书馆为少儿打造的阅读区域应充分考虑少儿的心理、生理特点，着重突出童趣，避免成人化。

#### 4. 建立馆、校、家“三位一体”的阅读推广模式

在社会公共文化服务平台建设的大背景下，公共图书馆要想更好地为少儿服务，需要和学校、家庭建立牢固的“铁三角”关系，建立形式多样的阅读推广模式。针对目前少儿在校阅读面临的问题，公共图书馆的阅读推广活动应力所能及地介入校内阅读，使阅读成为学生的必修课。图书馆应与学校和老师沟通，了解学生的需要，根据教材进度同步进行阅读推广，还可以与学校合作推行经典阅读、感恩阅读等丰富多彩的阅读推广活动，激发学生的阅读兴趣。家庭教育在少儿成长过程中也有着十分重要的作用。图书馆要和家长共同为少儿营造良好的阅读氛围，鼓励孩子多读书、读好书，让少儿与书中的伟大人物进行灵魂对话，从而形成高尚人格，培养其创新精神。图书馆要时常和孩子、家长进行沟通，向他们推荐实用高效并且少儿可能感兴趣的书籍，还可以利用作家见面会、少儿心理讲座、育儿心理交流会等向家长传递新信息、新思路，从而让孩子全方位地受到优秀阅读环境的熏陶。

#### 5. 建立导读服务模式

公共图书馆馆员不仅要做好借阅服务工作，还要成为少儿的导读人，对少儿进行必要的阅读指导。对于少儿阅读推广工作，培养少儿对图书的兴趣是关键。要想让少儿走进图书馆就眼前一亮，从而被图书馆吸引住，需要图书馆馆员分析和研究少儿的阅读心理，走进他们的内心，

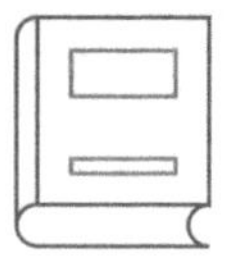



图书馆馆员要站在少儿的角度去思考，把一些热门的优秀图书放在醒目的位置，使它们最先进入读者的视野，有利于少儿深入阅读下去；设置一些专题书架，按主题内容将其推荐给小读者，使小读者有目的地选择阅读。在引导少儿阅读时，还要注重导读资源的收集。首先，要密切关注出版业、书店等图书相关行业的导读活动信息，争取做到全面、高效地收集信息。其次，要延伸服务范围。阅读不应局限于书本，可以开展多种形式的阅读推广活动帮助少儿阅读。

### （二）开展少儿阅读推广活动的要点

开展少儿阅读推广活动应把握以下几个要点。

1. 目标定位要明晰，使阅读推广活动更有意义

公共图书馆开展少儿阅读推广活动的目标应该是激发少儿读者的阅读兴趣，培养其良好的阅读习惯，提高少儿的阅读能力。图书馆要立足于少儿读者服务的特殊性，一是要有针对性地开展丰富多彩的少儿阅读推广活动，让少儿在书海中遨游，在阅览中找到自己的心灵归宿；二是要对少儿阅读行为、阅读方法等进行必要的辅导或培训，指导少儿阅读，使其阅读更有成效；三是要利用图书馆丰富的馆藏资源推荐阅读，倡导经典阅读。

2. 注重阅读环境营造，突出公共图书馆的阅读环境优势

公共图书馆开展少儿阅读推广活动具有得天独厚的阅读环境优势。少儿阅读活动的开展离不开读书环境和阅读场所，良好的阅读环境是开展阅读推广活动的重要前提。首先，公共图书馆拥有一流的阅读环境，能够提高阅读对少儿的吸引力。公共图书馆在对少儿阅读场所进行布置时，对于桌椅的大小、书架的陈设、书本的陈列等，应该根据少儿的年龄特点进行安排。例如，根据少儿的不同年龄划分出若干区域，分别配备适合相应年龄段孩子的矮书架、圆角彩色桌椅和沙发、色彩活泼生动

的室内装饰，受到了广大少儿读者的喜爱和欢迎，舒适、优美的阅读环境吸引了更多的少儿走进图书馆、利用图书馆。其次，图书馆的管理观念也应做出一定的调整，在设立各项规章制度时应充分考虑少儿活泼好动的天性，并根据少儿的阅读特点采用不同的服务形式，以最大限度地满足少儿读者的需求。最后，图书馆丰富的书籍储备需要满足不同年龄阶段、不同经历的少儿读者的阅读需求，使他们在这里都能找到自己感兴趣的书籍来阅读。

### 3. 重视少儿阅读生态发展

少儿阅读推广活动本身就是全民阅读的重要组成部分，涉及社会、家庭各个方面，公共图书馆必须重视各方因素、发挥合力。少儿阅读有生态，学生、老师、家庭、图书馆、社会是一条生态链；与少儿阅读相关的文化产品生产、阅读推广、阅读研究等实践形成了一张“生态网”。公共图书馆要借助各种宣传媒介进行广泛宣传，介绍图书馆的各种功能和服务，使更多的人了解图书馆、了解少儿阅读室，并认识到图书馆是少儿进行课外学习、补充和扩大知识面的好去处。同时，部分家长要纠正“对孩子进行艺术技能培养会更好”的传统思想，尽可能发挥阅读在青少年成长过程中的积极作用。此外，家长要约束孩子们的娱乐内容，减少电视、计算机、互联网、高智能玩具所带来的影响，让孩子将更多的注意力集中到阅读上来。在倡导自主阅读的背景下，老师、家长等不同身份的“管理者”都应该善于进行身份转换，慢慢地成为少儿学习、阅读的伙伴。

### 4. 重视少儿阅读推广活动设计的合理性、有效性

少儿阅读推广活动开展得成功与否，很大程度上取决于活动设计是否符合少儿读者群体的现实需要。公共图书馆为保证活动设计的合理性以及活动的有效开展，必须重视以下几个环节的工作。

第一，在策划活动的时候，一定要充分考虑活动的形式、内容、时

间安排等，以满足少儿读者学习、娱乐等方面的成长需要。

第二，重视策划人员及活动组织开展人员的综合素质和能力。公共图书馆应该拥有特定的部门或团队，专门为少儿活动做宣传和策划。在活动开始前，先由工作人员提交活动方案、经费及人员安排，经过研究协商，选择可操作性强、活动效果好的方案，再做精细性策划，确保活动环节准确无误。

第三，在开展活动时，按照方案实施的过程中都应该做到从实际出发，在宣传知识、学习知识的同时，寓教于乐，让孩子们在轻松愉快的环境下喜欢上阅读。

第四，在活动的结尾，要做好相关活动反馈工作，了解家长和少儿读者的实际需求，为下一次更好地策划活动提供依据。

### （三）新媒体参与的少儿图书馆阅读推广活动策略

新媒体给少儿图书馆阅读推广工作带来了变革的动力和契机，少儿图书馆应及时调整阅读推广策略，以期产生更大的社会影响。

#### 1. 少儿图书馆网站的建设

网站是互联网时代最重要的新媒体形式，借助网站建设少儿图书馆，能够实现各类阅读推广活动的统一发布与管理。少儿图书馆建立网站后，少儿读者及其监护人能够更便捷地获取阅读活动信息，如书籍借阅情况、操作指南、人工咨询、活动报名、相关资料下载等，还可以进行电子版图书的在线购买与下载。少儿图书馆网站的服务功能应以清晰、便捷为主，在网站设计中应充分考虑少儿的理解与接受能力，如在栏目文字上方增加拼音注解以方便幼儿理解，在网站版面中多使用图片来增加趣味性，等等。

#### 2. 少儿图书馆的微博推广服务

近年来，微博服务凭借着成本低、传播速度快、互动性强、精准推介等优势迅速成为大众生活中普遍使用的一种信息传播媒体，一些少儿图书馆也开始使用微博开展阅读推广活动。少儿图书馆可以在微博中注册公众号，与学前教育、中小学教育相关参与者建立“互粉”关系，并面向少儿读者及其监护人提供图书馆新书种类、阅读活动、优惠活动等信息。微博的使用者可以是少儿自己，也可以由其监护人代为使用，从而实时接收少儿图书馆阅读推广活动的各类信息。在少儿图书馆的微博阅读推广服务中，可以借助图文并茂的宣传形式吸引少儿前往图书馆借阅书籍。

3. 少儿图书馆的微信推广服务

微信凭借智能手机的快速普及以及现代人对私密空间需求的不断提升，在短短几年的时间内便拥有了大量用户。少儿图书馆的微信推广服务与微博相似，图书馆可以专门安排相关人员进行公众号管理，定期推送阅读推广活动信息。在撰写阅读推广信息时需注意内容的趣味性、普适性及规范性。针对不同年龄段少儿设立特色栏目，采用图文并茂的形式使少儿及其监护人获取相关活动信息，并通过微视频向少儿及其家长传授阅读知识，从而达到培养幼儿阅读能力的目的。

阅读是人们掌握知识、接受教育、发展智力、获得教养的根本途径，良好的阅读习惯不仅有助于少儿的知识积累，开阔其眼界，还有助于少儿形成良好的思想观念与人格品质。近年来，我国的阅读人群规模不断壮大，青少年阅读成为重点，为了得到良好的效果，少儿图书馆引入新媒体服务来丰富阅读推广的活动内容。通过这种服务，更好地帮助少儿养成良好的阅读习惯，培养少儿快乐阅读的意识，促使其身心健康发展。

## （四）多元理念视域下少儿阅读推广策略

随着信息科学的发展与社会文化的繁荣，公共图书馆实施多元化合作促进儿童阅读推广具有十分重要而深远的现实意义。少儿阅读推广多

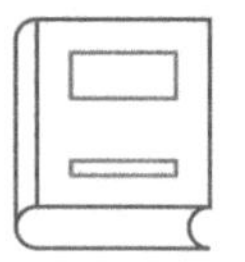



元化主要指向两个层面：一是基于文化背景的阅读内容的多元化，二是基于载体与渠道的阅读形式的多元化。

开展多元化合作推动少儿阅读的策略主要包括多元文化融合与少儿阅读推广相结合、阅读载体融合与少儿阅读推广相结合、渠道形式整合与少儿阅读推广相结合等。

1. 多元文化融合与少儿阅读推广相结合

少儿阅读推广首先要从文化的多元化融合的角度考虑国内外不同地域、不同国度、不同民族的文化、文明的交流与认同，要注重多元文化和少儿阅读推广的结合，通过多元文化融合的途径推广少儿阅读，从而开拓少儿观察与体验的视野，丰富少儿发展的内容，促进少儿心灵的成长，提升少儿阅读的品质。

2. 阅读载体融合与少儿阅读推广相结合

少儿阅读推广要从科学技术发展的角度寻求并实现更大范围的信息资源开发与分享，即少儿阅读活动要注重通过推进阅读载体的多元融合实现少儿阅读活动效果的增强与品质的提升。

3. 渠道形式整合与少儿阅读推广相结合

少儿阅读推广需要从阅读的对象、方式、方法、形式等基本要素出发，以期获得更好的少儿阅读推广效果，即阅读推广活动的多元化整合，切实有效地推进了少儿阅读渠道的形成。

少儿阅读推广的根本目的是完善公共服务体系，促进少儿健康快乐地成长。作为提供少儿阅读服务的公共场馆，公共图书馆要坚持促进少儿健康发展的服务宗旨，不断增强与提升服务理念，更好地发挥公共服务场馆的功能，为更多的少儿及家庭服务。

在童书泛滥、少儿阅读不断被市场化的今天，少儿阅读服务公共场馆改进管理机制、提高全体员工综合素质与服务意识、完善服务体系等显得尤为重要。少儿阅读服务公共场馆应加强制度建设和民主建设，培养员工爱岗敬业、忠于职守、乐于奉献的精神，充分调动员工的工作热情，建设充满朝气、充满活力、充满斗志、充满美好梦想与愿望的团队。同时，从少儿和家长的角度考虑，以有利于少儿成长与发展为出发点，挖掘内部人力、场所及图书等资源，增添服务项目、丰富服务内容、完善服务体系，尽可能地满足少儿身心发展需求，力求让少儿快乐，让家长满意。只有这样，才能更好地实现少儿的快乐阅读，使图书馆的少儿服务品质获得逐步提升，使我国面向少儿的阅读服务获得长足的发展与进步。

## 三、图书馆少儿阅读推广服务的目标

图书馆少儿阅读推广工作，一方面要从培养孩子的阅读兴趣着手，另一方面要完善图书馆内的各项设施。图书馆要充分利用丰富的馆藏资源，努力探索阅读指导活动的方法、特点和规律，将阅读指导活动有效地融入内容丰富、形式多样、吸引力强的活动之中，为提高少儿的阅读能力和社会责任意识做出积极的努力和有益的尝试。

### （一）图书馆阅读推广的现状及其问题分析

对于少儿而言，图书馆的利用率普遍不高，有些少儿在图书馆中只选择连环画、漫画书等，真正对少儿发展有促进意义的书籍却乏人问津。图书馆并没有得到少儿的充分利用，这不仅是因为当前少儿的阅读习惯正在不断变化，也和图书馆的阅读推广有关。

#### 1. 阅读推广活动较少且主题单调

图书馆自身的管理出现漏洞，从而并没有真正意识到阅读推广活动的重要性，单纯地将图书馆自身定义为提供阅读场所和书籍的地方。虽

然有些图书馆也会举办一些阅读推广活动，但是活动较少，而且大多为展览、专家演讲等活动。这些活动开展得较为普遍，活动内容并不丰富，对于少儿来说活动形式单一，未能对其产生足够的吸引力。

2. 缺乏专业的阅读推广人才

成年读者有着自己的知识摄取需求和认知，因此在阅读时大多不需要图书馆工作人员的指导和服务，而少儿阅读很多时候需要有专业人员的引导或推荐。然而，现阶段图书馆的工作人员大多只负责图书馆的秩序管理、书籍管理和安全管理，书籍管理人员的文化素养较低，对图书的管理不当，这是很多图书馆在完善少儿服务过程中需要解决的问题。

3. 推广力度不足

图书馆活动多在馆内进行，较少与其他机构合作，这在一定程度上限制了图书馆的推广范围。另外，图书馆活动的推广方式单一，大多采用在宣传栏中贴告示或者在馆内网站中发布通知等方式进行活动推广，导致宣传效果不佳，活动参与人数较少。在新媒体盛行的当下，很多图书馆建立了自己的公众号、微博号等，但是没有专门地去管理，或者定期整理一些宣传文章等，而是只简单地进行文字拼凑。对此，图书馆应充分利用新媒体加大推广力度，扩大活动辐射范围和参与度。

另外，少儿阅读推广工作缺少层次分明的推广内容。少儿阅读推广工作主要是面向未满十八岁的青年、少儿和幼儿开展，少儿只是一个含混的统称，还可以将少儿细化为多个不同的年龄段和目标群体。不同年龄段的少儿在认知接受能力、阅读能力、独立思考能力、理性思维能力等方面各不相同，这种差别的客观存在决定了少儿阅读推广工作应该具有针对性，其阅读推广内容也应该层次分明，不应该“一刀切”，更应避免张冠李戴以及将不适合少儿阅读的内容推广到少儿阅读范围之内的荒唐现象发生。

## （二）少儿阅读推广服务的目标

少儿阅读推广服务既是社会发展的需要，又是少儿阅读的需求，其目的是通过培养少儿的阅读兴趣营造良好的阅读氛围，使少儿养成良好的阅读习惯，提高少儿的阅读能力，从而推动全社会素质教育向前发展，最终实现少儿的全面发展。

### 1. 培养少儿的阅读习惯

少儿阅读推广服务最直接目的就是培养少儿的阅读习惯。少儿具有强烈的好奇心和求知欲，外界的一切事物对少儿来说都是新鲜的，外界给予少儿什么，少儿就会接受什么。因此，把握好这个时机，采用恰当的方法让少儿发自内心地想要读书，并为之不懈努力，久而久之就会激发少儿的阅读兴趣，对于培养少儿的阅读习惯具有事半功倍的效果。

### 2. 开发少儿智力

在少儿中推广阅读，不仅是为了培养少儿的阅读兴趣和提高少儿的阅读能力，更是为了进一步地使少儿获得阅读的诸多益处，其中包括可以显著提高少儿的智力以及阅读中自我养分的吸收。少儿阅读推广服务使少儿在接触图书、绘画的过程中了解书中的人物和故事，少儿从听故事到自己复述故事的过程中，有了自己对事物的看法，形成了独立的思维，从而锻炼了少儿独立思考的能力，也提升了其语言表达能力。

### 3. 为实施素质教育提供助力

素质教育是以提高学生的全面素质为目标的教育，注重开发人的智慧潜能，注重学生的德育培养和个性发展。在全社会普遍提倡素质教育的今天，素质教育的概念已经深入人心，怎样实施素质教育成了需要学校和家长们认真思考的问题。读书作为一项有益身心健康的活动，越来越受到学校和家长们的重视以及少儿的欢迎。书籍在拓宽少儿视野的同

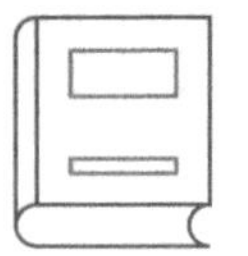



时，也在潜移默化地影响少儿，书中的美德故事最能达到教育少儿的目的。阅读图书，可以促进少儿智力发育，影响少儿的情绪、情感，并且能够发展少儿的多种能力。

## （三）中小型公共图书馆开展少儿阅读推广

引导少儿参与阅读活动，在活动中提升阅读能力、实现自我价值，是中小型公共图书馆义不容辞的社会责任，也是图书馆服务工作中的一项重要内容。

### 1. 中小型公共图书馆开展少儿阅读推广的意义

培养少儿良好的阅读习惯，提高少儿的文化素养，直接关系到全社会的共同发展和全民族文明素质的提高。放眼世界，各国公共图书馆开展的各式阅读推广活动，不约而同地都将少儿作为重要的阅读推广对象，作为公益性文化教育机构基石的中小型公共图书馆也不例外，其拥有比较丰富的文献信息资源、专业的人才，能为少儿阅读推广提供得天独厚的物质基础和智力支持，是开展少儿阅读推广的重要力量。

### 2. 中小型公共图书馆少儿阅读推广的方法和途径

中小型公共图书馆少儿阅读推广有如下方法和途径。

（1）重视馆藏资源建设，为少儿阅读推广提供物质保障。

馆藏资源的建设与发展包括资源的选择、维护和剔旧等多个方面的内容，其中馆藏资源的选择是最重要的环节。中小型公共图书馆因为服务的读者处于不同的年龄阶段，其阅读能力存在差异，因此为少儿选择阅读资源的时候应以年龄为依据，照顾到不同年龄层次读者的需求。此外，中小型公共图书馆由于经费、投资等方面的原因，导致在阅读推广的方法和途径上更侧重于激发少儿阅读兴趣、培养少儿阅读习惯，鼓励少儿多读书。因此，有些中小型公共图书馆在为少儿选书时观念发生了一些变化，由以往的质量决定一切逐渐过渡到以孩子们喜爱或流行的图书为主。馆员切实地感受到质量再高的书，如果孩子们不喜欢、不去阅读都无法发生作用。

（2）宣传馆藏资源，吸引少儿参与阅读推广活动。

“新书推荐”“好书共赏读（征文、演讲、讲故事）”等传统的阅读推广方式，在当下依然有着无穷的魅力。在激发少儿阅读兴趣、培养少儿阅读习惯的过程中，中小型公共图书馆应坚持采用这种传统的服务方式，吸引少儿参与阅读推广活动，培养他们利用图书馆的习惯。

每年节假日，很多中小型公共图书馆都会从馆藏图书中挑选出一批书籍，借助当地的报纸、电视、网站等媒体进行宣传，或者以展板的形式向少儿读者推介新书、好书，举办“好书共赏读活动”。针对低龄少儿爱玩、爱动、好胜心强的特点，中小型公共图书馆还会组织猜谜语、讲故事比赛，或者为年龄稍大的孩子举办“古诗词经典诵读”等活动。

（3）整合阅读推广方式，激发少儿的阅读兴趣，提高其阅读水平。

中小型公共图书馆的阅读推广活动要与时俱进，既可以整合创新传统的服务方式，也可以及时增加新的服务项目，比如邀请名人或者权威人士进行公益讲座，针对专题展览进行讲解，开展专项培训，以此吸引少儿读者，让他们对阅读产生兴趣，从而自发地、真正地喜欢上阅读，并对他们的阅读给予正确的引导，以提高他们的阅读水平。

（4）多元化推广主体，使全社会共同参与到少儿阅读推广工作中。

中小型公共图书馆在服务少儿读者的时候，不仅要充分利用自身所拥有的各种资源，还要注重和有关部门的协调沟通，争取得到有力支持，争取寻求与有关部门的合作，挖掘利用社会中的各种资源，让少儿阅读推广活动成为全社会共同参与的工作。

## （四）公共图书馆少儿阅读推广馆校合作

图书馆开展少儿阅读推广，必须注重学校阵地，积极加强馆校合作，

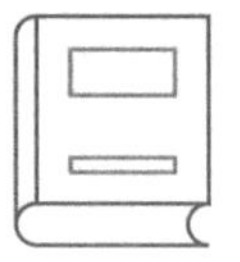



拓展合作形式、深化合作内容、优化合作资源、提升服务水平，以促进少儿阅读推广深入地开展并形成长效机制。

1. 加强馆校合作

加强馆校合作有以下两个途径。

第一，完善的法律政策可以保障合作。通过建立法律规范，为馆校合作提供有效的操作途径，以保障馆校合作的顺利实施。

第二，获取认同以吸引合作。图书馆应当提高自身的主动性与竞争力，积极了解教学计划，提升自身素质，介入学校对少儿的培养，配合学校完成教学目标，以吸引学校与图书馆开展长期合作。

2. 拓展合作形式

拓展合作形式有以下三个途径。

第一，建立总分馆的合作形式。在学校成立图书馆分馆，以公共图书馆资源为中心，对学校图书馆进行书籍资源支持，实现图书馆、学校间的资源共享。

第二，签订合作协议、相互监督的合作形式。图书馆与学校共同制订工作计划并签订协议，相互监督，促进合作的良性循环。

第三，以品牌、项目为小组的合作形式。馆校合作中，以品牌活动或项目为人员划分原则，形成工作小组，图书馆馆员与教师进行深入交流，为开展长期合作奠定基础。

3. 深化合作内容

深化合作内容有以下四个途径。

第一，引入以阅读为主题的辅教课程。图书馆利用专业知识，配合学校语文教学目标，设计以阅读为主题的课程，并将其引入学校教学环节的具体内容中。

第二，组织阅读推广进校园活动。图书馆馆员到学校班级中进行阅读推广，针对不同年级组织策划适合不同年龄段少儿的阅读推广活动。

第三，联合各方力量丰富合作内容。社会各界力量各自具有不同的特点，能够提供丰富的资源，对社会资源进行有力的筛选，以促成协议，达成馆校联合的实质性进展。

第四，建立课外阅读联动机制。图书馆与学校之间达成共识，将学生在图书馆的阅读情况纳入学校的考评系统，以促进学生的课外阅读。

#### 4. 优化合作资源

优化合作资源有以下三个途径。

第一，培养专业人才队伍。在图书馆馆员、教师、家长中发掘骨干力量，组成阅读推广核心团队，通过组织成员参与各种形式的集体学习和培训活动，提高团队的综合实力。

第二，构建“馆、校、家”三方联动机制。将阅读推广阵地扩大到图书馆、学校、家庭三方，优化少儿的阅读环境。

第三，建立专家顾问团队。融合联动社会资源，邀请各界专家学者形成合作团队顾问团，为团队提供指导意见和社会支持，优化团队结构。

#### 5. 提升服务水平

提升服务水平有以下三个途径。

第一，制定人才激励机制。适当的人才激励机制可以避免馆员与教师产生消极情绪，激发合作团队的主动性，从而提升团队的服务水平。

第二，实施合作品牌化战略。运用便捷、专业、创新的宣传平台与营销渠道形成自己的合作品牌，为维护品牌的形象与声誉，可以督促服务团队提高自身服务质量。

第三，馆校合作行业联盟。带动同行业人员加入馆校合作队伍，形成馆校合作行业联盟，在相互借鉴、相互学习中认识到自身不足，提出意见并不断改进服务，以提升自身服务水平。

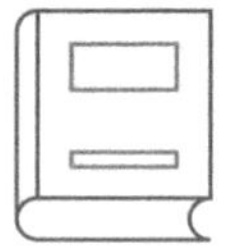



### （五）社区乡镇图书馆少儿阅读服务的目标

社区乡镇图书馆少儿阅读服务的目标有以下几个。

#### 1. 加强思政教育，确保发展源泉

目前我国大多数社区乡镇图书馆的内部机制都面临着较大的挑战，主要体现在以下四个方面：一是图书馆馆员团队构成多元化，二是图书馆馆员收入多元化，三是信息来源多元化，四是价值观念多元化。四个“多元化”因素将成为摆在社区乡镇图书馆少儿阅读服务面前的主要障碍，而要消除这些障碍，唯一的途径就是以构建图书馆内部文化为目标，加强和改革对图书馆馆员的思想政治教育工作。其主要体现在以下三个方面。

第一，应以构建社区乡镇图书馆内部文化为目标，实现思想政治教育与阅读服务的有机整合。

第二，以优化思想政治教育为目标，增强图书馆内部文化的感染力。

第三，借助社区乡镇图书馆内部文化，拓展思想政治教育工作的内涵和外延。

#### 2. 建立能力培养机制，提升馆员素质

从近几年社区乡镇图书馆的发展情况来看，阅读服务的缺失源于图书馆馆员的素质不足，高质量的阅读服务有赖于一个精英团队的组织和运作，因此在抓服务质量的同时，社区乡镇图书馆还应当建立能力培养机制，全面提升图书馆馆员的综合素质。长期以来，公共图书馆在管理制度上并不完善，奖励制度的漏洞是导致员工安于现状、不思进取的主要原因，这样的结果就是增加了员工的惰性，不能很好地激发员工的创新思维。因此，社区乡镇图书馆应努力健全内部机制，通过加强制度建设来增强图书馆馆员的工作能力，提升他们的综合素质，从而确保服务质量获得提升。

### 3. 注重数字文献库的开发利用

为遵循少儿的阅读心理和认知规律，社区乡镇图书馆文献库的建立应以数字信息资源整合为主要方向，通过对数字资源的组织与管理突出社区乡镇图书馆文献资源的资料特征，通过对数字化资料的分类、编目构筑一个以数字信息资源为主的数据库，以满足少儿的阅读需求。要更多地对图书馆文献库的新型信息资源进行深度开发，建立适合少儿阅读的专题数据库。

### 4. 最大限度地扩大少儿的阅读空间

目前我国关于图书馆运转的各种政策都对少儿问题有所提及，在贯彻政策文件精神时，社区乡镇图书馆应结合政策纲领，最大限度地扩大少儿的阅读空间。首先，在馆舍布局方面，要将少儿业务部门设置在馆内方便使用的最佳位置；其次，馆内要专设独立的少儿阅览室和活动室，借阅室内还要为少儿留出一定的活动空间。在今后的发展中，社区乡镇图书馆应继续优先考虑少儿活动面积，积极建立少儿阅览室，优化少儿活动环境，尽可能地为少儿提供一个适合阅读与成长的空间。

### 5. 构建少儿阅读生态链

少儿阅读服务本身就是全民阅读的一个重要组成部分，涉及社会、家庭的各个方面，其中由学生、教师、家庭、图书馆、社会构成了一条生态链；与少儿阅读相关的文化产品生产、阅读推广、阅读研究等实践活动形成了一张生态网，这即是少儿阅读生态链的实质。社区乡镇图书馆应借助各种宣传媒介进行广泛宣传，使大家对图书馆存在的意义有更加深入的了解，认识到图书馆是少儿进行课外学习，补充、扩大知识面不可缺少的重要场所，从而将图书馆打造成阅读生态链中的重要一环。

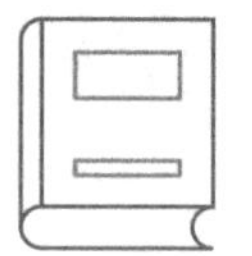



# 第三节　图书馆少儿服务的新发展

随着时代的变迁和社会的发展，图书馆的服务模式也在不断地变化和创新。少儿图书馆作为公共图书馆的重要组成部分，其服务的拓展和创新对于促进少儿全面发展、满足群众多元化的需求、提高图书馆的社会价值都具有重要意义。

## 一、活体图书馆：少儿图书馆读者服务新模式

作为一种全新的信息交流方式，活体图书馆以“真人图书”为阅读载体，促成人与人之间的直接对话，以消除隔阂、减少偏见和憎恨，实现人际间的宽容与和谐。

### （一）活体图书馆的兴起

最初的活体图书馆主要依附于音乐节、书展等大型活动举办。随着图书馆读者需求的转变，图书馆开始举办活体图书馆活动，且受到读者的广泛关注和好评。

### （二）少儿图书馆开展活体图书馆服务的可行性

1. 真人图书富有亲和力、感染力

活体图书馆的“图书”是一个个鲜活的人，是有丰富思想内涵的专

家、学者。少儿图书馆组织一些乐于为少儿读者服务、具有较高文化素质的少儿服务工作者、大学生志愿者作为真人图书，让少儿读者进行阅读。极具亲和力、感染力的真人图书可激发少儿读者的阅读兴趣，从而满足其阅读需求。

少儿图书馆开展活体图书馆服务，可以帮助少儿消除不健康的心理问题，帮助少儿学会调节和控制消极情绪，改变自己的不良性格，发展良好的意志品质，培养他们从小树立正确的人生观、价值观。

#### 2. 少儿图书馆具备开展活体图书馆服务的条件

在加强文化强国建设、推动社会主义文化大发展大繁荣的新形势下，国家加大了对图书馆的经费投入，少儿图书馆迎来了快速发展的大好时机。少儿图书馆的专业人员配备较为合理，图书馆设施建设稳步推进，少儿图书馆开展活体图书馆服务优势明显。

#### 3. 少儿图书馆具有来源广泛的真人图书

开展活体图书馆服务，需要大量真人图书的参与与支持。少儿图书馆可以通过与学校等社会教育机构合作，邀请愿意为少儿服务的“真人图书”参与到图书馆的真人图书活动中来。同时，随着我国志愿服务事业的蓬勃发展，志愿者的身影越来越多地活跃在各个领域，他们用热情的服务为社会奉献着爱心。志愿者参与少儿图书馆服务，已成为当今少儿图书馆服务中一道亮丽的风景线。

## 二、3D 虚拟少儿图书馆服务平台的创建

技术已不再是阻碍实现虚拟服务的“瓶颈”，Web3D 技术也已发展得非常成熟，用户无须下载并安装体量庞大的客户端，通过浏览器登录即可使用 3D 虚拟少儿图书馆，国内公共图书馆与高校图书馆已有许多

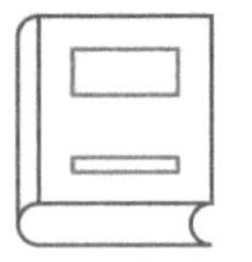



成功实践案例，关键是目前国内少儿图书馆界对应该怎样规划建设、管理 3D 少儿图书馆及其服务缺乏概念。以下将从创建、应用、管理等层面对 3D 虚拟少儿图书馆平台功能进行探讨。

### （一）趣味化场景角色和个性化创建

不同于成人阅读，少儿阅读需要外部环境来帮助激发他们对阅读的兴趣，少儿图书馆的趣味性和个性化是激发其探索学习的重要因素，由此需要创建一种将兴趣与玩乐结合起来、宜于少儿学习的空间模式。

#### 1. 场景选择

少儿图书馆可以设计开发虚拟实体图书馆和虚拟科幻图书馆两种场景服务模式供读者选择，注册读者可选择其一作为“我的图书馆”服务界面，并可进行场景间自由切换和做相应设置。前者是实体图书馆场景的虚拟镜像，全方位展示了实体图书馆的布局与功能，模拟并提供图书馆各类服务，使读者犹如置身于实体图书馆中，产生身临其境的感觉。虚拟科幻图书馆则是“新概念”馆舍场景，提供充满科幻情境的主题化馆舍场景和相应特色化功能服务，如“星球图书馆”“森林图书馆”“海洋图书馆”等，以增强少儿读者的阅读兴趣，拓展他们的知识领域。

#### 2. 角色扮演

多样化的角色扮演有助于发展健全的人格。在虚拟少儿图书馆中，扮演不同的角色可以体验不同的情感世界。读者的虚拟人物角色可以是普通读者，享受各类资源服务，也可以竞聘“馆长”“部门主管”或“小小管理员”角色，从中体验管理图书馆、服务他人的辛劳与乐趣，从而了解图书馆，加深对图书馆的情感。

#### 3. 个性创建

自由想象、自行决策、自主创建是虚拟少儿图书馆的一大亮点，平台为读者提供多任务创建功能，以促进少儿读者的创造力和个性化的发展。这种个性化创建和功能应用，不仅使少儿读者的组织能力、宣传能力、互动交流能力得到了锻炼，更培育了自信、张扬了个性。

## （二）游戏化控制、情境化阅读和便捷化借阅导航

在追求数字化、互动性、多功能性的当下，图书馆创建的少儿阅读场景应该能够给少儿带来丰富的体验。依托强悍的数字新媒体研发技术，打造沉浸式、互动式、游戏化、情景化的自主阅读空间，实现对少儿阅读领域的全新探索。

### 1. 游戏化控制

网络游戏之所以受到少儿的喜爱，是由于其绚丽的3D场景、人机对话、场景漫游、任务道具、等级晋升和自由操控功能够给玩家以强烈的存在感、使命感和成就感，从而形成了强烈的沉浸感和用户黏性。因此，3D虚拟少儿图书馆的场景和人物应实现游戏化的操作和控制，以增强趣味性。

### 2. 情境化阅读

所谓“情境化阅读”是指以少儿读者为中心，设计多样化的虚拟场景阅读物，将图书、景象、情感等要素结合起来，激发少儿的阅读兴趣、启迪其阅读思维、培育阅读情感、丰富阅读知识的一种特殊服务形式。在3D虚拟少儿图书馆场景中设置丰富的情境知识阅读点，读者只需点击这些阅读点即可呈现与该事物相关的馆藏书籍、文字图片、音频视频介绍等内容。

### 3. 便捷化借阅导航

3D虚拟少儿图书馆中，读者不仅可以阅读影音并茂的动态3D图书资源，还可以通过该系统非常便捷地借阅实体图书馆藏书。如今导航定

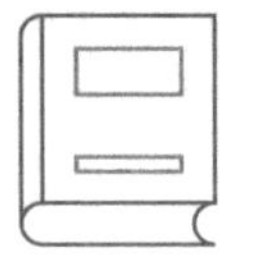



位技术已进入寻常百姓的日常生活中，将导航技术和3D虚拟技术、RFID技术相结合应用于馆藏资源查询和借阅服务中，将给少儿读者带来极大的便利。读者只要发出预借书单，即可获得所有预借图书在图书馆中的具体位置的三维导引图，并会给出取书顺序和最佳路径指引。

### （三）图书馆少儿服务与创客空间

创客空间建设是图书馆少儿服务的拓展与延伸，它为少儿图书馆开展创新服务提供了新的契机。

1. 创客空间的概念

"创客"不能单纯地被当成一个名词来看，而应将其定义为一个类名词，但用法类似于名词。在此，"创客"的中心词是"创"，意为"具有创造性的""把创意变为现实的"。它有着如"食客""驴友"等的流行元素，类指一群并非计算机领域的"黑客"，而能将创意变为现实，有着乐于分享创意、共同为人类创造美好事物的人生追求的人。"创客空间"的提出及其概念出自著名的《创客》杂志中的"它是一个真实存在的物理场所，一个具有加工车间、工作室功能的开发交流的实验室、工作室、机械加工室"。

2. 少儿图书馆引入创客空间的意义及初步探索

少儿图书馆引入创客空间，是充分发挥图书馆独特的资源优势，积极打造少儿广泛参与的梦想实验室的有益实践。

（1）有利于加强少儿读者及其家长间的亲子互动。

少儿图书馆引入创客空间，能够提供视觉冲击及亲子互动环境，以供孩子们与其家长进行设计及其他活动，实现亲子沟通与少儿个性、情感与活动体验的互动，有利于少儿知识启蒙以及对少儿知识探索能力、动手能力等综合素质的培养。

（2）创新服务形式，吸引少儿读者走进图书馆。

将创客空间这一全新的服务理念、视角、技术与方法引入少儿图书馆，不仅是对其服务模式的创新和有益尝试，更能有效利用现有空间资源，变被动服务为主动服务。通过这种新型的创客空间服务形式吸引更多的少儿读者走进图书馆，同时让本地区不同社会阶层、不同教育背景、不同经济背景的人群共享、体验这些利用大脑风暴创造出来的成果，以最大限度地满足其个性化需求。鼓励少儿读者参与互动，促进其自主学习与知识的探索创造，提高其信息素养能力，最终为全面提高少儿图书馆的服务水平打下坚实的基础。

（3）有利于提升少儿图书馆的核心竞争力。

目前市场上存在着各种商业性的信息服务机构，各机构之间的市场争夺异常激烈。少儿图书馆作为公益性服务机构，必须建立自身的核心竞争力。在如今严峻的竞争形势下，将这种全新的创客空间服务理念引入少儿图书馆，是提高图书馆的核心竞争力，为少儿图书馆的发展注入新的活力的重要举措。从长远来看，把创客空间服务视为服务的新亮点和一项常规的重要工作来做，将是提高其所在地区信息中心地位、优势与社会影响力的重要举措，对于扶持当地创意产业的发展也有着隐性的长效推动作用。

创客空间的服务概念要求我们做到以下两点：一是及时了解和把握全球最新发展动态，时刻关注少儿读者的迫切需求，敏锐洞察和借鉴相关优秀行业的发展策略；二是摒弃不合理的管理模式和落后的服务理念，不断完善自身服务体系和服务质量，向读者提供主动性服务。

## 三、更新服务理念，创新少儿工作

少儿图书馆是实施素质教育的重要阵地，要创新服务，除了加强馆藏建设，做好导读工作以外，还应不断在特色服务上下功夫来吸引读者。

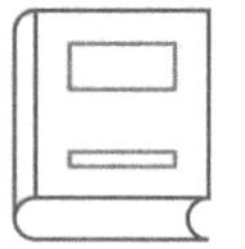



## （一）活动主题紧扣时代脉搏，切合社会热点

每年定期在读者中组织读书活动，如举办大型演讲比赛、征文活动，以及征集好书推荐读后感。

## （二）走出馆门，开辟具有时代特色的“第二课堂”

少儿图书馆要想真正成为孩子的课外基地，必须广开学校、家庭、社会和大众传媒之间的联系渠道；必须走出馆门、走进学校，开辟“第二课堂”，努力为孩子构建一片广阔的学习天地和一个良好的社会读书环境。例如，引导少儿读者将书本中的知识运用到生活中，在生活中寻找一个岗位、扮演一个角色、获取一种感受、明白一种道理、养成一种品质。又如，开展“走向弱势群体，送上人间温情”活动，带少儿读者送书到少儿福利院、智障者残疾学校等，让少儿读者从小学会交往、合作，乐于助人，懂得以爱育爱，体验爱的力量。再如，举办“学名人业绩，悟名人品格，走名人之路”探索名人成长奥秘等主题鲜明、内容感人的活动，创设生动有趣的体验情境，让少儿读者在活动中实现心灵的沟通与情感的交流。另外，也可以组织少儿读者排演课本剧，如“小马过河”“司马光砸缸”“揠苗助长”“曹冲称象”等，通过课本剧在学校、社区和广场等场所的演出，使少儿读者受到正面的思想品德教育，同时充分发挥文化娱乐和宣传推广少儿图书馆的积极作用。

## （三）有的放矢地加强读者导读工作

阅读是少儿读者丰富知识、陶冶情操、锻炼思维、增长阅历的重要途径和手段。针对读者做好导读工作是每个少儿图书馆馆员的重要职责，也是衡量读者服务工作的重要标准。因此，我们要主动把导读与扩大素质教育成果联系起来，对少儿读者进行阅读方法指导，并培养其良好的阅读习惯，不断提高其阅读的兴趣和能力。依据到馆少儿读者的年龄、性格、文化程度、兴趣爱好以及生理、心理方面的差异，通过图书借阅情况统计与分析、细致的观察或者采用与少儿读者面对面交流的方式，尽量了解和掌握少儿的阅读取向、兴趣和需求，有针对性地向他们推荐书刊，对他们进行思想道德和科学文化教育，从而配合学校、家庭促进少儿德、智、体、美、劳全面发展。

少儿读者大体分为幼儿、小学生、初中生三种类型，另外，一部分孕期准妈妈也会阅读少儿读物。因此，少儿工作者应着重加强宣传和引导，帮助少儿读者鉴选内容好、品味高的书籍。可以考虑开辟新书架，定期制作内容详细的新书推荐专栏，专门为低幼读者选择低幼读物；以各种颜色的标签贴于书背以做区分，既方便少儿读者取阅，又方便管理。暑期期间少儿读者的阅读量较大，可以集中推荐中外名著，以提高名著的利用率；还可以主动为家长推荐好书，也能起到很好的荐读效果。此外，通过组织趣味知识竞赛，可以让孩子对知识产生浓厚的兴趣，变被动阅读为主动阅读，使他们认识到“开卷有益”，从而真正达到快乐阅读的目的。

### （四）积极开展青少年爱国主义教育

在平时的导读工作中，还应有意识地对少儿读者进行爱国主义教育。比如，配合学校教学购置爱国主义思想教育丛书，为中小学生放映爱国主义影片，利用《读者园地》向少儿读者宣传党的思想方针政策，等等。可以在党的生日、“八一”建军节、“十一”国庆节等节日或纪念日开设宣传专栏，进行革命传统教育；还可以邀请专家做报告，以“国庆周年纪念”为主题向少儿读者推荐英雄人物故事选、名人传记等书籍，在少儿中广泛开展爱国主义教育。

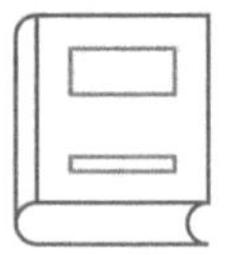



## 四、秉承“快乐教育”图书馆少儿服务新理念

公共图书馆在工作实践中应不断创新理念、开拓思路，以“快乐教育”活动为载体，开创图书馆少儿服务工作的新局面。

### （一）“快乐教育”是对少儿进行思想道德教育的好载体

“快乐教育”是对少儿进行思想道德教育的好形式、好载体，且应做到与时俱进。“快乐教育”适应了少儿的生理和心理特点，好动、好奇、好玩是少儿的天性，抓住他们的天性因势利导，就会收到事半功倍的效果。学知识，是一个“玩”的过程，需要源源不竭的好奇心，孩子们爱玩、享受玩的过程，就是因为好奇心的驱动，使孩子们在“快乐教育”中学知、明礼、励志、树荣、拒耻，这符合少儿成长的普遍规律，符合少儿社会教育的属性，孩子们喜欢这样的教育，我们应适应孩子们的要求，抓好“快乐教育”，营造和谐的教育氛围。在快乐教育中开展文化娱乐、体育锻炼、观察认知、道德体验、综合实践等多种活动，这些活动广受孩子们的喜爱，极富吸引力和凝聚力。

### （二）在少儿读者服务实践工作中大力开展“快乐教育”

开展“快乐教育”要形式多样、不拘一格，并且应精心打造自己的活动品牌。注重从孩子们的实际出发，掌握孩子们的生活、心理规律，了解孩子们要什么、热点问题是什么，区分不同年龄段孩子们的特点，采取不同的教育方式、教育内容。要建立开展“快乐教育”的有效运行机制。公共图书馆作为一所没有围墙的“学校”，在推广素质教育工作中首当其冲，担负着不可推卸的责任。图书馆要适应素质教育的需要，改进服务，增加馆藏，营造轻松愉快的学习环境，吸引广大少儿主动来图书馆这个知识的海洋中遨游、探索；同时，抓住社会的热点问题，把教育扩大到每位家长及每个家庭，注意收藏家庭教育方面的书籍，通过举办开放办理家庭借阅证、举办家庭讲座、召开家庭座谈会等活动不断推广“快乐教育”理念。通过这些活动，在加深父母和孩子间的关系的同时，密切读者与图书馆间的关系，在提高家长自身素质的同时，孩子们的健康成长也有了可靠的保障。

## 五、图书馆少儿服务新发展

图书馆少儿服务的发展要着眼于世界科学文化发展的前沿，与时俱进，寻求一种符合社会特征、适应社会需求的发展模式。

### （一）立足本土，创新服务

发展少儿服务必须尊重并符合教育规律和社会现状，如英国公共图书馆在服务少儿时将学龄前和学龄后的划分标准定为 5 岁，这一标准显然不能直接移植到我国使用。在多种因素的综合作用下，选择内生而非移植的服务发展路径才是我国公共图书馆少儿服务发展最为理智的选择。内生的服务发展路径意味着，形成对发展愿景和客观条件的清晰认识，找准自身优势资源与外部环境的契合点，从而走出具备自身特色的服务发展道路；而移植的服务发展路径意味着简单化地无视条件与约束地全盘照搬他国经验，从长远来看往往缺乏持久的生命力。因此，发展公共图书馆少儿服务首先应立足本土服务。

### （二）广泛借鉴国外经验

发展公共图书馆少儿服务应广泛借鉴国外经验。在较长的历史发展过程中，世界范围内的公共图书馆服务在先进国家产生了众多值得学习、借鉴的服务方式和服务经验。有研究者将美国公共图书馆少儿服务

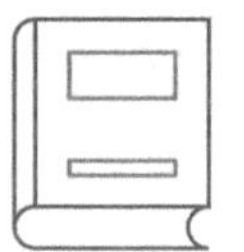


的特点归纳为九个方面：①具有悠久的服务传统；②重视服务指导工作；③配备专业馆员并提出明确的素质要求；④设立专门的服务空间和全面的建设要求；⑤提供区别化和特色化的服务；⑥鼓励青少年参与管理；⑦重视少儿服务质量的评估；⑧注重与外界的合作；⑨开展少儿服务教育。英国公共图书馆开展少儿服务积累了大量经验，包括减免少儿借阅过程中产生的费用，鼓励父母参与少儿阅读，根据少儿的年龄层次为其提供阅读服务，注重图书馆与外界的合作，开展全国性和地区性的阅读活动，等等。

我国公共图书馆应广泛借鉴这些先进经验，制定更加系统的少儿服务规划，开展影响范围更广、影响作用更大的阅读活动，积极争取政策支持与经费资助，完善少儿服务政策与行业标准，培养具备专业素养的少儿服务人才，形成稳定、持续、有效的少儿服务促进机制。

### （三）重视少儿数字化服务

发展公共图书馆少儿服务应重视少儿数字化服务。面向少儿的数字化服务可分为线上服务和线下服务两部分。线下服务形式包括综合运用电子阅读器、一体机、数字触摸屏等数字化设备，为少儿读者提供数字化阅读体验，并适当结合图书、报纸、期刊等传统文献，营造虚拟与现实交织的阅读环境；设置寓教于乐的数字化互动装置；设置少儿专用电子阅览室；等等。

### （四）发挥少儿图书馆的引领作用

公共图书馆少儿服务应通过少儿图书馆引领发展。我国独立建制的少儿图书馆长期以来专注于服务少儿，形成了深厚的经验积累与理论沉淀，应充分发挥少儿图书馆的引领作用，为有志于发展高质量少儿服务的公共图书馆提供业务促进和理论指导。

## 六、具体服务工作创新

面对现代信息技术的发展、市场经济的竞争，公共图书馆必须对现有少儿读者服务工作体系进行科学、有效的探索、创新，才能吸引更多的小读者走进图书馆、利用图书馆。

### （一）创新少儿阅读环境

为方便少儿读者，在阅览室设置上，应设立“藏、阅、借”合一的多功能少儿阅览室，实现藏书100%开架。阅览室的布置要注重增添童趣，应符合少儿喜欢新颖、充满好奇的特点，环境要优美、干净、整洁，色彩要明亮、鲜艳，布局要合理、流畅，努力营造“亲切、轻松、温馨、和谐”的借阅氛围，充分调动少儿读者的阅读兴趣。

### （二）调整藏书结构，为服务创新提供基础

为适应少儿读者不断增长的阅读需求，公共图书馆少儿读物的种类和数量需要大幅增加。针对少儿读者阅读往往带有很强的娱乐目的这一特点，要适度增加生动有趣的休闲娱乐类、漫画类书刊的入藏量；同时，要着重加大视听型、光盘型、数字型文献的入藏力度，彻底改变馆藏单一的问题。

### （三）改革和创新传统服务工作

转变和创新传统服务工作，不是否认传统服务工作，而是要进一步充实和加强传统服务工作，是在传统服务基础上的升华。

第一，为少儿读者提供更方便、更高效的服务。创新少儿读者服务工作，必须坚持一切以方便少儿读者为前提。尽量从方便读者的角度出发制定相关规则，比如允许家长代借代还图书、进一步延长开馆时间等，

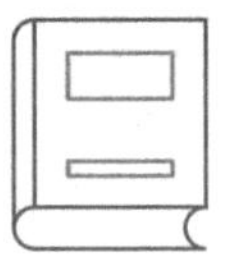



全方位为小读者提供更方便、周到、细致的服务，还要进一步加强网络建设，建立电子阅览室，为读者提供更广阔的阅读空间；开辟网上检索、借阅等服务途径，使服务手段更加完善。

第二，加强阅读辅导，培养少儿读者良好的阅读习惯。少儿喜欢读书，求知欲强，但读书的盲目性较大，不会阅读。这就要求少儿工作者在日常工作中注意与少儿读者多沟通，熟悉并掌握少儿读者的阅读心理与特点，针对他们的阅览需求为其推荐合适的书刊，同时，必须进一步加强阅读辅导工作，通过定期举办各种读书活动等方式培养少儿的阅读兴趣。

第三，针对少儿读者提供的服务，要充分体现人文关怀。少儿天真活泼、兴趣广泛、无拘无束、活泼好动，这是他们最显著的特点，但有时也会成为他们最恼人的缺点。为此，少儿工作者应具有父母般的爱心、幼儿园老师般的耐心、小学老师般的细心，不断强化自身服务意识，关心、呵护少儿，充分尊重他们的人格、尊严，积极主动为他们提供优质的服务。

# 7

## 第七章

# 我国图书馆事业建设

# 第一节　图书馆事业的建设原则

图书馆是人类社会文明发展到一定阶段的产物，它为社会政治、经济、文化服务，并受它们所制约。作为现代社会的一个文化细胞，图书馆代表着一个国家的软实力。加快图书馆事业建设，有利于提高民族素质，促进文化大发展、大繁荣，在建设和谐社会中发挥重要作用。

## 一、图书馆事业的一般含义

“图书馆事业”这个概念在19世纪末到20世纪初已为人们所通用，在当时人们往往把“图书馆”与“图书馆事业”这两个概念等同起来，但没有认识到，那些孤立地行使其职能的单个图书馆，从社会意义上来说还不能构成图书馆事业。

“图书馆事业”这一概念的诞生和发展，是与图书馆在社会结构中所处的地位及其所起的社会作用密切相关的。图书馆是随着社会发展的需要产生和发展起来的，它受到社会政治、经济、科学、文化的制约，随着社会政治、经济、科学、文化的发展而发展。在各个历史时期，社会不同的需要赋予图书馆不同的任务。图书馆的全部活动及任务真实地反映了当时社会的需要，是社会需要的具体体现。我们可以把图书馆的全部活动看作是完成社会赋予它的任务的实践过程，这些实践活动都是与社会的需要紧紧地联系在一起的。只有当社会上各种图书馆的数量、

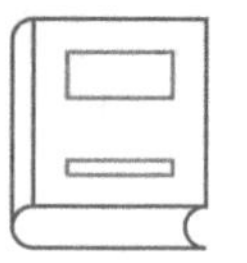



质量、规模、发展速度和组织形式发展成紧密联系的整体时，才能构成社会的图书馆事业。因此，“图书馆事业”这个概念代表的是一个体系，即社会共同使用文献的体系。

## 二、图书馆事业的建设原则

图书馆事业是一种文化现象，图书馆事业的建设受到社会制度、社会结构和经济发展水平的制约。各国图书馆事业建设有共性，也有各自的特殊性。70 多年来，我国图书馆事业的建设既有成功的经验，也有失误的教训，从正、反两个方面总结经验与教训，我国图书馆事业具有以下建设原则。

### （一）与国民经济和科学文化教育事业的发展水平相适应

根据经济基础和上层建筑相互联系的原理，图书馆事业的发展水平受到国民经济发展水平的制约，国民经济的发展水平是影响图书馆事业发展的决定性条件，国民经济发展为图书馆事业的发展提供物质条件。另外，图书馆事业作为科学文化教育事业的重要组成部分，其发展水平又由整个科学文化教育事业的发展水平所决定，整个科学文化教育事业的发展促进了图书馆事业的进一步发展。

为了使图书馆事业与国民经济和科学文化教育事业的发展水平相适应，我们必须根据发展需要和客观条件来安排图书馆事业的建设规划，反对冒进和保守两种倾向。历史证明，不顾客观的冒进和保守倾向都会给图书馆事业的发展带来不应有的损失。在 1958 年前后，由于对客观条件缺乏正确的估计，基层图书馆的发展迅猛，超越了经济发展的实际，数量上增长过快，经费、人员、文献建设等方面却难以为继，因而出现了大起大落的现象。1962 年以后，经过调整，我国图书馆事业的发展适应了经济发展的状况，图书馆事业进入稳步发展时期。20 世纪 80 年代之后，随着国民经济的恢复和发展，以及改革开放政策的确立，我国图书馆事业进入稳定持续发展时期。现阶段，社会对信息服务的需求日益增长，我国某些地区出现了图书馆事业的发展不能适应经济、文化的发展的现象，如各地区图书馆事业发展不均衡，中西部地区公共图书馆事业发展相对迟缓，图书馆工作中的某些做法和措施与图书馆的社会职能不相适应，图书馆的工作不能很好地满足用户的信息需求，这些现象反过来又使得社会对于图书馆的评价较低，从而限制了图书馆事业的发展。

我国图书馆事业走过的道路说明，图书馆事业的发展为社会政治、经济、文化所制约，并随着社会政治、经济、文化的发展而发展。当与社会政治、经济、文化的发展相适应时，图书馆事业就得到发展、进步；反之，当图书馆事业的发展超越或落后于社会政治、经济、文化发展的需要时，图书馆事业的发展就会遭受挫折。

### （二）国家办馆和社会办馆相结合

国家办馆和社会办馆相结合原则就是要调动国家和社会两方面的积极性来促进图书馆事业的发展。国家办馆是公共图书馆事业的重要组成部分，在全国图书馆事业中起核心和骨干作用，但由于我国幅员辽阔、人口众多，部分地区经济基础还比较薄弱，要完全依靠国家办馆来满足广大群众的文化生活需要是不现实的，也是不符合文化发展的实际情况的。因此，充分调动社会团体、个人等的积极性，举办多种类型的、旨在方便群众的基层图书馆（室），是发展图书馆事业、满足社会成员信息需求的重要措施。这些图书馆（室）应包括街道图书馆（室）、农村图书馆（室）、私人图书馆（室）、社团图书馆（室）、基金会图书馆（室）等。

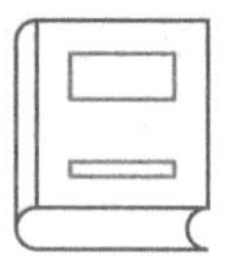



国家办馆和社会办馆相结合，要求国家创办的图书馆，特别是县以上级别的公共图书馆对民办图书馆给予各方面的支持，尤其是要加强对民办图书馆的业务辅导，扶持民办图书馆的发展。从长远来看，国家应制定相应的激励政策，如合理的税收政策、社会文化发展政策等，鼓励个人和社会团体投资于社会公益事业和文化事业，以使社会图书馆事业获得稳定的经费支持和发展动力。

在大力发展数字图书馆、开展图书馆文献数字化工作的同时，也应当采取国家与社会相结合的办法。

### （三）全面规划，统筹安排，分工协作，密切联系

要贯彻“全面规划，统筹安排，分工协作，密切联系”的原则，一是要统筹安排、合理布局、平衡发展，应妥善安排沿海地区、边疆地区和少数民族地区以及农村、牧区图书馆事业的发展；二是一方面要大、中、小型相结合，另一方面要保证重点图书馆的建设，使重点图书馆在馆藏、设备和专业干部等方面都达到先进水平，以发挥它们对图书馆现代化建设的促进作用和示范作用；三是要搞好协作、协调工作及业务辅导工作，以便逐步建立一个分工协作的社会图书馆网络体系。

# 第二节　我国图书馆事业建设取得的成就

中华人民共和国成立以来，我国图书馆走过了70多年的发展历程，取得了令人瞩目的成绩，图书馆数量、馆舍规模、资源建设、平台再造、硬件设施、服务管理、系统创新、人员队伍等方面得到了全面提高，总结70多年发展的成就和经验，为今后图书馆的可持续发展提供借鉴。

## 一、我国图书馆事业发展的历史分期

中华人民共和国成立以来，我国图书馆事业的发展大体上经历了以下六个阶段。

### （一）1949—1957年：健康发展、稳步前进的阶段

中华人民共和国成立后，党和政府就着手对中华人民共和国成立前遗留下来的图书馆进行整顿和改造：将原国立图书馆变为广大人民所有，把私立图书馆纳入国家计划的轨道；清理了反动、淫秽、荒诞的书刊；出版了大量马列主义经典著作及革命书刊，改变了图书馆的藏书成分；改革了不合理的规章制度，调整了图书馆干部队伍，加强了党对图书馆事业的领导，使全国图书馆事业走上了社会主义道路。在短短的几年内，科学、文化、教育、工作系统的图书馆都获得了较大的发展，图书馆的数量和类型较1949年前都有了显著的增长。

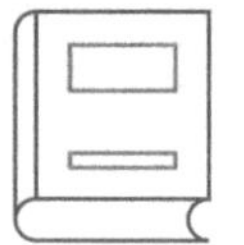



1956 年 7 月，文化部召开全国图书馆工作会议，明确规定图书馆承担着为科学研究和全国人民大众服务的双重任务；同年 12 月，高等教育部召开了全国高等学校图书馆工作会议，进一步明确了高校图书馆的性质和任务。这两个会议对我国公共图书馆和高校图书馆的发展起到了极大的促进作用。

### （二）1958—1962 年：发展大起大落的阶段

在这个阶段的前期，我国图书馆事业仍然在原来的基础上继续向前发展，但在 20 世纪 50 年代末至 60 年代初遭遇挫折。这一阶段的主要表现有以下几点：一是在图书馆事业发展速度和规模方面追求高速度、高指标，基层图书馆的发展迅猛，超越了经济发展的实际，因而图书馆的发展出现了大起大落的现象；二是在图书馆服务方面只注重普及，忽视了提高，强调了为广大群众服务，忽视了为科学研究服务；三是在图书馆规章制度方面，由于强调“大破大立”“先破后立”致使图书馆某些工作环节无章可循；四是在图书馆学研究方面没有认真贯彻“百家争鸣”的方针，对以后的图书馆学研究产生了不良影响。

1962 年以后，中国图书馆事业建设执行“调整、巩固、充实、提高”八字方针，在总结经验教训的基础上对各项业务工作进行调整，其中着重对内部工作展开了调整，如藏书、目录、规章制度的调整等。经过调整，图书馆事业在新的基础上得到了巩固和发展。

### （三）1966—1976 年：受到严重影响的阶段

1966—1976 年十余年对于图书馆事业的影响，波及图书馆领域的各个方面，概括起来主要有以下几点：一是图书馆的性质和社会职能发生改变，取消了图书馆为科研、生产、教学服务的职能以及传递科学情报、保存文化遗产的职能；二是图书馆的方针任务发生改变，其宗旨不再是为知识分子服务，为生产、科研、教学服务；三是否定“洋为中用”方针对图书馆工作的指导作用，把引进外文书刊误批为“洋奴哲学”“爬行主义”，使许多图书馆外文书刊的采购被迫中断，破坏了图书馆藏书的系统性和完整性；四是反对建立必要的规章制度和科学管理，使图书馆工作无章可循、管理混乱，很多藏书被毁，业务工作不能很好地开展；五是使图书馆学教育和图书馆学研究处于中断、停滞状态。总之，在这一阶段，我国图书馆事业发展受到了很大影响。

### （四）1976 年 10 月至 1984 年：迅速而全面发展的阶段

从 1976 年 10 月到 1978 年年底，图书馆界主要是端正办馆思想，整顿内部工作，加强基础业务建设，图书馆事业在徘徊中前进。1978 年 12 月中国共产党第十一届三中全会的召开，是中国历史上具有深远历史意义的伟大转折，也为图书出版事业的改革提供了理论依据和良好的社会环境。从 1979 年起，经过调整、改革、整顿、提高，我国图书馆事业建设逐步回到正确的轨道上，图书馆的性质、职能、方针、任务和服务对象进一步明确，整顿内部、清理馆藏、健全目录等基础工作取得显著成绩，各地区图书馆协作组织相继恢复活动。

1979 年 7 月，中国图书馆学会成立并召开第一次科学讨论会，该学会的成立标志着中国图书馆学研究走向正规化发展的道路。

1980 年 5 月，中共中央书记处举行第 23 次会议，通过了《图书馆工作汇报提纲》，决定在文化部设立图书馆事业管理局，统一管理全国的图书馆事业，要求加速专业人才的培养，解决图书馆工作人员的待遇和职称问题，健全领导体制，进行统一规划和协调，加强各系统图书馆间的合作，促进全国图书馆的网络化和现代化。

1981 年 9 月，教育部召开全国高等学校图书馆工作会议，会议讨论修订了《中华人民共和国高等学校图书馆工作条例》，决定成立全国高等学校图书馆工作委员会。

1982 年 12 月，文化部颁发《省（自治区、市）图书馆工作条例》，全国高等学校图书馆工作委员会颁发《高等学校图书、资料、情报工作人员守则》。这些标准的颁布实施，促进了我国图书馆事业走向正规化和科学化。

1984 年，我国图书馆事业管理开始深入改革，以适应在新技术革命影响下的自身发展需要。

这一阶段，图书馆的改革开放主要是从观念上的变革开始的：一是改重藏轻用的封闭型图书馆为开放型图书馆，二是改“单纯公益型的社会服务事业机构”为“无偿服务”与“有偿服务”兼有型图书馆，三是改传统借阅服务格局为提倡开发文献信息、提高服务质量，四是改“单一功能的文化教育机构”为多功能的综合文献信息系统，五是由独馆经营改为多馆合作。

### （五）1985—1991 年：全面探索办馆模式的阶段

1987 年 8 月，中共中央宣传部、文化部、国家教育委员会、中国科学院联合下发《关于改进和加强图书馆工作的报告》。该文件被认为是继 1980 年中共中央书记处颁发的《图书馆工作汇报提纲》之后的又一个关于图书馆工作的重要文件，对图书馆全面深化改革具有重要的指导作用。

在这个阶段，我国图书馆改变观念、调整结构、改善管理、提高读者服务工作水平、强化情报职能、探索图书馆自动化技术、扩大横向联合，走上了现代化图书馆发展道路。图书馆作为社会公益事业要实行国家办馆与社会办馆相结合，多渠道解决经费问题，“有偿服务、以文补文”的观念被普遍接受，一些图书馆开始探索开发文献信息，并取得了可喜的成绩，但也有一些图书馆的创收活动由于没有结合专业、充分利用图书馆自身的优势，仅限于短期行为，也由于管理体制上宏观指导不力、微观措施不活的弊端，尽管取得了一定的经济效益，但未从根本上扭转图书馆的困局。

### （六）1992 年至今：深化改革，建设现代化图书馆的阶段

中国共产党第十四次全国代表大会召开之后，我国改革开放不断深入，计划经济体制逐步向市场经济体制转变，图书馆界思想更加解放。

1996 年 8 月，第 62 届国际图联大会在北京召开，中外代表围绕“变革的挑战：图书馆与经济发展”这一主题共同探讨图书馆在世纪之交所面临的机遇与挑战，研究图书馆在促进各国经济发展中的作用与发展前景。本届大会在中国召开，充分表明我国图书馆事业取得的成就受到世界的瞩目，也反映了我国在国际图书馆活动中的作用日益增强。

进入 21 世纪以来，随着我国各行业改革的深入开展以及全球信息高速公路建设的迅猛发展，图书馆事业面临前所未有的冲击和挑战。在全体从业人员的共同努力下，我国图书馆事业不仅在数量上快速增长，在图书馆的内涵与效益上也不断充实、完善。特别是近年来，随着科技的迅猛发展，我国图书馆事业正朝着网络化、数字化、管理自动化的方向发展，关于网络环境下图书馆的发展方向与道路、图书馆自动化与网络化、数字图书馆建设、文献数字化等成为图书馆事业与图书馆学研究的重点和热点，这一切表明中国的图书馆事业正以现代化的姿态走向世界、走向未来。

## 二、我国图书馆事业成就概述

改革开放以来，经过中国图书馆人的不懈努力，已把一个基础薄弱、水平较低的图书馆事业建设成为具有中国特色、拥有相当规模并在稳步

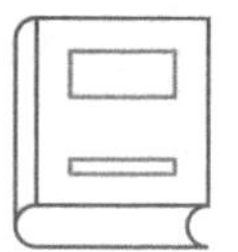



持续发展的图书馆事业体系，取得了令人瞩目的成就。

### （一）业务基础建设不断加强

改革开放以来，我国加强与图书馆工作相关的文献工作国家标准的制定与发布，成立了全国图书馆文献缩微复制中心，大批珍贵的历史文献得到了抢救性的整理、开发与利用；开展了全国图书馆文献资源调研，文献资源布局、资源共享保障体系的研究与建立普遍受到社会各方面及各级、各类图书馆的重视。

### （二）读者服务工作水平逐步提高

各类图书馆坚持开放服务，开拓新的服务领域，深化服务内容，共享馆藏和服务设施，传统的单一、封闭的服务局面有所改观。

### （三）强化了现代技术在图书馆工作中的应用

图书馆界积极引进、研制图书馆自动化管理集成系统，各种文献复制、计算机网络、音像、光盘、多媒体、统一编目及联合编目等技术服务在各类型图书馆逐步得到推广。

### （四）图书馆管理水平日益提高

图书馆事业宏观管理体制和个体图书馆微观管理水平不断提高；全国图书馆工作评估的开展，有效地推动了各级各类图书馆工作建设；图书馆人员队伍结构为适应图书馆管理正规化、科学化、自动化的需要加速调整，图书馆员工整体素质有所改善。

### （五）图书馆学教育空前繁荣

为了适应新技术革命对图书馆事业的影响以及人才市场的需求，各校图书馆学专业在培养目标、培养模式、课程设置、师资建设等方面进行了积极的探索。

### （六）图书馆学研究日益繁荣，国际交流影响扩大

我国图书馆学研究日益繁荣，各种学术刊物的数量、质量都有了较大的提高，研究课题、研究范式、研究方法日益与国际接轨；图书馆的国际交往与学术交流逐渐增多。

### （七）图书馆内涵不断充实

传统图书馆正在向复合型图书馆、数字图书馆、移动图书馆等新形态图书馆转型；图书馆着力进行文献资源数字化、数据管理及数字资源的长期保存；延伸图书馆社会职能，积极开展群众性宣传、教育活动，如“知识工程”“书香社会”“全民阅读工程”“农村书屋工程”等。

# 参考文献


[1] 赵益民. 国家图书馆业务管理机制研究[M]. 北京: 中国社会科学出版社, 2018.

[2] 吴慰慈, 董焱. 图书馆学概论[M]. 4版. 北京: 国家图书馆出版社, 2019.

[3] 董玉梅, 徐阳, 吴爽. 高校图书馆服务研究与现代图书馆管理[M]. 北京: 中国纺织出版社, 2019.

[4] 魏大威. 数字图书馆理论与实务[M]. 北京: 国家图书馆出版社, 2012.

[5] 王红. 云图书馆理论与实践[M]. 太原: 山西人民出版社, 2012.